JICENG RENMIN JIANCHAYUAN
JIANCHAQUAN YUNXING LIUCHENG GUIFAN

基层人民检察院
检察权运行流程规范
（含流程图）

魏宝成◎主编

中国检察出版社

序

　　规范司法既是提升执法办案质量、提高司法公信力的基础，也是确保检察权规范运行的基础。《中共中央关于全面推进依法治国若干重大问题的决定》指出，必须完善司法管理体制和司法权力运行机制，规范司法行为，加强对司法活动的监督，努力让人民群众在每一个司法案件中都感受到公平正义。习近平总书记强调，守法律、重程序，是法治的第一位要求。曹建明检察长指出，规范司法行为是严格公正司法的底线要求。由此可见，规范司法行为既是党中央、最高人民检察院的明确要求，也是人民群众的强烈期待。在全面推进依法治国的新形势下，检察机关必须保持清醒的头脑，牢固树立程序意识和规范意识，把规范司法的要求真正内存于心、外化于行。

　　作为基层人民检察院，检察干警日常执法行为决定着检察执法的基础，必须更加注重法律基础知识的储备、办案基本素能的提升以及法治思维方式的养成，以提升素质能力促进严格规范司法。为此，我们根据检察工作实践编纂了本书，旨在进一步明确所有检察工作的运行规范、操作规程，使所有岗位的检察干警在执法办案和检察业务工作的每一个环节，都能够有章可循，有规可依，从而让规范司法成为检察干警的一种自觉和习惯，成为检察人员固有的思维模式和行为方式，真正做到严格按照法律法规履行职责、执法办案。

　　本书通过详细列明检察工作的操作规程和工作流程图，明确了每名检察人员、部门负责人、检察长、检察委员会的工作责任、工作标准、工作要求，既为检察干警提供了检察工作实务的指引，也确保了将执法办案责任明确到位、落实到位，能够切实将问责和追责落到实处，实现以执法责任确保司法规范。

　　囿于水平，书中个别章节与最新的司法体制改革精神、进程相比可能已略显滞后；有些实务操作规程可能还不够科学，有待进一步完善，恳请读者不吝赐教。

　　本书在编写过程中，得到了唐山市人民检察院的大力支持和帮助，也参考和借鉴了本市及外地各基层人民检察院的先进做法和经验，在此一并表示感谢。

唐山市路北区人民检察院检察长

魏宝成

2016 年 8 月 23 日

目　　录

第一章　职务犯罪侦查工作
操作规程及流程图

第一节　管辖、受理审查及初查

一、管辖

1. 基层人民检察院立案侦查本辖区的贪污贿赂犯罪、国家机关工作人员的渎职犯罪、国家机关工作人员利用职权实施的非法拘禁、刑讯逼供、报复陷害、非法搜查等侵犯公民人身权利和民主权利的犯罪案件。

反贪污贿赂部门负责立案侦查《刑法》分则第八章规定的贪污贿赂犯罪以及《刑法》中明确规定依照第八章相关条文定罪处罚的犯罪案件。

反渎职侵权部门负责立案侦查《刑法》分则第九章规定的渎职犯罪案件和国家机关工作人员利用职权实施的侵犯公民人身权利和民主权利的犯罪案件。

刑事执行检察部门负责侦查监管场所发生的职务犯罪案件。

2. 国家机关工作人员利用职权实施其他重大犯罪案件，需要由基层人民检察院直接立案侦查的，应当由发现案件线索的业务部门制作提请批准直接受理书，写明案件情况以及需要由本院立案侦查的理由，并附有关材料，层报省级人民检察院决定。

经省级以上人民检察院决定，可以由本院立案侦查的，应当根据案件性质，由本院负责侦查的部门进行侦查。

3. 基层人民检察院侦查直接受理的刑事案件涉及公安机关管辖的案件的，应当将属于公安机关管辖的刑事案件移送公安机关。

在上述情况中，如果涉嫌主罪属于公安机关管辖，则由公安机关为主侦查，人民检察院予以配合；如果涉嫌主罪属于人民检察院管辖，由人民检察院为主侦查，公安机关予以配合。

4. 反渎职侵权部门参加重大事故和查办渎职犯罪案件过程中，发现与渎职行为相关的贪污贿赂犯罪线索的，报检察长同意后，可以并案侦查；与渎职行为无关的，应当移送反贪污贿赂部门办理；案情重大复杂的，应当报请检察长批准，由反渎职侵权部门和反贪污贿赂部门共同组建联合办案组查办。

二、受理审查案件线索

（一）案件线索的来源

基层人民检察院侦查部门直接受理的案件线索来源包括：（1）本院举报中心移送的；（2）上级人民检察院和本院领导交办的；（3）有关单位和部门移送的；（4）办案中发现的；（5）犯罪嫌疑人自首的；（6）侦查部门直接接受的控告、举报；（7）从其他途径发现的。

（二）案件线索的审查

1. 对单位、个人报案、控告、举报、自首和有关机关移送，上级交办的案件线索，应当制作《受理案件登记表》。

当面举报和电话举报的应当制作接受报案、控告举报笔录或电话记录。对自首的应当制作自首笔录。笔录经本人阅读无误后，由控告人、举报人或者自首人逐页签名或者盖章；必要时征得其同意可以录音录像。录音录像正本经本人、制作人共同签名后封存。

接受控告、举报的工作人员，应当向控告人、举报人告知必须实事求是、如实反映情况并说明诬告应负的法律责任。控告人、举报人不愿公开自己的姓名和控告、举报行为的应当为其保密。

2. 侦查部门直接受理、自行发现的犯罪案件线索，经部门负责人审核，检察长批准后处理，并在7日以内移送本院举报中心。

3. 对于本院负责诉讼监督的业务部门移送的犯罪线索，侦查部门报检察长审批前应当听取该部门的意见；对于本院举报中心、其他内设机构移送的犯罪线索，侦查部门应当自收到犯罪线索之日起 30 日以内反馈审查处理情况，举报中心、其他内设机构有不同意见的，可以报告检察长。

（三）案件线索的审查结果

1. 承办人员对于案件线索要确定重点认真审查，可以进行必要的调查核实，不得积压不办。线索审查期限一般为 1 个月，审查核实后认为不需要初查的，制作不予初查的审查结论报告，层报检察长审批。报告应当包括下列内容：（1）被举报人的自然情况；（2）举报的具体内容；（3）查明的事项及相关的法律依据；（4）不予初查的理由。

2. 不予初查的结论报告未被检察长批准的，承办人员应继续调查核实，或按规定进行初查，也可更换承办人员重新审查。

3. 检察长决定不予初查的，承办人员应当停止审查，并将举报信、审查结论报告和其他相关材料装订成卷交内勤归档。

4. 核实线索应当秘密进行，不得对被举报人采取强制措施，不得查扣冻结被举报人财产；未经检察长批准不得接触被举报人。

三、初查

（一）初查的决定和要求

1. 侦查部门对举报中心移交的举报线索进行审查后，认为有犯罪事实需要侦查的，应当由承办人员填写受理案件登记表、制作提请初查报告，报检察长或者检察委员会决定。

2. 检察长或者检察委员会决定初查的，承办人员应当制作初查工作方案，经侦查部门负责人审核后，报检察长审批。

初查工作方案可以包括以下内容：（1）根据犯罪构成要件，分析案件线索涉嫌何种犯罪及涉嫌犯罪的事实；（2）初查的目的、方向、范围及需要重点查明的问题；（3）初查的时间、步骤、方法和措施；（4）初查人员的配备、分工及组织领导；（5）初查安全防范措施及突发、重大情况的处理预案；（6）注意事项及其他需要载明的事项。

3. 对县处级以上领导干部涉嫌职务犯罪的要案线索决定初查的，应当向党委主要领导报告，同时要向上一级人民检察院备案。

4. 初查一般应当秘密进行，不得擅自接触初查对象。但具有下列情形之一的，可以对初查对象进行询问：（1）初查对象自首的；（2）公开初查的；（3）纪检监察、公安、法院等机关认为所办案件有证据证明涉嫌犯罪，属于检察机关管辖而移送的，或者行政执法机关调查后移送的；（4）其他需要接触初查对象的情况。公开进行初查或者接触初查对象，应当经检察长批准。

5. 在初查过程中，可以采取询问、查询、勘验、检查、鉴定、调取证据材料等不限制初查对象人身、财产权利的措施。不得对初查对象采取强制措施，不得查封、扣押、冻结初查对象的财产，不得采取技术侦查措施。

6. 初查期间，发现初查对象有自杀、自残、逃跑等紧急情况时，侦查人员应当及时采取必要措施，同时向检察长报告。

如果发现初查对象和其他有关人员正在隐匿、毁弃证据，或者转移赃款、赃物，或者有其他紧急情况的，侦查人员应当先采取必要措施并立即报告。

7. 委托其他人民检察院协助调查有关事项，应当提供初查审批表，并列明协助调查事项及有关要求。接受委托的人民检察院应当按照协助调查请求提供协助；对协助调查事项有争议的，应当提请双方共同的上级人民检察院协调解决。同时，根据初查工作需要，也可以商请有关部门配合调查。

（二）初查结论的处理

1. 侦查部门对举报线索初查后，认为有犯罪事实需要追究刑事责任的，应当制作审查报告，提请批准立案侦查，层报检察长决定。具有下列情形之一的，提请批准不予立案：（1）具有《刑事诉讼法》第 15 条规定情形之一的；（2）认为没有犯罪事实的；（3）事实或者证据尚不符合立案条件的。

2. 侦查部门收到本院举报中心移送的举报线索，应当在 3 个月以内将处理情况书面回复举报中心。回复文书应当包括下列内容：（1）举报人反映的主要问题；（2）办理的过程；（3）作出结论的事实依据和法律依据。

3. 对上级人民检察院交办的举报线索，侦查部门应当在 3 个月以内办结。情况复杂，确需延长办理期限的，经检察长批准，可以延长 3 个月。

4. 对上级人民检察院交办、指定管辖或者按照规定应当向上级人民检察院备案的案件线索，侦查部门应当在初查终结后 10 日以内，通过本院举报中心向上级人民检察院报告初查结论。

初查结论应当包括下列内容：（1）案件来源；（2）举报人、被举报人的基本情况及反映的主要问题；（3）查办过程；（4）认定的事实和证据；（5）处理情况和法律依据；（6）实名举报的答复情况。

5. 对于实名举报，经初查决定不予立案的，侦查部门应当制作不立案通知书，写明案由和案件来源、决定不立案的理由和法律依据，连同举报材料和调查材料，自作出不立案决定之日起 10 日以内移送本院举报中心，由举报中心答复举报人。必要时，侦查部门可与举报中心共同答复。

6. 对于其他机关或者部门移送的案件线索，经初查决定不立案的，侦查部门应当制作不立案通知书，写明案由和案件来源、决定不立案的理由和法律依据，自作出不立案决定之日起 10 日以内送达移送案件线索的单位。

7. 对于属于错告的，如果对被控告人、被举报人造成不良影响的，侦查部门应当自作出决定之日起 1 个月以内向其所在单位或者有关部门通报初查结论，澄清事实。对于属于诬告陷害的，应当移送有关部门处理。

8. 初查结论报告未被批准的，承办人员应当重新确定初查重点，继续初查。侦查部门可以另行指定承办人员初查。

9. 初查终结后，侦查部门应当将相关材料立卷归档。立案进入侦查程序的，对于作为诉讼证据以外的其他材料应当归入侦查内卷。

10.《刑事诉讼法》关于回避的规定，适用于初查。

第二节　立　案

一、立案程序

对于直接受理的案件，经审查认为有犯罪事实需要追究刑事责任的，侦查部门应当制作立案报告书，经检察长批准后予以立案。

二、不予立案的处理

1. 决定不予立案的，如果是被害人控告的，应当制作不立案通知书，写明案由和案件来源、决定不立案的原因和法律依据，由侦查部门在15日以内送达控告人，同时告知本院控告申诉检察部门。控告人如果不服，可以在收到不立案通知书后10日以内申请复议。

2. 认为被举报人的行为未构成犯罪，决定不予立案，但需要追究其党纪、政纪责任的，应当制作检察建议书，移送有管辖权的主管机关处理。

三、通报或者报告

1. 决定对人民代表大会代表立案，应当按照《人民检察院刑事诉讼规则（试行）》第132条规定的程序向该代表所属的人民代表大会主席团或者常务委员会进行通报。

担任县级以上人民代表大会代表的犯罪嫌疑人因现行犯被立案的，基层人民检察院应当立即向该代表所属的人民代表大会主席团或者常务委员会报告；因为其他情形需要立案的，应当报请该代表所属的人民代表大会主席团或者常务委员会许可。

对担任本级人民代表大会代表的犯罪嫌疑人立案，直接向本级人民代表大会主席团或者常务委员会报告或者报请许可。

对担任上级人民代表大会代表的犯罪嫌疑人立案，应当立即层报该代表所属的人民代表大会同级的人民检察院报告或者报请许可。

对担任下级人民代表大会代表的犯罪嫌疑立案人，可以直接向该代表所属的人民代表大会主席团或者常务委员会报告或者报请许可，也可以委托该代表所属的人民代表大会同级的人民检察院报告或者报请许可；对担任乡、民族乡、镇的人民代表大会代表的犯罪嫌疑人立案，报告乡、民族乡、镇的人民代表大会。

对担任两级以上人民代表大会代表的犯罪嫌疑人立案，分别按照上述规定报告或者报请许可。

对担任办案单位所在省、市、县（区）以外的其他地区人民代表大会代表的犯罪嫌疑人立案，应当委托该代表所属的人民代表大会同级的人民检察院报告或者报请许可；担任两级以上人民代表大会代表的，应当分别委托该代表所属的人民代表大会同级的人民检察院报告或者报请许可。

2. 对县处级以上领导干部涉嫌职务犯罪的要案线索决定立案的，应当向党委请示，同时向上一级人民检察院备案或者报告。

四、以事实立案

1. 对于发现的犯罪事实，或者对于报案、控告、举报和自首的材料，经过审查认为有犯罪事实，需要追究刑事责任，犯罪嫌疑人尚未确定的案件，依照管辖范围，基层人民检察院可以依法作出以事实立案的决定。

2. 对于贪污、挪用公款、私分国有资产和私分罚没财物犯罪案件，滥用职权、玩忽职守等渎职犯罪案件，以及国家机关工作人员利用职权侵犯公民人身权利、民主权利的案件，经过初查，具有下列情形之一的，可以以事实立案：（1）必须通过侦查措施取证的；（2）证据可能发生变化或者灭失的；（3）犯罪造成的危害后果可能进一步扩大的。

3. 采取以事实立案方式侦查的案件，侦查人员对案件材料审查后，认为有犯罪事实需要追究刑事责任的，应当制作提请立案报告，报检察长批准后制作立案决定书。经过侦查，有证据证明犯罪事实为确定的犯罪嫌疑人实施的，应当制作确定犯罪嫌疑人报告。确定犯罪嫌疑人之前，不得对涉案人员采取强制措施，不得查封、扣押、冻结涉案对象的财产。确定犯罪嫌疑人后，不需要另行立案，直接转为收集犯罪嫌疑人实施犯罪证据的阶段，依法全面使用侦查手段和强制措施。

4. 采取以事实立案方式侦查的案件，经过侦查，没有发现犯罪嫌疑人的，应当终止侦查；发现案件不属于本院管辖的，应当依照有关规定移送有管辖权的机关处理；确定犯罪嫌疑人后发现具有《刑事诉讼法》第15条规定的情形之一的，应当撤销案件。

5. 采取以事实立案方式侦查的案件，立案、确定犯罪嫌疑人、终止侦查、侦查终结，应当报检察长批准或检察委员会研究决定。

6. 采取以事实立案方式侦查的案件，应当分别在作出立案、终止侦查和侦查终结决定后的3日以内报上一级人民检察院备案，重大案件报省级人民检察院备案，特大案件层报最高人民检察院备案。

五、备案

1. 办理直接受理侦查案件，决定立案的，应当报上一级人民检察院备案审查，在决定立案侦查之日起3日以内，填写立案备案登记表，连同提请立案报告和立案决定书，一并报送上一级人民检察院备案。

2. 基层人民检察院应当在收到上一级人民检察院责成补报有关案件材料的通知之日起3日以内，按要求报送。

3. 上一级人民检察院认为基层人民检察院的立案决定是错误的，或者发现基层人民检察院有应当立案而未立案情形，书面通知基层人民检察院纠正或者直接作出决定的，基层人民检察院应当执行上一级人民检察院的决定，并在收到上一级人民检察院的书面通知或者决定之日起 10 日以内将执行情况向上一级人民检察院报告。对上一级人民检察院的决定有异议的，可以在执行的同时向上一级人民检察院报告。

第三节　侦　　查

一、程序和要求

（一）侦查的程序

决定立案侦查的案件，侦查人员应当制作侦查工作方案，经部门负责人审核，报检察长批准。

侦查工作方案的内容包括：（1）侦查的任务、范围、目标；（2）侦查组织和侦查力量的安排；（3）讯问策略及思路；（4）侦查取证、追赃的方法及步骤；（5）需要有关部门协作配合的工作方案；（6）安全防范预案，内容包括：明确的责任人；防止涉案人员自杀、自残、脱逃的措施；涉案人员突发疾病的处理方案；其他突发情况的处置措施；（7）注意事项及其他需要载明事项。

（二）侦查的要求

1. 全面、客观地收集、调取犯罪嫌疑人有罪或者无罪、罪轻或者罪重的证据材料，并依法进行审查、核实。

2. 必须重证据，重调查研究，不轻信口供。严禁刑讯逼供和以威胁、引诱、欺骗以及其他非法方法收集证据，不得强迫任何人证实自己有罪。

3. 保障犯罪嫌疑人和其他诉讼参与人依法享有的辩护权和其他各项诉讼权利。

4. 严格依照《刑事诉讼法》规定的条件和程序采取强制措施，严格遵守刑事案件办案期限的规定，依法提请批准逮捕、移送起诉、不起诉或撤销案件。

5. 对侦查过程中知悉的国家秘密、商业秘密及个人隐私保密。

6. 在案件侦查过程中，犯罪嫌疑人委托辩护律师的，检察人员可以听取辩护律师的意见。辩护律师要求当面提出意见的，检察人员应当听取意见，并制作笔录附卷。辩护律师提出书面意见的，应当附卷。

二、讯问犯罪嫌疑人

（一）讯问犯罪嫌疑人的程序

1. 讯问犯罪嫌疑人，由检察人员负责进行。讯问的时候，检察人员不得少于 2 人。

2. 讯问聋、哑或者不通晓当地通用语言文字的人，应当为其聘请通晓聋、哑手势或者当地通用语言文字且与本案无利害关系的人员进行翻译。翻译人员的姓名、性别、工作单位和职业应当记录在案。翻译人员应当在讯问笔录上签字。

聘请翻译人员，侦查人员应当填写聘请书，报部门负责人批准。

（二）讯问犯罪嫌疑人的准备

讯问犯罪嫌疑人前，应当做好以下工作：（1）分析案件材料，熟悉案情；（2）分析犯罪嫌疑人的心理状态，了解其家庭状况及社会关系；（3）熟悉与本案有关的法律政策和社会信息；（4）制定讯问提纲；（5）组织讯问力量，做好录音录像设备准备工作。

（三）传唤犯罪嫌疑人

1. 对于不需要逮捕、拘留的犯罪嫌疑人，经检察长批准，可以将其传唤到犯罪嫌疑人所在市、县内的指定地点或者到他的住处进行讯问。

传唤犯罪嫌疑人到基层人民检察院接受讯问时，应当在办案工作区讯问室进行，不得在办案工作区以外的地点进行讯问，也不得把讯问室作为羁押室。

2. 传唤犯罪嫌疑人，侦查人员应当填写传唤通知书，报部门负责人批准后，交由司法警察进行，并应做好安全防范工作。

3. 传唤犯罪嫌疑人，应当向犯罪嫌疑人出示传唤通知书和侦查人员的工作证件，并责令犯罪嫌疑人在传唤通知书上签名、捺指印。

犯罪嫌疑人到案后，应当由其在传唤通知书上填写到案时间。传唤结束时，应当由其在传唤通知书上填写传唤结束时间。拒绝填写的，侦查人员应当在传唤通知书上注明。

对在现场发现的犯罪嫌疑人，经出示工作证件，可以口头传唤，并将传唤的原因和依据告知被传唤人。在讯问笔录中应当注明犯罪嫌疑人到案经过、到案时间和传唤结束时间。

4. 传唤犯罪嫌疑人时，其家属在场的，应当当场将传唤的原因和处所口头告知其家属，并在讯问笔录中注明。其家属不在场的，应当及时将传唤的原因和处所通知被传唤人家属。无法通知的，应当在讯问笔录中注明。

5. 传唤持续的时间不得超过12小时；案情特别重大、复杂，需要采取拘留、逮捕措施的，传唤持续的时间不得超过24小时。两次传唤间隔的时间一般不得少于12小时，不得以连续传唤的方式变相拘禁犯罪嫌疑人。

传唤犯罪嫌疑人，应当保证犯罪嫌疑人的饮食和必要的休息时间。

6. 传唤讯问结束后，对符合拘留或者逮捕条件并有拘留或者逮捕必要的，侦查部门应当依法及时办理拘留或者逮捕手续，并立即通知公安机关执行；对于不需要采取拘留或者逮捕措施的，应当通知单位或家属领回，或者派员送回。

（四）讯问犯罪嫌疑人的要求

1. 讯问同案的犯罪嫌疑人，应当分别进行。

2. 讯问犯罪嫌疑人一般按照下列顺序进行：（1）查明犯罪嫌疑人的基本情况，包括姓名、出生年月日、籍贯、身份证号码、民族、职业、文化程度、工作单位及职务、住所、家庭情况、社会经历、是否属于人大代表、政协委员等；（2）告知犯罪嫌疑人在侦查阶段的诉讼权利，有权自行辩护或委托律师辩护，告知其如实供述自己罪行可以依法从宽处理的法律规定；（3）讯问犯罪嫌疑人是否有犯罪行为，让他陈述有罪的事实或者无罪的辩解，应当允许其连贯陈述。

3. 讯问时，应当告知犯罪嫌疑人将对讯问进行全程同步录音录像，告知情况应当在录音录像中予以反映，并记明笔录。

4. 讯问时，对犯罪嫌疑人提出的辩解要认真查核。严禁刑讯逼供和以威胁、引诱、欺骗以及其他非法的方法获取供述。

5. 讯问犯罪嫌疑人，应当制作讯问笔录。

讯问犯罪嫌疑人笔录的内容应当包括：（1）犯罪嫌疑人权利和义务以及法律责任的告知情况；（2）全程录音录像的告知情况；（3）犯罪嫌疑人的基本情况，包括政治面貌、社会职务、前科以及健康状况，是否怀孕或正在哺乳自己的婴儿，是否为人大代表、政协委员等；（4）犯罪嫌疑人的有罪供述或者无罪、罪轻的辩解；（5）犯罪事实发生的时间、地点、情节、结果等；（6）犯罪嫌疑人对犯罪事实的认识；（7）其他应当记录的事实。

6. 讯问笔录应当忠实于原话，字迹清楚，详细具体，并交犯罪嫌疑人核对。犯罪嫌疑人没有阅读能力的，应当向他宣读。如果记载有遗漏或者差错，应当补充或者改正。犯罪嫌疑人认为讯问笔录没有错误的，由犯罪嫌疑人在笔录上逐页签名、盖章或者捺指印，并在末页写明"以上笔录我看过（向我宣读过）和我说的相符"，同时签名、盖章、捺指印并注明日期。如果犯罪嫌疑人拒绝签名、盖章、捺指印的，检察人员应当在笔录上注明。讯问的检察人员也应当在笔录上签名。

7. 犯罪嫌疑人请求自行书写供述的，检察人员应当准许。必要的时候，检察人员也可以要求犯罪嫌疑人亲笔书写供述。犯罪嫌疑人应当在亲笔供述的末页签名、捺指印，并注明书写日期。检察人员收到后，应当在首页右上方写明"于某年某月某日收到"，并签名。

8. 讯问犯罪嫌疑人，应当全程同步录音录像。全程同步录音录像的有关规定详见第十一章第五节《讯问全程同步录音录像工作》的相关内容。

9. 犯罪嫌疑人被送交看守所羁押后，检察人员对其进行讯问，应当填写提讯证，在看守所讯问室进行。

因侦查工作需要，需要提押犯罪嫌疑人出所辨认或者追缴与犯罪有关财物的，应当填写提解证，经检察长批准，并由 2 名以上司法警察押解。不得以讯问为目的将犯罪嫌疑人提押出看守所进行讯问。

三、询问证人、被害人

(一) 询问证人的依据

在侦查过程中，应当及时询问证人，并且告知证人履行作证的权利和义务。

应当保证一切与案件有关或者了解案情的公民，有客观充分的提供证据的条件，并为他们保守秘密。除特殊情况外，可以吸收证人协助调查。

(二) 询问证人的准备

询问证人前，应当做好以下工作：（1）了解证人的身份、职业及证人与犯罪嫌疑人的关系；（2）分析证人的性格特征及心理状态；（3）研究证人可能提供的情况和能够证明的问题；（4）制定询问预案，拟定询问提纲；（5）组织询问力量，做好录音录像设备准备工作。

(三) 询问证人的程序和要求

1. 询问证人前，侦查人员应当填写询问通知书，报部门负责人批准后进行；特殊情况下可以在出示工作证件后进行。

2. 询问证人时，应当由检察人员进行。询问的时候，检察人员不得少于 2 人。

3. 询问不满 18 周岁的证人，侦查人员可以通知其法定代理人到场，并填写未成年证人法定代理人到场通知书。法定代理人不到场的，侦查人员应当记录在案。

4. 询问证人时，应当明示身份，告知权利义务，明确询问事由，应全面细致，告诉联系方式，做到言语得体，态度和蔼。

5. 询问证人时，可以在现场进行，也可以到证人所在单位、住处或者证人提出的地点进行。必要时，也可以通知证人到人民检察院提供证言。到证人提出的地点进行询问的，应当在笔录中记明。

证人到人民检察院提供证言的，应当在办案工作区询问室进行询问。

在现场询问证人时，应当出示工作证件。到证人所在单位、住处或者证人提出的地点询问证人，应当出示人民检察院的证明文件。

6. 询问证人应当个别进行。

7. 询问证人，应当问明证人的基本情况以及与当事人的关系，并且告知证人应当如实提供证据、证言和故意作伪证或者隐匿罪证应当承担的法律责任，但是不得向证人泄露案情，不得采用羁押、暴力、威胁、引诱、欺骗及其他非法方法获取证言。

8. 询问聋、哑或者不通晓当地通用语言文字的人，应当为其聘请通晓聋、哑手势或者当地通用语言文字且与本案无利害关系的人员进行翻译。翻译人员的姓名、性别、工作单位和职业应当记录在案。翻译人员应当在询问笔录上签字。

聘请翻译人员时，侦查人员应当填写聘请书，报部门负责人批准。

9. 询问证人，应当制作询问笔录。询问笔录的内容应当包括：对证人权利和义务的告知，证人的基本情况、所证明的事实发生的时间、地点、情节、结果等，证人谈及的与案件有关的事实以及其他应当记录的事实。

询问笔录应当忠实于原话，字迹清楚，详细具体，并交犯罪嫌疑人核对。证人没有阅读能力的，应当向他宣读。如果记载有遗漏或者差错，应当补充或者改正。证人认为询问笔录没有错误的，由证人在笔录上逐页签名、盖章或者捺指印，并在末页写明"以上笔录我看过（向我宣读过），和我说的相符"，同时签名、盖章、捺指印并注明日期。如果证人拒绝签名、盖章、捺指印的，检察人员应当在笔录上注明。询问的检察人员也应当在笔录上签名。

10. 证人愿意自行书写证词的，检察人员应当准许。必要的时候，检察人员也可以要求证人亲笔书写证词。证人应当在亲笔证词的末页签名、捺指印，并注明书写日期。检察人员收到后，应当在首页右上方写明"于某年某月某日收到"，并签名。

11. 证人拒绝接受询问的，应当将情况记录在案，由询问人员签名，报部门负责人。

12. 询问证人需要录音录像的，应当在征得其同意后进行，参照讯问犯罪嫌疑人全程同步录音录像有关规定执行。

（四）询问被害人，适用询问证人的规定

被害人由于犯罪嫌疑人的犯罪行为而遭受物质损失的，侦查人员应当告知其有提起附带民事诉讼的权利。参与诉讼期间，询问被害人参照适用询问证人的相关规定。

四、勘验、检查及侦查实验

（一）勘验、检查的依据

检察人员对于与犯罪有关的场所、物品、人身、尸体应当进行勘验或者检查。在必要的时候，可以指派检察技术人员或者聘请其他具有专门知识的人，在检察人员的主持下进行勘验、检查。

（二）勘验、检查的程序和要求

1. 进行勘验、检查，应当持有检察长签发的勘查证。勘查现场，应当拍摄现场照片，勘查的情况应当写明笔录并制作现场图，由参加勘查的人和见证人签名。对重大案件的现场，应当录像。

2. 勘验时，应当邀请 2 名与案件无关的见证人在场。

3. 勘验、检查的情况应当制作笔录，由参加勘验、检查的人员和见证人签名或者盖章。

（三）尸体检查

解剖死因不明的尸体，应当通知死者家属到场，并让其在解剖通知书上签名或者盖章。

死者家属无正当理由拒不到场或者拒绝签名、盖章的，不影响解剖的进行，但是应当在解剖通知书上记明。对于身份不明的尸体，无法通知死者家属的，应当记明笔录。

（四）人身检查

1. 为了确定被害人、犯罪嫌疑人的某些特征、伤害情况或者生理状态，可以对人身进行检查，可以提取指纹信息，采集血液、尿液等生物样本。

必要时，可以指派、聘请法医或者医师进行人身检查。采集血液等生物样本应当由医师进行。

犯罪嫌疑人如果拒绝检查，检察人员认为必要的时候，可以强制检查。

检查妇女的身体，应当由女性工作人员或者医师进行。

2. 人身检查不得采用损害被检查人生命、健康或贬低其名誉或人格的方法。

在人身检查过程中知悉的被检查人的个人隐私，检察人员应当保密。

（五）侦查实验

1. 为了查明案情，在必要的时候，经检察长批准，可以进行侦查实验。

2. 实施侦查实验前，应当做好以下充分准备：（1）确定侦查实验的任务和目的，明确通过侦查实验所要解决的问题；（2）确定侦查实验的内容、次数，具体的实施方案，准备实验所需要的材料、物品等；（3）确定侦查实验的时间、地点、条件；（4）确定侦查实验的参加人员；（5）熟悉、了解所要解决问题的有关知识。

3. 侦查实验应当遵循下列要求：（1）侦查实验应当在案件发生的原地点进行；（2）侦查实验应当反复进行多次，排除偶然性和其他可能性；（3）侦查实验应当尽量使用原来的工具、物品；（4）侦查实验，禁止一切足以造成危险、侮辱人格或者有伤风化的行为。

4. 在进行侦查实验时，必要的时候可以聘请有关专业人员参加，也可以要求犯罪嫌疑人、被害人、证人参加。

5. 在侦查实验过程中，应当制作笔录，记明侦查实验的条件、经过和结果，由参加侦查实验的人员签名。必要时可以对侦查实验录音录像。

五、搜查

（一）搜查的依据

人民检察院有权要求有关单位和个人，交出能够证明犯罪嫌疑人有罪或者无罪以及犯罪情节轻重的证据。

为了收集犯罪证据，查获犯罪人，经检察长批准，检察人员可以对犯罪嫌疑人以及可能隐藏罪犯或者犯罪证据的人的身体、物品、住处、工作地点和其他有关的地方进行搜查。

（二）搜查的准备

在搜查前，应当做好以下准备工作：（1）了解被搜查对象的基本情况；（2）了解被搜查处所的现场及周围环境；（3）明确搜查的目的、范围和重点；（4）确定参加搜查的人员，明确分工和责任；（5）确定搜查实施开始的时间、地点及警戒的设置；（6）搜查中可能会遇到的问题及相应的对策；（7）搜查所需的物质条件。

（三）搜查的程序和要求

1. 决定搜查后，检察人员应当填写搜查证，经部门负责人审核，报检察长批准。

2. 搜查应当在检察人员的主持下进行，可以有司法警察参加。必要的时候，可以指派检察技术人员参加或者邀请当地公安机关、有关单位协助进行。

执行搜查的检察人员不得少于 2 人。

3. 进行搜查，应当向被搜查人或者他的家属出示搜查证。搜查证由检察长签发。

4. 在执行逮捕、拘留的时候，遇有下列紧急情况之一，不另用搜查证也可以进行搜查：（1）可能随身携带凶器的；（2）可能隐藏爆炸、剧毒等危险物品的；（3）可能隐匿、毁弃、转移犯罪证据的；（4）可能隐匿其他犯罪嫌疑人的；（5）其他紧急情况。

搜查结束后，搜查人员应当在24小时内向检察长报告，及时补办有关手续。

5. 搜查时，应当有被搜查人或者他的家属、邻居或者其他见证人在场，并且对被搜查人或者其家属说明阻碍搜查、妨碍公务应负的法律责任。

搜查妇女的身体，应当由女性工作人员进行。

6. 搜查时，如果遇到阻碍，可以强制进行搜查。对以暴力、威胁方法阻碍搜查的，应当予以制止，或者由司法警察将其带离现场；阻碍搜查构成犯罪的，应当依法追究刑事责任。

7. 搜查应当全面、细致、及时，并且指派专人严密注视搜查现场的动向。

8. 进行搜查的人员，应当遵守纪律，服从指挥，文明执法，不得无故损坏搜查现场的物品，不得擅自扩大搜查对象和范围。对于查获的重要书证、物证、视听资料、电子数据及其放置、存储地点应当拍照，并且用文字说明有关情况，必要的时候可以录像。

9. 搜查情况应当制作笔录，由检察人员和被搜查人或者其家属、邻居或者其他见证人签名或者盖章。被搜查人在逃，其家属拒不到场，或者拒绝签名、盖章的，应当记明笔录。

10. 到本辖区以外进行搜查的，检察人员应当携带搜查证、工作证以及载有主要案情、搜查目的、要求等内容的公函，与当地人民检察院联系。

六、调取、查封和扣押及查询与冻结

（一）调取证据的要求

1. 检察人员可以凭人民检察院的证明文件，向有关单位和个人调取能够证明犯罪嫌疑人有罪或者无罪以及犯罪情节轻重的证据材料，并且可以根据需要拍照、录像、复印和复制。

2. 办理案件需要向本辖区以外的有关单位和个人调取物证、书证等证据材料的，案件承办人应当携带工作证、人民检察院的证明文件和调取证据通知书、调取证据清单等法律文书，与当地人民检察院联系。

必要时，可以向证据所在地的人民检察院发函调取证据。调取证据的函件应当注明取证对象的具体内容和确切地址。

3. 调取物证应当调取原物。原物不便搬运、保存，或者依法应当返还被害人，或者因保密工作需要不能调取原物的，可以将原物封存，并拍照、录像。对原物拍照或者录像应当足以体现原物的外形、内容。

调取书证、视听资料应当调取原件。取得原件确有困难或者因保密需要不能调取原件的，可以调取副本或者复制件。

调取书证、视听资料的副本、复制件和物证的照片、录像的，应当书面记明不能调取原件、原物的原因，并说明复制件的制作过程以及原件、原物的存放地点，并由制作人员和原书证、视听资料、物证持有人签名或者盖章。

（二）查封和扣押的对象及要求

1. 在侦查活动中发现的可以证明犯罪嫌疑人有罪、无罪或者犯罪情节轻重的各种财物和文件，应当查封或者扣押；与案件无关的，不得查封或者扣押。

不能立即查明是否与案件有关的可疑的财物和文件，也可以查封或者扣押，但应当及时审查。经查明确实与案件无关的，应当在3日以内解除查封或者予以退还。

持有人拒绝交出应当查封、扣押的财物和文件的，可以强制查封或者扣押。

对于犯罪嫌疑人、被告人到案时随身携带的物品需要扣押的，可以依照前述规定办理。对于与案件无关的个人用品，应当逐件登记，并随案移交或者退还其家属。

2. 查封、扣押财物和文件，应当由检察长批准，由2名以上检察人员执行。

3. 需要查封、扣押的财物和文件不在本辖区的，应当依照有关法律及有关规定，持相关法律文书及简要案情等说明材料，商请被查封、扣押财物和文件所在地的人民检察院协助执行。

4. 对于查封、扣押的财物和文件，检察人员应当会同在场见证人和被查封、扣押物品持有人查点清楚，当场开列查封、扣押清单一式四份，注明查封、扣押物品的名称、型号、规格、数量、质量、颜色、新旧程度、包装等主要特征，由检察人员、见证人和持有人签名或者盖章，一份交给文件、资料和其他物品持有人，一份交被查封、扣押文件、资料和其他物品保管人，一份附卷，一份保存。持有人拒绝签名、盖章或者不在场的，应当在清单上记明。

5. 查封、扣押外币、金银珠宝、文物、名贵字画以及其他不易辨别真伪的贵重物品，应当在拍照或者录像后当场密封，由检察人员、见证人和被扣押物品持有人在密封材料上签名或者盖章，根据办案需要及时委托具有资质的部门出具鉴定报告。启封时应当有见证人或者持有人在场并且签名或者盖章。

6. 查封、扣押存折、信用卡、有价证券等支付凭证和具有一定特征能够证明案情的现金的，应当注明特征、编号、种类、面值、张数、金额等，由检察人员、见证人和被扣押物品持有人在密封材料上签名或者盖章。启封时应当有见证人或者持有人在场并签名或者盖章。

7. 查封、扣押易损毁、灭失、变质以及其他不宜长期保存的物品，应当用笔录、绘图、拍照、录像等方法加以保全后进行封存，或者经检察长批准后委托有关部门变卖、拍卖。变卖、拍卖的价款暂予保存，待诉讼终结后一并处理。

8. 对于应当查封的不动产和置于该不动产上不宜移动的设施、家具和其他相关财物，以及涉案的车辆、船舶、航空器和大型机械、设备等财物，必要时可以扣押其权利证书，经拍照或者录像后原地封存，并开具查封清单一式四份，注明相关财物的详细地址和相关特征，同时注明已经拍照或者录像及其权利证书已被扣押，由检察人员、见证人和持有人签名或者盖章。持有人拒绝签名、盖章或者不在场的，应当在清单上注明。

9. 查封不动产和置于该不动产上不宜移动的设施、家具和其他相关财物，以及涉案的车辆、船舶、航空器和大型机械、设备等财物，应当在保证侦查活动正常进行的同时，尽量不影响有关当事人的正常生活和生产经营活动。

必要时，可以将被查封的财物交持有人或者其近亲属保管，并书面告知保管人对被查封的财物应当妥善保管，不得转移、变卖、毁损、出租、抵押、赠予等。

应当将查封决定书副本送达不动产、生产设备或者车辆、船舶、航空器等财物的登记、管理部门，告知其在查封期间禁止办理抵押、转让、出售等权属关系变更、转移登记手续。

10. 扣押犯罪嫌疑人的邮件、电报或者电子邮件，应当经检察长批准，通知邮电部门或者网络服务单位将有关的邮件、电报或者电子邮件检交扣押。

不需要继续扣押的时候，应当立即通知邮电部门或者网络服务单位。

对于可以作为证据使用的录音、录像带、电子数据存储介质，应当记明案由、对象、内容，录取、复制的时间、地点、规格、类别、应用长度、文件格式及长度等，妥为保管，并制作清单，随案移送。

11. 查封单位的涉密电子设备、文件等物品，应当在拍照或者录像后当场密封，由检察人员、见证人、单位有关负责人签名或者盖章。启封时应当有见证人、单位有关负责人在场并签名或者盖章。对于有关人员拒绝按照前述有关规定签名或者盖章的，应当在相关文书上注明。

12. 对犯罪嫌疑人使用违法所得与合法收入共同购置的不可分割的财产，可以先行查封、扣押、冻结。对无法分割退还的财产，应当在结案后予以拍卖、变卖，对不属于违法所得的部分予以退还。

13. 犯罪嫌疑人被拘留、逮捕、监视居住后，其亲友受犯罪嫌疑人委托或者主动代为向检察机关上交或退赔涉案财物的，参照相关规定办理，由检察人员、代为上交财物人员、见证人在扣押清单上签名或者盖章。

代为上交财物人员应当在清单上注明系受犯罪嫌疑人委托或者主动代替犯罪嫌疑人上交或者退赔。

14. 对于查封、扣押的物品、文件、邮件、电报，应当妥善保管，不得使用、调换、损毁或者自行处理。经查明确实与案件无关的，应当在 3 日以内作出解除或者退还决定，并通知有关单位、当事人办理相关手续。

（三）查询和冻结的条件及要求

1. 根据侦查犯罪的需要，可以依照规定查询、冻结犯罪嫌疑人的存款、汇款、债券、股票、基金份额等财产，以及与案件有关的单位的存款、汇款、债券股票、基金份额等财产，并可以要求有关单位和个人配合。

2. 查询、冻结存款、汇款、债券、股票、基金份额等财产，应当经检察长批准，制作查询、冻结犯罪嫌疑人存款、汇款、债券、股票、基金份额通知书，通知银行或者其他金融机构、邮电部门执行。

3. 犯罪嫌疑人的存款、汇款、债券、股票、基金份额等财产已冻结的，不得重复冻结，但是应当要求有关银行或者其他金融机构、邮电部门在解除冻结或者作出处理前，通知人民检察院。

4. 扣押、冻结债券、股票、基金份额等财产，应当书面告知当事人或者其法定代理人、委托代理人有权申请出售。

对于被扣押、冻结的债券、股票、基金份额等财产，在扣押、冻结期间权利人申请出售，经审查认为不损害国家利益、被害人利益，不影响诉讼正常进行的，以及扣押、冻结的汇票、本票、支票的有效期即将届满的，经检察长批准，可以在案件办结前依法出售或者变现，所得价款由检察机关指定专门的银行账户保管，并及时告知当事人或者其近亲属。

对于冻结的存款、汇款、债券、股票、基金份额等财产，经查明确实与案件无关的，应当在 3 日以内解除冻结，并通知被冻结存款、汇款、债券、股票、基金份额等财产的所有人。

查询、冻结与案件有关的单位的存款、汇款、债券、股票、基金份额等财产的办法适用查询、冻结犯罪嫌疑人存款、汇款、债券、股票、基金份额等财产的规定。

（四）查封、扣押、冻结应注意的事项

1. 查封、扣押、冻结、保管、处理涉案财物，必须严格依法进行。严禁以虚假立案或者其他非法方式查封、扣押、冻结财物。对涉案单位私设账外资金但与案件无关的，不得扣押、冻结，可以通知有关主管机关或者其上级单位处理。严禁查封、扣押、冻结与案件无关的合法财产。

2. 严禁在立案之前查封、扣押、冻结财物。立案之前发现涉嫌犯罪的财物，如果符合立案条件的，应当及时立案，并采取查封、扣押、冻结措施，以保全证据和防止涉案财物转移。

个人或者单位在立案之前向基层人民检察院自首时携带涉案财物的，可以先行接收，并向自首人开具接收凭证，根据立案和侦查情况决定是否查封、扣押、冻结。

查封、扣押、冻结涉案财物后，应当对案件及时进行侦查，不得在没有法定理由的情况下撤销案件或者停止对案件的侦查。

3. 查封、扣押、冻结犯罪嫌疑人、被告人的涉案财物，应当为犯罪嫌疑人、被告人及其所扶养的家属保留必需的生活费用和物品。

查封、扣押、冻结单位的涉案财物，应当尽量不影响该单位正常的办公、生产、经营等活动。

4. 查封、扣押、冻结、保管、处理涉案财物，应当书面告知当事人或者其近亲属有权按照有关规定进行投诉。接到投诉的人民检察院应当按照有关规定及时进行审查并作出处理和答复。

刑事诉讼程序终结后，当事人认为基层人民检察院违法查封、扣押、冻结涉案财物而申请刑事赔偿的，尚未办结的投诉程序应当终止，负责办理投诉的部门应当将相关材料移交国家赔偿工作部门。

5. 查封、扣押、冻结、处理涉案财物应当使用最高人民检察院统一制定的法律文书，填写必须规范、完备，文书存根必须完整。

禁止使用"没收决定书"、"罚款决定书"等不符合规定的文书查封、扣押、冻结、处理涉案财物。

6. 查封、扣押、冻结、保管、处理涉及国家秘密、商业秘密、个人隐私的涉案财物，应当严格遵守有关保密规定。

7. 侦查部门查封、扣押、冻结涉案财物及其孳息后，应当立即将扣押的款项存入专门账户，将扣押的物品送案件管理部门办理入库保管手续，并将查封、扣押、冻结涉案财物的清单送案件管理部门登记，至迟不得超过3日。法律和有关规定另有规定的除外。

8. 下列扣押涉案财物可以不移交本院案件管理部门，由侦查部门拍照或者录像后及时按照有关规定处理：（1）对不便提取或者不必提取的不动产、生产设备或者其他财物，可以交持有人或者其近亲属保管；（2）对珍贵文物、珍贵动物及其制品、珍稀植物及其制品，按照国家有关规定移送主管机关；（3）对毒品、淫秽物品等违禁品，及时移送有关主管机关，或者根据办案需要严格封存，不得使用或者扩散；（4）对爆炸性、易燃性、放射性、毒害性、腐蚀性等危险品，及时移送有关部门或者根据办案需要委托有关主管机关妥善保管；（5）对易损毁、灭失、变质以及其他不宜长期保存的物品，可以经检察长批准后及时委托有关部门拍卖、变卖；（6）对单位的涉密电子设备、文件等物品，可以在密封后交被扣押物品的单位保管。

9. 侦查部门向案件管理部门移交扣押的涉案财物时，应当列明物品的名称、规格、特征、质量、数量或者现金的数额等，出具相应的手续。管理部门应当当场审验，对不符合规定的，应当要求侦查部门立即补正；符合规定的，应当在移交清单上签名并向侦查部门开具收据。

10. 为了核实证据，需要临时调用扣押涉案财物时，应当经检察长批准。加封的财物启封时，侦查部门和案件管理部门应当同时派员在场，并应当有见证人或者持有人在场，当面查验。归还时，应当重新封存，由管理人员清点验收。管理部门应当对调用和归还情况进行登记。

11. 查封、扣押、冻结的财物，除依法应当返还被害人或者经查明确实与案件无关的以外，不得在诉讼程序终结之前处理。法律和有关规定另有规定的除外。

12. 处理查封、扣押、冻结的涉案财物，应当制作查封、扣押、冻结涉案财物处理决定书并送达当事人或者其近亲属，由当事人或者其近亲属在处理清单上签名或者盖章。当事人或者其近亲属不签名的，应当在处理清单上注明。处理查封、扣押、冻结的单位涉案财物的，应当由单位有关负责人签名并加盖公章，单位负责人不签名的，应当在处理清单上注明。

13. 查封、扣押、冻结、保管、处理涉案财物的相关法律文书送达或者制作完成后，侦查部门应当在 5 日以内将法律文书复印件送本院案件管理部门和纪检监察部门。

七、鉴定

（一）鉴定的目的

人民检察院为了查明案情，解决案件中某些专门性的问题，可以进行鉴定。

（二）鉴定的程序和要求

1. 需要进行鉴定的，侦查人员应当填写委托鉴定书，经检察长批准，由本院检察技术部门有鉴定资格的人员进行鉴定；必要的时候，也可以聘请其他有鉴定资格的人员进行，但是应当征得鉴定人所在单位的同意。

委托上级人民检察院鉴定或者对外委托鉴定时，应当通过本院或上级人民检察院检察技术部门统一协助办理。

具有《刑事诉讼法》第 28 条、第 29 条规定的应当回避的情形的，不能担任鉴定人。

2. 侦查部门应当为鉴定人进行鉴定提供必要条件，及时向鉴定人送交有关检材和对比样本等原始材料，介绍与鉴定有关的情况，并明确提出要求鉴定解决的问题，但是不得暗示或者强迫鉴定人作出某种鉴定意见。

3. 鉴定人进行鉴定后，应当出具鉴定意见、检验报告，同时附上鉴定机构和鉴定人的资质证明，并且签名或者盖章。多个鉴定人的鉴定意见不一致的，应当在鉴定意见上写明分歧的内容和理由，并且分别签名或者盖章。鉴定人故意作虚假鉴定的，应当承担法律责任。

（三）鉴定意见的审查

对于鉴定意见，侦查人员应当进行审查，审查的内容主要有以下几点：（1）提供给鉴定人的鉴定材料是否充分、可靠；（2）鉴定的方法是否存在明显错误；（3）鉴定人是否受外界影响，故意作出违反事实和科学的意见；（4）鉴定意见是否合乎逻辑，合乎规律。前后几次鉴定意见是否矛盾，鉴定意见同其他证据材料是否一致，有无矛盾。

必要的时候，可以提出补充鉴定或者重新鉴定的意见，报检察长批准后进行补充鉴定或者重新鉴定。检察长也可以直接决定进行补充鉴定或者重新鉴定。

（四）鉴定意见用作证据的告知

用作证据的鉴定意见，侦查部门应当告知犯罪嫌疑人、被害人；被害人死亡或者没有诉讼行为能力的，应当告知其法定代理人、近亲属或诉讼代理人。

（五）补充鉴定和重新鉴定

1. 犯罪嫌疑人、被害人或被害人的法定代理人、近亲属、诉讼代理人提出申请，经检察长批准，可以补充鉴定或者重新鉴定，鉴定费用由请求方承担，但原鉴定违反法定程序的，由人民检察院承担。

犯罪嫌疑人的辩护人或者近亲属以犯罪嫌疑人有患精神病可能而申请对犯罪嫌疑人进行鉴定的，鉴定费用由请求方承担。

2. 人民检察院决定重新鉴定的，应当另行指派或者聘请鉴定人。

（六）鉴定涉及羁押期限和办案期限的处理

1. 对犯罪嫌疑人作精神病鉴定的期间不计入羁押期限和办案期限。

2. 对于因鉴定时间较长、办案期限届满仍不能终结的案件，自期限届满之日起，应当依法释放被羁押的犯罪嫌疑人或者变更强制措施。

八、辨认

（一）辨认的概念

为了查明案情，在必要的时候，检察人员可以让被害人、证人和犯罪嫌疑人对与犯罪有关的物品、文件、尸体或场所进行辨认；也可以让被害人、证人对犯罪嫌疑人进行辨认，或者让犯罪嫌疑人对其他犯罪嫌疑人进行辨认。

（二）辨认的程序和要求

1. 对犯罪嫌疑人进行辨认，应当经检察长批准。

2. 辨认应当在检察人员的主持下进行，主持辨认的检察人员不得少于 2 人。在辨认前，应当向辨认人详细询问被辨认对象的具体特征，避免辨认人见到被辨认对象，并应当告知辨认人有意作虚假辨认应负的法律责任。

3. 几名辨认人对同一被辨认对象进行辨认时，应当由每名辨认人单独进行。必要的时候，可以有见证人在场。

4. 辨认时，应当将辨认对象混杂在其他对象中，不得给辨认人任何暗示。

辨认犯罪嫌疑人、被害人时，被辨认的人数为 5～10 人，照片为 5～10 张。

辨认物品时，同类物品不得少于 5 件，照片不得少于 5 张。

对犯罪嫌疑人的辨认，辨认人不愿公开进行时，可以在不暴露辨认人的情况下进行，并应当为其保守秘密。

5. 辨认的情况，应当制作笔录，由检察人员、辨认人、见证人签字。对辨认对象应当拍照，必要时，可以对辨认过程进行录音录像。

6. 人民检察院主持进行辨认，可以商请公安机关参加或者协助。

九、特殊侦查措施

（一）适用特殊侦查措施的程序和范围

在办案过程中需要使用特殊侦查措施的，应当提交相关请示资料，经部门负责人审核，报检察长批准并履行有关审批手续后，交有关部门办理。

申办特殊侦查措施的范围包括技术侦查、异地羁押、通缉、边控等。

（二）技术侦查措施

1. 人民检察院在立案后，对于涉案数额在 10 万元以上、采取其他方法难以收集证据的重大贪污、贿赂犯罪案件以及利用职权实施的严重侵犯公民人身权利的重大犯罪案件，经过严格的批准手续，可以采取技术侦查措施，交有关机关执行。

贪污、贿赂犯罪包括《刑法》分则第八章规定的贪污罪、受贿罪、单位受贿罪、行贿罪、对单位行贿罪、介绍贿赂罪、单位行贿罪、利用影响力受贿罪。

利用职权实施的严重侵犯公民人身权利的重大犯罪案件包括有重大社会影响的、造成严重后果的或者情节特别严重的非法拘禁、非法搜查、刑讯逼供、暴力取证、虐待被监管人、报复陷害等案件。

2. 人民检察院办理直接受理立案侦查的案件，需要追捕被通缉或者批准、决定逮捕的在逃的犯罪嫌疑人、被告人的，经过批准，可以采取追捕所必需的技术侦查措施，不受上述规定的案件范围的限制。

3. 采取技术侦查措施应当根据侦查犯罪的需要，确定采取技术侦查措施的种类和适用对象，按照有关规定报请批准。

批准决定自签发之日起 3 个月以内有效。对于不需要继续采取技术侦查措施的，应当及时解除；对于复杂、疑难案件，期限届满仍有必要继续采取技术侦查措施的，应当在期限届满前 10 日以内制作呈请延长技术侦查措施期限报告书，写明延长的期限及理由，经过原批准机关批准，有效期可以延长，每次不得超过 3 个月。

4. 采取技术侦查措施收集的材料作为证据使用的，批准采取技术侦查措施的法律决定文书应当附卷，辩护律师可以依法查阅、摘抄、复制。

5. 采取技术侦查措施收集的物证、书证及其他证据材料，侦查人员应当制作相应的说明材料，写明获取证据的时间、地点、数量、特征以及采取技术侦查措施的批准机关、种类等，并签名和盖章。

6. 对于使用技术侦查措施获取的证据材料，如果可能危及特定人员的人身安全、涉及国家秘密或者公开后可能暴露侦查秘密或者严重损害商业秘密、个人隐私的，应当采取不暴露有关人员身份、技术方法等保护措施。在必要的时候，可以建议不在法庭上质证，由审判人员在庭外对证据进行核实。

7. 检察人员对采取技术侦查措施过程中知悉的国家秘密、商业秘密和个人隐私，应当保密；对采取技术侦查措施获取的与案件无关的材料，应当及时销毁，并对销毁情况制作记录。

8. 采取技术侦查措施获取的证据、线索及其他有关材料，只能用于对犯罪的侦查、起诉和审判，不得用于其他用途。

（三）异地羁押

1. 需要对犯罪嫌疑人异地羁押的，应当提交对犯罪嫌疑人异地羁押的请示，层报管辖地和拟羁押地人民检察院共同的上级人民检察院侦查指挥中心办公室审核，报该上级人民检察院检察长批准后，商拟羁押地人民检察院或者有关部门异地羁押。

2. 对犯罪嫌疑人异地羁押请示的内容应当包括犯罪嫌疑人的基本情况、案由、基本案情、身体状况、现羁押场所、拟异地羁押场所、异地羁押理由等，并附立案请示报告、立案决定书、拘留证或者逮捕证。

（四）通缉

1. 人民检察院办理直接受理立案侦查的案件，应当逮捕的犯罪嫌疑人如果在逃，或者已被逮捕的犯罪嫌疑人脱逃的，侦查人员应当填写通缉通知书，经部门负责人审核，报检察长批准。经检察长批准，可以通缉。

2. 需要在本辖区内通缉犯罪嫌疑人的，可以直接决定通缉；需要在本辖区外通缉犯罪嫌疑人的，由有决定权的上级人民检察院决定。

3. 决定通缉的，侦查人员应当将通缉通知书、在逃人员登记表、立案决定书和逮捕证复印件及犯罪嫌疑人近期照片、身份证号码、特征、案情简况、注意事项等送达公安机关，由公安机关发布通缉令，追捕归案。

4. 人民检察院决定通缉的，应商请同级公安机关将被通缉人信息上网，利用公安系统计算机网络追逃。

对案情重大、情况紧急，来不及办理逮捕手续的在逃犯罪嫌疑人，经基层以上人民检察院负责人批准，可商请公安机关先上网，上网后7日内补办逮捕手续。

需要在全国范围内通缉的，应当填写《在逃人员登记表》，先在当地公安机关上网，然后将报请进行全国通缉的通报，附《在逃人员登记表》和立案决定书、逮捕证复印件以及被通缉人近期1~2寸清晰照片2张，由省级人民检察院呈报最高人民检察院批准后，商请公安部办理。

5. 通缉令发出后，如果发现新的重要情况，可补发通报，送达同级公安机关办理，或者按原通缉令办理途径由原发布通缉令的上级公安机关办理。

6. 犯罪嫌疑人潜逃的应当依法立案，符合逮捕条件的，应当决定逮捕，商请公安机关办理通缉。

（五）边控

1. 为防止犯罪嫌疑人等涉案人员逃往境外，需要在边防口岸采取边控措施的，应当按照有关规定制作边控对象通知书，商请公安机关办理边控手续。

2. 办理边控应提供详细、准确、全面的相关资料，特别是被控对象的姓名（别名）、性别、出生年月日、出入境证件种类和号码。对需要出入境口岸限制犯罪嫌疑人人身自由的，需同时出具有关法律文书。还应提供联系人姓名、可供 24 小时接通的电话号码。

3. 对已抓获的被通缉犯罪嫌疑人，以及已办理拘留、逮捕等强制措施手续的被控犯罪嫌疑人已被出入境口岸扣人、扣证的，应及时派员接交并办理有关手续。特殊情况下，不能即行接交的，应立即与口岸所在地人民检察院联系，委托其接交。

4. 不再需要通缉或边控，以及其他不再需要边控的，应当于 48 小时以内向当地公安机关通报。

5. 对没有办理出入境证件、需限制其出境的犯罪嫌疑人和案件其他重要关系人，立案侦查的人民检察院可通报同级公安机关，不予为其办理出入境证件。

6. 对于应当逮捕的犯罪嫌疑人，如果潜逃出境，可以按照有关规定层报最高人民检察院商请国际刑警组织中国国家中心局，请求有关方面协助，或者通过其他法律规定的途径进行追捕。

第四节　强制措施

一、拘传

（一）拘传的条件

根据案件情况，对犯罪嫌疑人可以拘传。根据侦查需要，可以对经合法传唤无正当理由拒不到案的犯罪嫌疑人适用拘传。

（二）拘传的程序和要求

1. 对犯罪嫌疑人拘传，应当由案件承办人提出意见，部门负责人审核后，报请检察长批准。检察长签发拘传证后，应当通知司法警察执行拘传。

2. 拘传时，应当向被拘传的犯罪嫌疑人出示拘传证。对抗拒拘传的，可以使用械具，强制到案。执行拘传的人员不得少于2人。

3. 拘传持续的时间从犯罪嫌疑人到案时开始计算。犯罪嫌疑人到案后，应当责令其在拘传证上填写到案时间，并在拘传证上签名、捺指印或者盖章，然后立即讯问。讯问结束后，应当责令犯罪嫌疑人在拘传证上填写讯问结束时间。犯罪嫌疑人拒绝填写的，检察人员应当在拘传证上注明。

一次拘传持续的时间不得超过 12 小时；案情特别重大、复杂，需要采取拘留、逮捕措施的，拘传持续的时间不得超过 24 小时。两次拘传间隔的时间一般不得少于 12 小时，不得以连续拘传的方式变相拘禁犯罪嫌疑人。

拘传犯罪嫌疑人，应当保证犯罪嫌疑人的饮食和必要的休息时间。

4. 拘传犯罪嫌疑人，应当在犯罪嫌疑人所在市、县内的地点进行。犯罪嫌疑人的工作单位与居住地不在同一市、县的，拘传应当在犯罪嫌疑人的工作单位所在的市、县进行；特殊情况下，也可以在犯罪嫌疑人居住地所在的市、县内进行。

5. 需要对被拘传的犯罪嫌疑人变更强制措施的，应当经检察长或者检察委员会决定，在拘传期限内办理变更手续。在拘传期间内决定不采取其他强制措施的，拘传期限届满，应当结束拘传。

6. 讯问被拘传的犯罪嫌疑人必须在人民检察院的讯问室进行，讯问过程应当实行全程同步录音录像。

异地拘传犯罪嫌疑人的，应当携带《立案决定书》、《拘传证》，商请执行地人民检察院协助，并可以在执行地人民检察院讯问犯罪嫌疑人。

二、取保候审

（一）取保候审的适用条件及例外

对于有下列情形之一的犯罪嫌疑人，可以取保候审：（1）可能判处管制、拘役或者独立适用附加刑的；（2）可能判处有期徒刑以上刑罚，采取取保候审不致发生社会危险性的；（3）患有严重疾病、生活不能自理，怀孕或者正在哺乳自己婴儿的妇女，采取取保候审不致发生社会危险性的；（4）犯罪嫌疑人羁押期限届满，案件尚未办结，需要取保候审的。

对于严重危害社会治安的犯罪嫌疑人，以及其他犯罪性质恶劣、情节严重的犯罪嫌疑人不得取保候审。

（二）取保候审的适用

1. 取保候审的程序

应当在被羁押或者监视居住的犯罪嫌疑人及其法定代理人、近亲属或者辩护人向人民检察院申请取保候审3日以内作出是否同意的答复。经审查符合取保候审适用条件的，对犯罪嫌疑人依法办理取保候审手续。经审查不符合取保候审条件的，应当告知申请人，并说明不同意取保候审的理由。

对犯罪嫌疑人取保候审，应当由案件承办人提出意见，部门负责人审核，检察长决定。

决定对犯罪嫌疑人取保候审的，应当制作取保候审决定书，载明取保候审的期间、担保方式、被取保候审人应当履行的义务和应当遵守的规定。

作出取保候审决定时，可以根据犯罪嫌疑人涉嫌犯罪性质、危害后果、社会影响，犯罪嫌疑人、被害人的具体情况等，有针对性地责令其遵守以下一项或者多项规定：（1）不得进入特定的场所；（2）不得与特定的人员会见或者通信；（3）不得从事特定的活动；（4）将护照等出入境证件、驾驶证件交执行机关保存。

2. 取保候审的要求

（1）应当责令犯罪嫌疑人提出保证人或者交纳保证金。对同一犯罪嫌疑人决定取保候审，不得同时使用保证人保证和保证金保证方式。

（2）应当向取保候审的犯罪嫌疑人宣读取保候审决定书，由犯罪嫌疑人签名、捺指印或者盖章，并责令犯罪嫌疑人遵守《刑事诉讼法》第69条的规定，告知其违反规定应负的法律责任，以保证金方式担保的，应当同时告知犯罪嫌疑人一次性将保证金存入公安机关指定银行的专门账户。

向犯罪嫌疑人宣布取保候审决定后，应当将执行取保候审通知书送达公安机关执行，并告知公安机关在执行期间拟批准犯罪嫌疑人离开所居住的市、县的，应当征得人民检察院同意。以保证人方式担保的，应当将取保候审保证书同时送达公安机关。以保证金方式担保的，应当将公安机关指定银行出具的凭证及其他有关材料与执行取保候审通知书一并送交公安机关。

（3）对符合取保候审条件，具有下列情形之一的犯罪嫌疑人，人民检察院决定取保候审时，可以责令其提供1~2名保证人：①无力交纳保证金的；②系未成年人或者已满75周岁的老人；③其他不宜收取保证金的。

采取保证人担保方式的，保证人应当符合《刑事诉讼法》第69条规定的条件，并经人民检察院审查同意。

应当告知保证人履行以下义务：①监督被保证人遵守《刑事诉讼法》第69条的规定；②发现被保证人可能发生或者已经发生违反《刑事诉讼法》第69条规定的行为的，及时向执行机关报告。

保证人保证承担上述义务后，应当在取保候审保证书上签名或者盖章。

在收到保证人不愿继续担保的申请或者发现其丧失担保条件后的3日以内，应当责令犯罪嫌疑人重新提出保证人或者交纳保证金，并将变更情况通知公安机关。

发现保证人没有履行《刑事诉讼法》第 68 条规定的义务，应当通知公安机关，要求公安机关对保证人作出罚款决定。构成犯罪的，依法追究保证人的刑事责任。

（4）采取保证金担保方式的，人民检察院可以根据犯罪嫌疑人的社会危险性，案件的性质、情节、危害后果，可能判处刑罚的轻重，犯罪嫌疑人的经济状况等，责令犯罪嫌疑人交纳 1000 元以上的保证金，对于未成年犯罪嫌疑人可以责令交纳 500 元以上的保证金。

被取保候审人拒绝交纳保证金或者交纳保证金不足决定数额时，应当作出变更取保候审措施、变更保证方式或者变更保证金数额的决定，并将变更情况通知公安机关。

发现犯罪嫌疑人违反《刑事诉讼法》第 69 条的规定，已交纳保证金的，应当书面通知公安机关没收部分或者全部保证金，并且根据案件的具体情况，责令犯罪嫌疑人具结悔过、重新交纳保证金、提出保证人或者决定监视居住、予以逮捕。

公安机关发现犯罪嫌疑人违反《刑事诉讼法》第 69 条的规定，提出没收保证金或者变更强制措施意见的，应当在收到意见后 5 日以内作出决定，并通知公安机关。

（5）公安机关在执行取保候审期间向人民检察院征询是否同意批准犯罪嫌疑人离开所居住的市、县时，应当根据案件的具体情况及时作出决定，并通知公安机关。决定对犯罪嫌疑人取保候审，最长不得超过 12 个月。在取保候审期间，不得中断对案件的侦查、审查起诉。

3. 违反取保候审要求的情形及处理

（1）犯罪嫌疑人有下列违反取保候审规定的行为，应当予以逮捕：①故意实施新的犯罪的；②企图自杀、逃跑，逃避侦查、审查起诉的；③实施毁灭、伪造证据，串供或者干扰证人作证，足以影响侦查、审查起诉工作正常进行的；④对被害人、证人、举报人、控告人及其他人员实施打击报复的。

犯罪嫌疑人有下列违反取保候审规定的行为，可以予以逮捕：①未经批准，擅自离开所居住的市、县，造成严重后果，或者 2 次未经批准，擅自离开所居住的市、县的；②经传讯不到案，造成严重后果，或者经 2 次传讯不到案的；③住址、工作单位和联系方式发生变动，未在 24 小时以内向公安机关报告，造成严重后果的；④违反规定进入特定场所、与特定人员会见或者通信、从事特定活动，严重妨碍诉讼程序正常进行的。

需要对上述犯罪嫌疑人予以逮捕的，可以先行拘留；已交纳保证金的，同时书面通知公安机关没收保证金。

4. 取保候审的解除

（1）取保候审期限届满或者发现不应当追究犯罪嫌疑人的刑事责任的，应当及时解除或者撤销取保候审。解除或者撤销取保候审的决定，应当由案件承办人提出意见，部门负责人审核，检察长决定。解除或者撤销取保候审的决定，应当及时通知执行机关，并将解除或者撤销取保候审的决定书送达犯罪嫌疑人；有保证人的，应当通知保证人解除保证义务。

（2）犯罪嫌疑人在取保候审期间没有违反《刑事诉讼法》第 69 条的规定，或者发现不应当追究犯罪嫌疑人刑事责任的，变更、解除或者撤销取保候审时，应当告知犯罪嫌疑人可以凭变更、解除或者撤销取保候审的通知或者有关法律文书到银行领取退还的保证金。

（3）犯罪嫌疑人及其法定代理人、近亲属或者辩护人认为取保候审期限届满，提出解除取保候审要求的，应当在 3 日以内审查决定。经审查认为法定期限届满的，经检察长批准后，解除取保候审；经审查未超过法定期限的，书面答复申请人。

三、监视居住

（一）监视居住的适用条件

对于符合逮捕条件，有下列情形之一的犯罪嫌疑人，可以监视居住：（1）患有严重疾病、生活不能自理的；（2）怀孕或者正在哺乳自己婴儿的妇女；（3）系生活不能自理的人的唯一扶养人；（4）因为案件的特殊情况或者办理案件的需要，采取监视居住措施更为适宜的；（5）羁押期限届满，案件尚未办结，需要采取监视居住措施的。

前述规定中的"扶养"包括父母、祖父母、外祖父母对子女、孙子女、外孙子女的抚养和子女、孙子女、外孙子女对父母、祖父母、外祖父母的赡养以及配偶、兄弟姐妹之间的相互扶养。

对符合取保候审条件，但犯罪嫌疑人不能提出保证人，也不交纳保证金的，可以监视居住。

（二）监视居住的场所

监视居住应当在犯罪嫌疑人的住处执行。对于犯罪嫌疑人无固定住处或者涉嫌特别重大贿赂犯罪在住处执行可能有碍侦查的，可以在指定的居所执行。

固定住处是指犯罪嫌疑人在办案机关所在地的市、县内工作、生活的合法居所。

有下列情形之一的，属于特别重大贿赂犯罪：（1）涉嫌贿赂犯罪数额在50万元以上，犯罪情节恶劣的；（2）有重大社会影响的；（3）涉及国家重大利益的。

有下列情形之一的，属于有碍侦查：（1）可能毁灭、伪造证据，干扰证人作证或者串供的；（2）可能自杀或者逃跑的；（3）可能导致同案犯逃避侦查的；（4）在住处执行监视居住可能导致犯罪嫌疑人面临人身危险的；（5）犯罪嫌疑人的家属或者其所在单位的人员与犯罪有牵连的；（6）可能对举报人、控告人、证人及其他人员等实施打击报复的。

指定的居所应当符合下列条件：（1）具备正常的生活、休息条件；（2）便于监视、管理；（3）能够保证办案安全。

采取指定居所监视居住的，不得在看守所、拘留所、监狱等羁押、监管场所以及留置室、讯问室等专门的办案场所、办公区域执行。

（三）监视居住的适用

1. 监视居住的程序

对犯罪嫌疑人采取监视居住，应当由案件承办人提出意见，部门负责人审核，检察长决定。需要对涉嫌特别重大贿赂犯罪的犯罪嫌疑人采取指定居所监视居住的，由案件承办人提出意见，经部门负责人审核，报检察长审批后，连同案卷材料一并报上一级人民检察院侦查部门审查。上一级人民检察院批准指定居所监视居住的，指定居所监视居住决定书执行回执应当报上一级人民检察院。

对于特别重大贿赂犯罪案件决定指定居所监视居住的，应当自决定指定居所监视居住之日起每 2 个月对指定居所监视居住的必要性进行审查，没有必要继续指定居所监视居住或者案件已经办结的，应当解除指定居所监视居住或者变更强制措施。解除指定居所监视居住或者变更强制措施的，应当报送上一级人民检察院备案。

2. 监视居住的要求

决定对犯罪嫌疑人监视居住的，应当向其宣读监视居住决定书，由犯罪嫌疑人签名、捺指印或者盖章，并责令犯罪嫌疑人遵守《刑事诉讼法》第 75 条的规定，告知其违反规定应负的法律责任。指定居所监视居住的，不得要求被监视居住人支付费用。

对犯罪嫌疑人决定在指定的居所执行监视居住，除无法通知的以外，应当在执行监视居住后 24 小时以内，将指定居所监视居住的原因通知被监视居住人的家属。无法通知的，应当向检察长报告，并将原因写明附卷。无法通知的情形消除后，应当立即通知其家属。无法通知包括以下情形：（1）被监视居住人无家属的；（2）与其家属无法取得联系的；（3）受自然灾害等不可抗力阻碍的。

核实犯罪嫌疑人住处或者为其指定居所后，应当制作监视居住执行通知书，将有关法律文书和案由、犯罪嫌疑人基本情况材料，送交监视居住地的公安机关执行，必要时可以协助公安机关执行。应当告知公安机关在执行期间拟批准犯罪嫌疑人离开执行监视居住的处所、会见他人或者通信的，批准前应当征得人民检察院同意。公安机关在执行监视居住期间向人民检察院征询是否同意批准犯罪嫌疑人离开执行监视居住的处所、会见他人或者通信时，人民检察院应当根据案件的具体情况决定是否同意。

人民检察院可以根据案件的具体情况，商请公安机关对被监视居住的犯罪嫌疑人采取电子监控、不定期检查等监视方法，对其遵守监视居住规定的情况进行监督。办理直接受理立案侦查的案件对犯罪嫌疑人采取监视居住的，在侦查期间可以商请公安机关对其通信进行监控。

决定对犯罪嫌疑人监视居住的，最长不得超过6个月。在监视居住期间，不得中断对案件的侦查、审查起诉。

3. 违反监视居住要求的情形及处理

对违反《刑事诉讼法》第75条规定的犯罪嫌疑人，情节严重的，可以予以逮捕；需要予以逮捕的，可以对犯罪嫌疑人、被告人先行拘留。

犯罪嫌疑人有下列违反监视居住规定的行为，应当予以逮捕：（1）故意实施新的犯罪行为的；（2）企图自杀、逃跑，逃避侦查、审查起诉的；（3）实施毁灭、伪造证据或者串供、干扰证人作证行为，足以影响侦查、审查起诉工作正常进行的；（4）对被害人、证人、举报人、控告人及其他人员实施打击报复的。

犯罪嫌疑人有下列违反监视居住规定的行为，可以予以逮捕：（1）未经批准，擅自离开执行监视居住的处所，造成严重后果，或者两次未经批准，擅自离开执行监视居住的处所的；（2）未经批准，擅自会见他人或者通信，造成严重后果，或者两次未经批准，擅自会见他人或者通信的；（3）经传讯不到案，造成严重后果，或者经两次传讯不到案的。

需要对上述犯罪嫌疑人予以逮捕的，可以先行拘留。

4. 监视居住的撤销

监视居住期限届满或者发现不应当追究犯罪嫌疑人刑事责任的，应当解除或者撤销监视居住。解除或者撤销监视居住，应当由案件承办人提出意见，部门负责人审核，检察长决定。解除或者撤销监视居住的决定应当通知执行机关，并将解除或者撤销监视居住的决定书送达犯罪嫌疑人。犯罪嫌疑人及其法定代理人、近亲属或者辩护人认为监视居住法定期限届满，提出解除监视居住要求的，应当在 3 日以内审查决定。经审查认为法定期限届满的，经检察长批准后，解除监视居住；经审查未超过法定期限的，书面答复申请人。

四、拘留

（一）拘留的适用条件

对于有下列情形之一的犯罪嫌疑人，可以决定拘留：（1）犯罪后企图自杀、逃跑或者在逃的；（2）有毁灭、伪造证据或者串供可能的。

（二）拘留的程序和要求

1. 拘留的程序。拘留犯罪嫌疑人，应当由案件承办人提出意见，部门负责人审核，检察长决定。

2. 拘留的要求。作出拘留决定后，应当将有关法律文书和案由、犯罪嫌疑人基本情况的材料送交同级公安机关执行。必要时可以协助公安机关执行。拘留后，应当立即将被拘留人送看守所羁押，至迟不得超过 24 小时。

因现行犯拘留担任县级以上人民代表大会代表的犯罪嫌疑人，应当立即向该代表所属的人民代表大会主席团或者常务委员会报告；因为其他情形需要拘留的，应当报请该代表所属的人民代表大会主席团或者常务委员会许可。

拘留担任本级人民代表大会代表的犯罪嫌疑人，直接向本级人民代表大会主席团或常务委员会报告或者报请许可；拘留担任上级人民代表大会代表的犯罪嫌疑人，应当立即层报该代表所属的人民代表大会同级的人民检察院报告或者报请许可；拘留担任乡、民族乡、镇的人民代表大会代表的犯罪嫌疑人，应当报告乡、民族乡、镇的人民代表大会；拘留担任两级以上人民代表大会代表的犯罪嫌疑人，分别报告或者报请许可；拘留担任本院所在省、市、县

（区）以外的其他地区人民代表大会代表的犯罪嫌疑人，应当委托该代表所属的人民代表大会同级的人民检察院报告或者报请许可；担任两级以上人民代表大会代表的，应当分别委托该代表所属的人民代表大会同级的人民检察院报告或者报请许可；拘留担任政协委员的犯罪嫌疑人之前，应当向该委员所属政协党组通报情况，情况紧急的可同时或事后及时通报。

对犯罪嫌疑人拘留后，除无法通知的以外，应当在 24 小时以内通知被拘留人的家属。无法通知的，应当向检察长报告，并将原因写明附卷。无法通知的情形消除后，应当立即通知其家属。无法通知包括以下情形：（1）被拘留人无家属的；（2）与其家属无法取得联系的；（3）受自然灾害等不可抗力阻碍的。

对被拘留的犯罪嫌疑人，应当在拘留后的 24 小时以内进行讯问。

（三）拘留的变更或期限界满

对被拘留的犯罪嫌疑人，发现不应当拘留的，应当立即释放；依法可以取保候审或者监视居住的，按照有关规定办理取保候审或者监视居住手续。对被拘留的犯罪嫌疑人，需要逮捕的，按照有关规定办理逮捕手续；决定不予逮捕的，应当及时变更强制措施。

拘留犯罪嫌疑人的羁押期限为 14 日，特殊情况下可以延长 1 日至 3 日。

公民将正在实行犯罪或者在犯罪后即被发觉的、通缉在案的、越狱逃跑的、正在被追捕的犯罪嫌疑人或者犯罪人扭送到人民检察院的，人民检察院应当予以接受，并且根据具体情况决定是否采取相应的紧急措施。对于不属于自己管辖的，应当移送主管机关处理。

犯罪嫌疑人及其法定代理人、近亲属或者辩护人认为人民检察院对拘留的犯罪嫌疑人法定羁押期限届满，提出释放犯罪嫌疑人或者变更拘留措施要求的，侦查部门应当在 3 日以内审查完毕。经审查认为法定期限届满的，应当提出释放犯罪嫌疑人或者变更强制措施的意见，经检察长批准后，通知公安机关执行；经审查认为未满法定期限的，书面答复申诉人。侦查部门应当将审查结果同时书面通知本院刑事执行检察部门。

五、逮捕

（一）逮捕的报请

侦查部门认为犯罪嫌疑人符合逮捕条件需要逮捕的，应当报请上一级人民检察院审查决定。

犯罪嫌疑人已被拘留的，侦查部门应当在拘留后7日以内制作报请逮捕书，报检察长或者检察委员会审批后，连同案卷材料、讯问犯罪嫌疑人录音、录像一并报上一级人民检察院审查，报请逮捕时应当说明犯罪嫌疑人的社会危险性并附相关证据材料。侦查部门报请审查逮捕时，应当同时将报请情况告知犯罪嫌疑人及其辩护律师。对于重大、疑难、复杂的案件，侦查部门可以提请上一级人民检察院侦查监督部门和本院侦查监督部门派员介入侦查，参加案件讨论。

逮捕担任本级人民代表大会代表的犯罪嫌疑人，直接向本级人民代表大会主席团或常务委员会报请许可。逮捕担任上级人民代表大会代表的犯罪嫌疑人，应当立即层报该代表所属的人民代表大会同级的人民检察院报请许可。逮捕担任乡、民族乡、镇的人民代表大会代表的犯罪嫌疑人，应当报告乡、民族乡、镇的人民代表大会。逮捕担任两级以上人民代表大会代表的犯罪嫌疑人，分别报请许可。逮捕担任本院所在省、市、县（区）以外的其他地区人民代表大会代表的犯罪嫌疑人，应当委托该代表所属的人民代表大会同级的人民检察院报请许可；担任两级以上人民代表大会代表的，应当分别委托该代表所属的人民代表大会同级的人民检察院报请许可。

逮捕担任政协委员的犯罪嫌疑人之前，应当向该委员所属政协党组通报情况，情况紧急的可同时或事后及时通报。

（二）逮捕的执行

对于上一级人民检察院决定逮捕的，应当通知同级公安机关执行（必要时，可以协助执行）；应当在公安机关执行逮捕 3 日以内，将执行回执报上一级人民检察院。

决定逮捕后，应当立即将被逮捕人送看守所羁押。除无法通知的以外，侦查部门应当把逮捕的原因和羁押的处所，在 24 小时以内通知被逮捕人的家属。对于无法通知的，在无法通知的情形消除后，应当立即通知其家属。

对被逮捕的犯罪嫌疑人，侦查部门应当在逮捕后 24 小时以内进行讯问。

在发现不应当逮捕的时候，应当立即释放犯罪嫌疑人或者变更强制措施，并向上一级人民检察院报告。对已被释放或者变更为其他强制措施的犯罪嫌疑人，又发现需要逮捕的，应当重新报请审查逮捕。

被逮捕的犯罪嫌疑人及其法定代理人、近亲属或者辩护人认为羁押期限届满，提出释放犯罪嫌疑人或者变更逮捕措施要求的，应当在 3 日以内审查决定。经审查，认为法定期限届满的，应当决定释放或者依法变更逮捕措施，并通知公安机关执行；认为未满法定期限的，书面答复申请人。

（三）不予逮捕的处理

对于上一级人民检察院决定不予逮捕、犯罪嫌疑人已被拘留的，应当通知公安机关立即释放，并报上一级人民检察院；案件需要继续侦查，犯罪嫌疑人符合取保候审、监视居住条件的，依法决定取保候审或者监视居住。

认为上一级人民检察院作出的不予逮捕决定有错误的，应当在收到不予逮捕决定书后 5 日以内报请上一级人民检察院重新审查，但是必须将已被拘留的犯罪嫌疑人立即释放或者变更为其他强制措施。

六、强制措施解除与变更

犯罪嫌疑人被羁押的案件，不能在规定的期限内办结的，对犯罪嫌疑人应当予以释放；需要继续查证、审理的，对犯罪嫌疑人可以取保候审或者监视居住。

犯罪嫌疑人及其法定代理人、近亲属或者辩护人认为人民检察院采取强制措施法定期限届满，要求解除强制措施的，应当在收到申请后 3 日以内，报请检察长决定。经审查，认为法定期限届满的，应当决定解除或者依法变更强制措施，并通知公安机关执行；认为未满法定期限的，书面答复申请人。对于被羁押的犯罪嫌疑人解除或者变更强制措施的，应当及时通报本院监所检察部门和案件管理部门。

犯罪嫌疑人及其法定代理人、近亲属或者辩护人向人民检察院提出变更强制措施申请的，应当在收到申请后 3 日以内，报请检察长决定。经审查同意变更强制措施的，在作出决定的同时通知公安机关执行；不同意变更强制措施的，应当书面告知申请人，并说明不同意的理由。对于被羁押的犯罪嫌疑人变更强制措施的，应当及时通报本院刑事执行检察部门和案件管理部门。犯罪嫌疑人及其法定代理人、近亲属或者辩护人提出变更强制措施申请的，应当说明理由，有证据和其他材料的，应当附上相关材料。

取保候审变更为监视居住，或者取保候审、监视居住变更为拘留、逮捕的，在变更的同时原强制措施自动解除，不再办理解除法律手续。

第五节　侦查终结

一、侦查羁押期限

对犯罪嫌疑人逮捕后的侦查羁押期限不得超过 2 个月。案情复杂、期限届满不能终结的案件，可以经上一级人民检察院批准延长1个月。犯罪涉及面广、取证困难的重大复杂案件，在3个月期限届满前不能侦查终结的，经省级人民检察院批准，可以延长2个月。对犯罪嫌疑人可能判处10年有期徒刑以上刑罚，在5个月延长羁押期限届满，仍不能侦查终结的，经省级人民检察院批准，可以再延长2个月。

侦查部门认为需要延长侦查羁押期限的，应当于羁押期限届满7日前，制作提请批准延长侦查羁押期限报告书，经部门负责人审核，检察长批准，连同有关材料移送本院侦查监督部门审查。

在侦查期间发现犯罪嫌疑人另有重要罪行的，自发现之日起重新计算侦查羁押期限。另有重要罪行是指与逮捕时的罪行不同种类的重大犯罪和同种类的影响罪名认定、量刑档次的重大犯罪。重新计算侦查羁押期限，侦查人员应当于羁押期限届满7日前，制作提请重新计算侦查羁押期限意见书，经部门负责人审核，检察长批准，移送本院侦查监督部门进行审查。

不能在法定侦查羁押期限内侦查终结的，应当依法释放犯罪嫌疑人或者变更强制措施。

对犯罪嫌疑人没有采取取保候审、监视居住、拘留或者逮捕措施的，应当在立案后2年以内提出移送审查起诉、移送审查不起诉或者撤销案件的意见；对犯罪嫌疑人采取取保候审、监视居住、拘留或者逮捕措施的，应当在解除或者撤销强制措施后1年以内提出移送审查起诉、移送审查不起诉或者撤销案件的意见。

二、移送审查起诉或者不起诉

侦查部门经过侦查，认为犯罪事实清楚，证据确实、充分的，依法应当追究刑事责任的案件，应当写出侦查终结报告，并且制作起诉意见书。

对于犯罪情节轻微，依照《刑法》规定不需要判处刑罚或者免除刑罚的案件，应当写出侦查终结报告，并且制作不起诉意见书。侦查终结报告和起诉意见书或者不起诉意见书由侦查部门负责人审核，检察长批准。

共同犯罪案件，如果同案犯罪嫌疑人在逃，但在案犯罪嫌疑人犯罪事实清楚，证据确实、充分的，对在案犯罪嫌疑人应当分别移送审查起诉或者移送审查不起诉。由于同案犯罪嫌疑人在逃，在案犯罪嫌疑人的犯罪事实无法查清的，对在案犯罪嫌疑人应当根据案件的不同情况分别报请延长侦查羁押期限、变更强制措施或者解除强制措施。

提出起诉意见或者不起诉意见的，应当将起诉意见书或者不起诉意见书，查封、扣押、冻结的犯罪嫌疑人的财物及其孳息、文件清单以及对查封、扣押、冻结的涉案款物的处理意见和其他案卷材料，一并移送本院公诉部门审查。国家或者集体财产遭受损失的，在提出提起公诉意见的同时，可以提出提起附带民事诉讼的意见。

案件侦查终结移送审查起诉时，应当同时将案件移送情况告知犯罪嫌疑人及其辩护律师。

三、撤销案件

（一）人民监督员监督撤销案件

在侦查过程中或者侦查终结后，发现具有下列情形之一的，应当制作拟撤销案件意见书，及时将拟撤销案件意见书以及相关材料移送本院人民监督员办公室，接受人民监督员监督：（1）具有《刑事诉讼法》第15条规定情形之一的；（2）没有犯罪事实的，或者依照《刑法》规定不负刑事责任或者不是犯罪的；（3）虽有犯罪事实，但不是犯罪嫌疑人所为的。对于共同犯罪的案件，如有符合本规定情形的犯罪嫌疑人，应当撤销对该犯罪嫌疑人的立案。

经人民监督员履行监督程序，提出表决意见后，侦查部门应当报请检察长或者检察委员会决定。报送案件时，应当将人民监督员的表决意见一并报送。检察长不同意人民监督员的表决意见，应当提请检察委员会讨论决定。检察长同意人民监督员表决意见的，由检察长决定。

（二）检察长或者检察委员会决定撤销案件

检察长或者检察委员会决定撤销案件的，侦查部门应当将撤销案件意见书连同本案全部案卷材料，在法定期限届满 7 日前报上一级人民检察院审查；重大、复杂案件在法定期限届满 10 日前报上一级人民检察院审查。对于共同犯罪案件，应当将处理同案犯罪嫌疑人的有关法律文书以及案件事实、证据材料复印件等，一并报送上一级人民检察院。

上一级人民检察院同意撤销案件的，应当作出撤销案件决定。上一级人民检察院不同意撤销案件的，应当执行上一级人民检察院的决定。

（三）撤销案件后的处理

拟撤销的案件，犯罪嫌疑人在押的，不得因报上一级人民检察院审批而超期羁押。报请上一级人民检察院审查期间，犯罪嫌疑人羁押期限届满的，应当依法释放犯罪嫌疑人或者变更强制措施。

收到上级人民检察院同意撤销案件的批复后，应当制作撤销案件决定书，分别送达犯罪嫌疑人所在单位和犯罪嫌疑人。犯罪嫌疑人死亡的，应当送达犯罪嫌疑人原所在单位。如果犯罪嫌疑人在押，应当制作决定释放通知书，通知公安机关依法释放。

决定撤销案件的，应当告知控告人、举报人，听取其意见并记明笔录。侦查部门应当在 30 日以内对犯罪嫌疑人的违法所得作出处理，并制作查封、扣押、冻结款物的处理报告，详细列明每一项款物的来源、去向并附有关法律文书复印件，报检察长审核后存入案卷，并在撤销案件决定书中写明对查封、扣押、冻结的涉案款物的处理结果。情况特殊的，经检察长决定，可以延长 30 日。

撤销案件时，对犯罪嫌疑人的违法所得应当区分不同情形，作出以下相应处理：（1）因犯罪嫌疑人逃匿或者犯罪嫌疑人死亡而撤销案件，符合《刑事诉讼法》第 280 条第 1 款规定条件的，侦查部门应当启动违法所得没收程序进行调查。侦查部门进行调查应当查明犯罪嫌疑人涉嫌的犯罪事实，犯罪嫌疑人逃匿、被通缉或者死亡的情况，以及犯罪嫌疑人的违法所得及其他涉案财产的情况，并可以对违法所得及其他涉案财产依法进行查封、扣押、查询、冻结。侦查部门认为符合《刑事诉讼法》第280条第1款规定条件的，应当写出没收违法所得意见书，连同案卷材料一并移送上一级人民检察院侦查部门。（2）因其他原因撤销案件，对于查封、扣押、冻结的犯罪嫌疑人违法所得及其他涉案财产需要没收的，应当提出检察建议，移送有关主管机关处理。（3）对于冻结的犯罪嫌疑人存款、汇款、债券、股票、基金份额等财产需要返还被害人的，可以通知金融机构返还被害人；对于查封、扣押的犯罪嫌疑人的违法所得及其他涉案财产需要返还被害人的，直接决定返还被害人。

撤销案件时，对查封、扣押、冻结的犯罪嫌疑人的涉案财产需要返还犯罪嫌疑人的，应当解除查封、扣押或者书面通知有关金融机构解除冻结，返还犯罪嫌疑人或者其合法继承人。

撤销案件以后，又发现新的事实或者证据，认为有犯罪事实需要追究刑事责任的，可以重新立案侦查。

第六节　保障犯罪嫌疑人行使辩护权

一、告知犯罪嫌疑人有权委托律师作为辩护人

侦查部门在第一次开始讯问犯罪嫌疑人或者对其采取强制措施的时候，应当告知犯罪嫌疑人有权委托律师作为辩护人，并告知其如果经济困难或者其他原因没有聘请辩护人的，可以申请法律援助。告知可以采取口头或者书面方式。口头告知的，应当记入笔录，由被告人签名；书面告知的，应当将送达回执入卷。

二、帮助犯罪嫌疑人委托辩护律师

（一）帮助委托辩护律师

在押或者被指定居所监视居住的犯罪嫌疑人提出委托辩护人要

求的，侦查部门应当及时向其近亲属或者其指定的人员转达其要求，并记录在案。

在押或者被指定居所监视居住的犯罪嫌疑人委托辩护人，如果提出明确的律师事务所名称或者律师姓名直接委托的，应当将犯罪嫌疑人的委托意见及时转递到该律师事务所；如果提出由亲友代为委托的，应当将委托意见及时转递到该亲友；如果犯罪嫌疑人提出委托辩护人，但没有具体委托对象和代为委托的人的，应当通知当地律师协会或者司法行政机关为其推荐律师。

委托意见可以书面提出，也可以口头提出。口头提出的，应当记明笔录，由犯罪嫌疑人签名或者盖章。

（二）帮助寻求法律援助

发现犯罪嫌疑人是盲、聋、哑人或者是尚未完全丧失辨认或者控制自己行为能力的精神病人，或者可能被判处无期徒刑、死刑，没有委托辩护人的，应当及时书面通知法律援助机构指派律师为其提供辩护。

收到在押或者被指定居所监视居住的犯罪嫌疑人提出的法律援助申请，应当在 3 日以内将其申请材料转交法律援助机构，并通知犯罪嫌疑人的近亲属或者其委托的其他人员协助提供下列证件、证明等相关材料：（1）身份证或者其他有效的身份证明，代理申请人还应当提交有代理权的证明；（2）经济困难的证明；（3）与所申请法律援助事项有关的案件材料。

申请应当采用书面形式，填写申请表；以书面形式提出申请确有困难的，可以口头申请，由法律援助机构工作人员或者代为转交申请的有关机构工作人员作书面记录。

犯罪嫌疑人拒绝法律援助机构指派的律师作为辩护人的，应当查明拒绝的原因，有正当理由的，予以准许，但犯罪嫌疑人需另行委托辩护人；犯罪嫌疑人未另行委托辩护人的，应当书面通知法律援助机构另行指派律师为其提供辩护。

三、保障辩护律师权利

对于特别重大贿赂犯罪案件，犯罪嫌疑人被羁押或者监视居住的，侦查部门应当在将犯罪嫌疑人送交看守所或者送交公安机关执行时书面通知看守所或者公安机关，在侦查期间辩护律师会见犯罪嫌疑人的，应当经人民检察院许可。

对于特别重大贿赂犯罪案件，辩护律师在侦查期间提出会见在押或者被监视居住的犯罪嫌疑人的，侦查部门应当提出是否许可的意见，在3日以内报检察长决定并答复辩护律师。在有碍侦查的情形消失后，应当通知看守所或者执行监视居住的公安机关和辩护律师，辩护律师可以不经许可会见犯罪嫌疑人。

办理的特别重大贿赂犯罪案件在侦查终结前，应当许可辩护律师会见犯罪嫌疑人。

在侦查过程中，辩护律师收集到有关犯罪嫌疑人不在犯罪现场、未达到刑事责任年龄、属于依法不负刑事责任的精神病人的证据，告知人民检察院的，侦查部门应当及时进行审查。

在案件侦查过程中，犯罪嫌疑人委托辩护律师的，检察人员可以听取辩护律师的意见。辩护律师要求当面提出意见的，检察人员应当听取意见，并制作笔录附卷。辩护律师提出书面意见的，应当附卷。

案件侦查终结移送审查起诉时，应当同时将案件移送情况告知犯罪嫌疑人及其辩护律师。

在侦查过程中，辩护律师提出要求听取其意见的，案件管理部门应当及时联系侦查部门对听取意见作出安排。辩护律师提出书面意见的，案件管理部门应当及时移送侦查部门。

辩护律师认为人民检察院及其工作人员具有下列阻碍其依法行使诉讼权利的行为之一的，可以向同级或者上级人民检察院申诉或者控告，控告申诉检察部门应当接受并依法办理，相关办案部门应当予以配合：（1）对辩护人、诉讼代理人提出的回避要求不予受理或者对不予回避决定不服的复议申请不予受理的；（2）未依法告知犯罪嫌疑人、被告人有权委托辩护人的；（3）未转达在押的或者被监视居住的犯罪嫌疑人、被告人委托辩护人的要求的；（4）应当通知而不通知法律援助机构为符合条件的犯罪嫌疑人或者被申请强制医疗的人指派律师提供辩护或者法律援助的；（5）在规定时间内不受理、不答复辩护律师提出的变更强制措施申请或者解除强制措施要求的；（6）未依法告知辩护律师犯罪嫌疑人涉嫌的罪名和案件有关情况的；（7）违法限制辩护律师同在押、被监视居住的犯罪嫌疑人、被告人会见和通信的。

辩护律师认为其依法行使诉讼权利受到阻碍向人民检察院申诉或者控告的，控告申诉检察部门应当在受理后 10 日以内进行审查，情况属实的，经检察长决定，通知本院侦查部门予以纠正，并将处理情况书面答复提出申诉或者控告的辩护人、诉讼代理人。

辩护律师告知人民检察院其委托人或者其他人员准备实施、正在实施危害国家安全、公共安全以及严重危及他人人身安全犯罪的，应当接受并立即移送有关机关依法处理，且应当为反映有关情况的辩护律师保密。

第七节　侦查指挥与协作

一、侦查指挥

侦查部门认为需要由上级人民检察院侦查指挥中心实施统一组织、指挥侦查的案件，应当经由检察长决定或批准后，报请上级人民检察院审定。

在实施统一组织、指挥侦查案件中，参与办案的侦查部门应当在侦查指挥中心的统一部署下组织侦查力量，履行法律程序，制作法律文书，开展侦查工作。

二、侦查协作

（一）请求侦查协作的前提和条件

办理职务犯罪案件的人民检察院，遇有与侦查相关的事宜，确有必要请求有关人民检察院予以协助的，可以请求侦查协作。人民检察院提出侦查协作请求，应当具备以下条件：（1）法律手续完备，包括立案决定书、请求协作函件及法律规定采取强制措施等必需的法律文书和手续；（2）协作事项具体明确，包括协查目的、协查要求、协查对象、协查内容等。

（二）侦查协作的审批程序

需要进行侦查协作的案件，应由案件承办人书面提出协作请求，部门负责人审核，报分管检察长批准，并加盖院章。

侦查协作一般由办理案件的人民检察院（以下简称请求方）直接向负有协作义务的人民检察院（以下简称协作方）提出请求函件，并填写请求侦查协作表。涉及厅级以上领导干部、省级以上人大代表（政协委员）的侦查协作事项，应当通过省级以上人民检察院予以安排；涉及担任实职的县（处）级领导干部的侦查协作事项，应当通过分、州、市以上人民检察院进行安排。

（三）侦查协作的审查及处理

协作方人民检察院收到侦查协作请求后，应当依据法律和有关规定进行程序审查，并分别作出以下处理：（1）符合侦查协作条件，法律手续及有关材料完备的，应当予以协作；（2）法律手续及有关材料不完备的，应当告知请求方予以补充；（3）对不符合侦查协作条件的，应当说明理由，不予协作，并将有关材料退回请求方。

请求方办理案件遇有紧急事项需要请求协作，无法及时办理有关请求协作手续的，可以商请协作方紧急协作，但是有关请求协作手续必须及时予以补办。

请求方派员到异地协助公安机关执行拘留、逮捕的，原则上应由请求方人民检察院与当地公安机关取得联系后，通过公安协作渠道办理。必要时协作方人民检察院也要予以配合。

最高人民检察院、上级人民检察院交办的协作事项，基层人民检察院必须按要求执行。

提供侦查协作一般应当在收到侦查协作请求后10日以内完成。情况紧急的，应当及时完成并反馈结果；情况复杂的，可以适当予以延长。由于客观原因无法提供协作的，应当在10日以内通知请求协作的人民检察院。请求侦查协作事项办理完毕后，协作方应当将情况和材料及时向请求方反馈。协作事项属上级人民检察院交办的，协作方和请求方均应向各自的上级人民检察院报告。

侦查协作中的争议，由有关各方协商解决。协商不成的，报各自上级人民检察院或者共同的上级人民检察院协调。经上级人民检察院协调确定的意见，有关人民检察院应当执行，不得拖延。

（四）侦查协作的法律后果承担及处罚

协作方依照协作请求履行协作事宜，其引起的法律后果由请求方承担；协作方实施超越协作请求范围的行为所产生的法律后果，由协作方承担。

对不履行侦查协作职责或者阻碍侦查协作进行，给办案工作造成严重影响或者其他严重后果的，应当对有关单位予以通报批评，并责令改正；对直接负责的主管人员和其他直接责任人员，应当依照有关规定给予党纪政纪处分；玩忽职守、滥用职权、泄露秘密、通风报信构成犯罪的，依法追究其刑事责任。

（五）侦查协作的费用及要求

人民检察院依照规定履行协作职责不得收取费用。侦查协作经费列入办案业务经费预算统筹开支。最高人民检察院、省级人民检察院对提供侦查协作业务繁重、经费开支较大的地方人民检察院予以适当补助。

侦查部门应当确立专门机构或者指派专人具体负责侦查协作。人民检察院初查案件需要协作的，参照侦查协作有关规定办理。

第八节　办案安全防范工作

一、原则、要求及安全事故处置

(一) 原则

人民检察院办理直接立案侦查案件安全防范工作，坚持"谁领导谁负责，谁办案谁负责，谁看管谁负责"的原则。

检察长、分管检察长和办案部门负责人对办案安全防范工作负有组织保障和监督检查的领导责任。案件承办人和负责传唤、拘传、提押、看管等工作的人员负有直接责任。

(二) 要求

办理直接立案侦查的案件必须根据个案的具体情况制定安全防范预案，报经检察长或分管检察长批准后实施。办案部门必须确定一名负责人负责安全防范工作。严格执行看审分离制度：传唤、拘传、提押、看管等工作应当交由司法警察负责；司法警察力量不足的，应当安排其他案件承办人专门负责，不得看审不分，不得脱管或由一人看管。

与当地医疗机构建立办案医疗保障协作机制：需要在人民检察院办案工作区内询问、讯问的，应当事先通知协作医院，医院派遣医务人员对涉案人员体检，确认其身体状况能够接受询问、讯问后方进可行。对患有严重疾病的应当采取必要的医疗保障措施，必要时医务人员全天留守医务室，涉案人员突发疾病就地救治或者送往医院救治。

(三) 安全事故处置

办案中发生涉案人员自伤、自残事故的，负责安全防范的负责人应当立即报告检察长，通知协作医院紧急救治。

办案中发生涉案人员脱逃事故的，负责安全防范的负责人应当立即报告检察长，组织人员进行抓捕。必要时，通报公安机关，由公安机关进行抓捕。

办案中发生涉案人员死亡事故的，应当在 12 小时以内层报最高人民检察院；发生自伤、自残、脱逃等其他重大安全事故的，应当在 24 小时以内层报最高人民检察院。因违法违规办案、玩忽职守导致涉案人员自杀、自残、脱逃的，应当分清责任分别给予党纪政纪处分，构成犯罪的依法追究刑事责任。发生涉案人员自杀、自残、脱逃事故后，逾期不报、隐瞒不报的，依照有关规定追究相关领导和责任人员的责任。

二、受理案件安全防范

被举报人有下列情形之一，必须采取紧急措施的，应当在接受举报后立即提出处理意见报分管检察长审批：（1）正在预备犯罪、实行犯罪或者在犯罪后即时被发觉的；（2）企图自杀、逃跑或者在逃的；（3）有毁灭、伪造证据或者串供可能的；（4）其他需要采取紧急措施的。

三、初查案件安全防范

立案前确需公开进行初查或者接触初查对象的，应当报经检察长或分管检察长批准，并采取严密的安全防范措施。

询问初查对象或者证人，可以在人民检察院办案工作区、被询问人所在单位、住处或者其提出的地点进行，但是必须保证办案安全。询问时，案件承办人不得少于 2 人。询问前，应当向被询问人出示工作证，并告知其权利义务。在人民检察院办案工作区询问初查对象，应当全程录音录像；征得证人同意，可以对询问过程全程录音录像。询问初查对象或者证人应当个别进行。

初查期间发现初查对象有逃跑、行凶、自杀或者毁灭、伪造证据、转移赃款赃物等紧急情况时，应当先行采取必要措施予以制止，并立即报告检察长；符合立案条件的，应当及时立案，依法采取相应措施。需要限制初查对象、重要证人等出境的，应当按照有关规定办理。

四、侦查案件安全防范

(一) 讯问犯罪嫌疑人

1. 传唤、拘传犯罪嫌疑人、被告人到人民检察院接受讯问, 应当在办案工作区讯问室进行。讯问室必须符合安全防范要求, 不得把讯问室作为羁押室。异地传唤、拘传犯罪嫌疑人、被告人, 应当在当地人民检察院的讯问室进行。

2. 传唤、拘传犯罪嫌疑人的持续时间不得超过法律规定的 12 小时, 不得以连续传唤、拘传的方式变相拘禁犯罪嫌疑人。讯问结束后, 符合拘留、逮捕条件并有拘留、逮捕必要的应当依法及时办理拘留、逮捕手续, 并立即通知公安机关执行; 对于不符合采取拘留、逮捕强制措施的, 应当通知单位或家属领回, 或派员将其送回。

3. 讯问在押犯罪嫌疑人必须在看守所进行, 因侦查工作需要, 需要提押犯罪嫌疑人出所辨认或者追缴犯罪有关财物的, 经检察长批准, 可以提押犯罪嫌疑人出所, 并应当由 2 名以上司法警察押解, 同时通知人民检察院驻看守所检察室对提押活动实施监督。辨认或者追缴犯罪有关财物活动结束后, 应当立即还押。在执行提押任务中, 应当采取严密的安全防范措施。异地押解过程中需要住宿的, 必须把犯罪嫌疑人交由当地看守所羁押。

4. 在看守所同步录音录像讯问室讯问在押职务犯罪嫌疑人, 应当严格执行看守所有关规定。严禁在同步录音录像讯问室安放床铺留置职务犯罪嫌疑人, 一般情况下不得在夜间提审, 确需在夜间提审的应当严格履行审批手续, 确保职务犯罪嫌疑人的合法权益和办案安全。

5. 讯问犯罪嫌疑人, 由检察人员负责进行。讯问的时候, 检察人员不得少于 2 人。讯问同案的犯罪嫌疑人, 应当分别进行。严禁刑讯逼供和以威胁、引诱、欺骗以及其他非法的方法获取供述。讯问犯罪嫌疑人, 应当全程同步录音录像。讯问女性犯罪嫌疑人, 需有女性工作人员参加。

（二）询问证人

询问证人，应当由检察人员进行。询问的时候，检察人员不得少于 2 人。询问不满 18 周岁的证人，侦查人员可以通知其法定代理人到场，经证人同意可以进行全程录音录像。讯问女性证人，需有女性工作人员参加。

（三）勘验、检查及侦查实验

勘验时，人民检察院应当邀请 2 名与案件无关的见证人在场。

犯罪嫌疑人如果拒绝检查，检察人员认为必要的时候，可以强制检查。检查妇女的身体，应当由女性工作人员或者医师进行。侦查实验，禁止一切足以造成危险、侮辱人格或者有伤风化的行为。

（四）搜查

在搜查前，应当了解被搜查对象的基本情况、搜查现场及周围环境，确定搜查的范围和重点，明确搜查人员的分工和责任。

搜查应当在检察人员的主持下进行，执行搜查的检察人员不得少于 2 人。搜查妇女的身体，应当由女性工作人员进行。

在搜查时，确需押解犯罪嫌疑人到场的，应当有检察人员和司法警察 3 人以上负责押管，防止行凶、逃跑、自杀或者意外事故；犯罪嫌疑人及其家属或者其他人员暴力抗拒搜查的，应当采取措施予以制止。

（五）查封、扣押、冻结、保管、处理涉案财物

查封、扣押、冻结、保管、处理涉案财物，必须严格依法进行。

严禁以虚假立案或者其他非法方式查封、扣押、冻结财物。严禁查封、扣押、冻结与案件无关的合法财产。严禁在立案之前查封、扣押、冻结财物。

立案之前发现涉嫌犯罪的财物，如果符合立案条件的，应当及时立案，并采取查封、扣押、冻结措施，以保全证据和防止涉案财物转移。

查封、扣押财物和文件，应当经检察长批准，由 2 名以上检察

人员执行。

（六）辨认

辨认应当在检察人员的主持下进行，主持辨认的检察人员不得少于 2 人。

在辨认前，应当向辨认人详细询问被辨认对象的具体特征，避免辨认人见到被辨认对象，并应当告知辨认人有意作虚假辨认应负的法律责任。几名辨认人对同一被辨认对象进行辨认时，应当由每名辨认人单独进行。必要的时候，可以有见证人在场。

（七）拘传

执行拘传的人员不得少于 2 人。对抗拒拘传的，可以使用械具，强制到案。一次拘传持续的时间不得超过 12 小时；案情特别重大、复杂，需要采取拘留、逮捕措施的，拘传持续的时间不得超过 24 小时。两次拘传间隔的时间一般不得少于 12 小时，不得以连续拘传的方式变相拘禁犯罪嫌疑人。拘传犯罪嫌疑人，应当保证犯罪嫌疑人的饮食和必要的休息时间。

拘传后，司法警察应当对犯罪嫌疑人的人身、随身携带的物品进行安全检查，发现与案件相关的证据或者可疑物品以及可能危害人身安全的物品，应当及时向案件承办人报告。

（八）取保候审、监视居住

犯罪嫌疑人有下列违反取保候审、监视居住规定的行为，应当予以逮捕：（1）故意实施新的犯罪的；（2）企图自杀、逃跑，逃避侦查、审查起诉的；（3）实施毁灭、伪造证据，串供或者干扰证人作证，足以影响侦查、审查起诉工作正常进行的；（4）对被害人、证人、举报人、控告人及其他人员实施打击报复的。需要对上述犯罪嫌疑人予以逮捕的，可以先行拘留。

犯罪嫌疑人进入指定居所监视居住处所时，司法警察应当对犯罪嫌疑人的人身、随身携带的物品进行安全检查，发现与案件相关的证据或者可疑物品以及可能危害人身安全的物品，应当及时向案件承办人报告。

（九）拘留、逮捕

对于有下列情形之一的犯罪嫌疑人，可以决定拘留：（1）犯罪后企图自杀、逃跑或者在逃的；（2）有毁灭、伪造证据或者串供可能的。必要时，可以协助公安机关执行。

司法警察协助拘留、逮捕犯罪嫌疑人时，应当对犯罪嫌疑人的人身、随身携带的物品进行安全检查，发现与案件相关的证据或者可疑物品以及可能危害人身安全的物品，应当及时向案件承办人报告。对抗拒拘留、逮捕的犯罪嫌疑人，司法警察可以依法采取适当的措施，防止其脱逃、行凶、自杀、自伤、被劫持等事故的发生，必要时可以使用武器。犯罪嫌疑人被拘留、逮捕后，应当及时送看守所羁押。

五、司法警察执行看管与押解任务

（一）司法警察执行看管任务

司法警察根据办案工作需要，在人民检察院办案工作区或者其他指定地点，依法对犯罪嫌疑人进行看守管理，保证办案活动顺利进行。

1. 制定预案和配备警力

办案部门应当根据案件的性质、看管场所的具体情况、犯罪嫌疑人的人数及其危险程度配备警力，制定处置突发事件的工作预案。对1名犯罪嫌疑人、被告人的看管一般应配备不少于2名司法警察。办理重大案件警力不足时，由上一级人民检察院警务部门统一协调警力，保障办案用警。

对男性和女性、成年和未成年、同案犯以及其他需要分别看管的犯罪嫌疑人，应当分别看管。对女性犯罪嫌疑人，应当有女性司法警察看管。

2. 检查看管场所，做好登记审查工作

司法警察应当对看管场所的地点和门、窗、墙壁、厕所及其他设施进行必要的检查，消除安全隐患。

应当依据规定做好与案件承办人的手续交接，对犯罪嫌疑人进出看管场所的时间、犯罪嫌疑人的姓名、性别、年龄、人数等都要逐一登记，准确填写看管记录。应当对犯罪嫌疑人的人身和携带的物品进行安全检查。发现与案件有关的证据和可疑物品，要当场制作记录并予以扣押，由看管对象签字、捺指印后，转交案件承办人处理。

应当向案件承办人了解犯罪嫌疑人有无疾病、有无异常情绪等情况。看管期间，应当注意掌握看管对象的思想动态、情绪变化和健康状况，发现异常情况，应当及时采取相应措施，同时报告案件承办人。

3. 执行看管任务的要求

应当告知犯罪嫌疑人在被看管期间享有的权利和必须遵守的规定。应当严防犯罪嫌疑人、被告人脱逃、自杀、自残、行凶、串供、传递信物等。遇有紧急情况时，可以采取相应强制措施制止，必要时可依照有关规定使用警械具。

对犯罪嫌疑人在看管期间交出的与案情有关的材料和物品，应当及时登记，做好记录后转交案件承办人。犯罪嫌疑人需要如厕时，应当处在有效控制位置，防止自杀、脱逃等意外事件的发生。犯罪嫌疑人、被告人在看管期间患病的，应当及时报告案件承办人，配合做好救治工作。

应当适时提醒案件承办人遵守办案时限，发现案件承办人对犯罪嫌疑人体罚、虐待、刑讯逼供时，应当制止，制止无效的，应当及时向分管领导报告。

未经批准，不得让无关人员进入看管场所；不得为犯罪嫌疑人带食品或者其他物品；不得给犯罪嫌疑人传递口信；不得将犯罪嫌疑人提出看管场所；不得允许无关人员在看管场所摄影、录音和采访；不得询问或者随意谈论案情，不得辱骂、体罚、虐待或者变相体罚犯罪嫌疑人，不得从事与看管工作无关的事项。

（二）司法警察执行押解任务

司法警察执行押解任务，应当根据办案需要，依法将被羁押和抓获的犯罪嫌疑人强制提解、押送到指定地点或场所，接受讯问、辨认、提取证据和赃物，保证办案工作顺利进行。

1. 执行押解任务所需文件及武器和警力配备

应当持相关法律文书及证明本人身份的相关证件，并按规定着装。

应当根据《人民警察使用警械和武器条例》的规定配备和使用警械、武器。应当根据案件性质、押解人数、押解路程及危险程度配备警力。押解 1 名犯罪嫌疑人的司法警察必须在 2 人以上；押解 2 人以上时，押解警力的配备必须为被押解人的 1 倍以上。押解女性犯罪嫌疑人，应当有女性司法警察或者女性检察人员。

2. 执行押解任务的准备工作和要求

执行押解任务应当做好以下准备：（1）指定执行押解任务的负责人；（2）检查提押证及相关法律文书是否齐全、有效、符合的要求，发现问题及时报告承办案件的检察官予以纠正；（3）了解犯罪嫌疑人的基本情况、案由、有无疾病和异常情况等；（4）对提解和押送途中的环境状况进行分析，研究制定提解和押送的实施方案和处置紧急情况的预案；（5）检查囚车、警械、武器和通讯设备等警用装备是否安全可靠；（6）需要准备的其他工作。

应当遵守羁押场所的有关规定，按照《提押票》的内容逐项核对犯罪嫌疑人的姓名、年龄、性别、住址、案由等，并对其人身和物品进行检查，防止携带危险物品。执行押解的行为和技术操作应当符合规范，严防犯罪嫌疑人脱逃、自杀、自伤或者向押解人员行凶等事故的发生。押解时，对犯罪嫌疑人应当使用械具。

对不同性别、未成年人、同案犯以及其他需要分别押解的犯罪嫌疑人，应当实行分车押解。对重、特大案件的犯罪嫌疑人，应当实行一人一车押解。不具备一人一车押解条件的，要采取严密的防范措施，严防意外事故的发生。

保持高度戒备，注意观察犯罪嫌疑人的动态，发现犯罪嫌疑人有行凶、脱逃、自杀或串供等迹象时，要立即进行警告或制止，事后要及时报告。如遇突发事件，应当保护犯罪嫌疑人的安全，迅速将其转移到安全地点看管，并及时报告。

3. 押解中注意事项

执行长途异地押解需要住宿的，应当与当地公安机关或检察机关取得联系，凭逮捕证副本或押解证明，将犯罪嫌疑人交由当地看守所羁押，严禁让犯罪嫌疑人在宾馆、酒店、招待所等其他场所住宿。在距离较近、交通不便或者车辆无法继续行进等特殊情况下，经批准，可以执行徒步押解。

需要进行长距离、跨省区押解的，可以选择乘坐公共汽车、火车、轮船和飞机等公共交通工具执行押解。选择乘坐公共交通工具执行押解，应当事先与相关部门及司乘人员取得联系。根据被押解人数量和旅途时间等因素确定押解人员的数量，以保证能够昼夜轮流值班看管。需要与旅客混乘押解时，应当将犯罪嫌疑人安置在远离车窗、舱门等便于控制的位置。

具备使用囚车押解条件的，应当使用囚车执行押解。数辆囚车执行押解任务时，应当编队行进，并配置备用车辆随行。囚车严禁搭乘与押解工作无关的人员。押解途中遇到交通事故、车辆故障或者交通堵塞时，要在囚车周围部署警戒。必要时，可以请求交通警察协助。

押解犯罪嫌疑人除武装押解外，在特殊情况下可以采用秘密押解的办法。押解过程中不得随意与犯罪嫌疑人交谈或询问案情，不得辱骂、体罚、虐待或变相体罚犯罪嫌疑人，不得从事与押解工作无关的活动。

押解犯罪嫌疑人到达指定地点后，应当及时交予案件承办人或移送羁押场所羁押。司法警察执行还押时，应当核对犯罪嫌疑人的身份，办理登记与交接手续，由看守人员在提押票证签字盖章后带回，交还案件承办人。押解任务完成后，应当及时将提押票及有关诉讼文书、警械和武器装备等移交相关人员，并办理移交登记手续。

职务犯罪侦查工作流程图

初查流程图

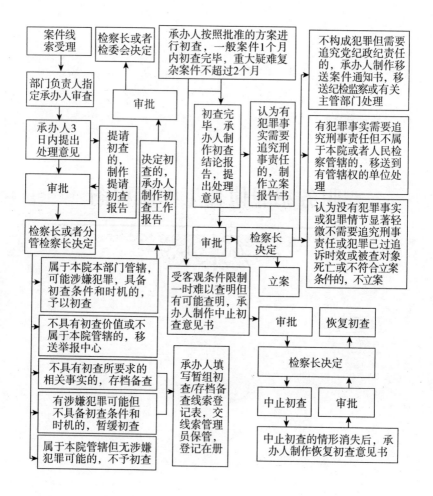

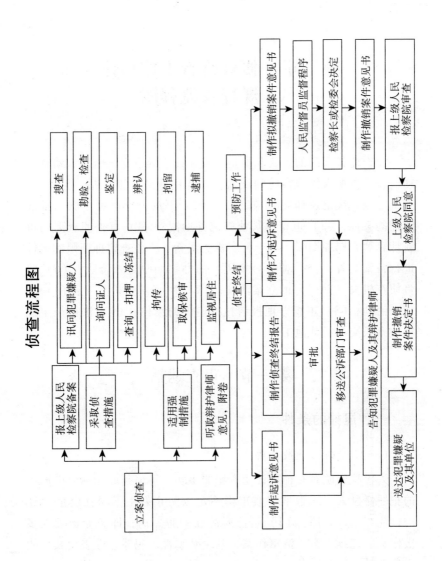

侦查流程图

第二章 侦查监督工作操作 规程及流程图

侦查监督部门的主要职责是审查逮捕、刑事立案监督、侦查活动监督。基层人民检察院侦查监督工作的业务范围包括：（1）审查批准或者决定逮捕犯罪嫌疑人；（2）复议公安机关不服不批准逮捕的案件；（3）审查延长侦查羁押期限；（4）审查侦查部门重新计算侦查羁押期限，对于公安机关重新计算侦查羁押期限的案件进行备案监督；（5）监督公安机关的办案期限是否合法；（6）监督侦查机关（部门）的立案活动；（7）监督侦查机关（部门）的侦查活动；（8）审查办理报请核准追诉的案件；（9）法律规定或者检察长交办的其他工作。

第一节 审查逮捕

一、逮捕的条件

（一）逮捕的一般条件

人民检察院对有证据证明有犯罪事实，可能判处徒刑以上刑罚的犯罪嫌疑人，采取取保候审尚不足以防止发生下列社会危险性的，应当予以逮捕：（1）可能实施新的犯罪的，即犯罪嫌疑人多次作案、连续作案、流窜作案，其主观恶性、犯罪习性表明其可能实施新的犯罪，以及有一定证据证明犯罪嫌疑人已经开始策划、预备实施犯罪的；（2）有危害国家安全、公共安全或者社会秩序的现实危险的，即有一定证据证明或者有迹象表明犯罪嫌疑人在案发前或者案发后正在积极策划、组织或者预备实施危害国家安全、公共安全或者社会秩序的重大违法犯罪行为的;(3)可能毁灭、伪造证据,干扰证人作证或者串供的,即有一定证据证明或者有迹象表明犯罪嫌疑人在归案前或者归案后已经着手实施或者企图实施毁灭、伪造证据,干扰证人作证或者串供行为的;(4)有一定证据证明或者有迹象表明犯罪嫌疑人可能对被害人、举报人、控告人实施打击报复的;(5)企图自杀或者逃跑的,即犯罪嫌疑人归案前或者归案后曾经自杀,或者有一定证据证明或者有迹象表明犯罪嫌疑人试图自杀或者逃跑的。

"有证据证明有犯罪事实"是指同时具备下列情形:(1)有证据证明发生了犯罪事实;(2)有证据证明该犯罪事实是犯罪嫌疑人实施的;(3)证明犯罪嫌疑人实施犯罪行为的证据已经查证属实的。犯罪事实既可以是单一犯罪行为的事实,也可以是数个犯罪行为中任何一个犯罪行为的事实。"可能判处徒刑以上刑罚"是指根据已经查明的犯罪事实和情节,可能判处徒刑以上刑罚。

对实施多个犯罪行为或者共同犯罪案件的犯罪嫌疑人,符合上述规定,具有下列情形之一的,应当批准或者决定逮捕:(1)有证据证明犯有数罪中的一罪的;(2)有证据证明实施多次犯罪中的一次犯罪的;(3)共同犯罪中,已有证据证明有犯罪事实的犯罪嫌疑人。

对有证据证明有犯罪事实,可能判处10年有期徒刑以上刑罚的犯罪嫌疑人,应当批准或者决定逮捕;可能判处徒刑以上刑罚,犯罪嫌疑人曾经故意犯罪或者不讲真实姓名、住址,身份不明的,应当批准或者决定逮捕。

(二)对被取保候审的犯罪嫌疑人予以逮捕的条件

被取保候审的犯罪嫌疑人有下列违反取保候审规定的行为,应当予以逮捕:(1)故意实施新的犯罪的;(2)企图自杀、逃跑,逃避侦查、审查起诉的;(3)实施毁灭、伪造证据,串供或者干扰证人作证,足以影响侦查、审查起诉工作正常进行的;(4)对被害人、证人、举报人、控告人及其他人员实施打击报复的。

犯罪嫌疑人有下列违反取保候审规定的行为，可以予以逮捕：（1）未经批准，擅自离开所居住的市、县，造成严重后果，或者2次未经批准，擅自离开所居住的市、县的；（2）经传讯不到案，造成严重后果，或者经2次传讯不到案的；（3）住址、工作单位和联系方式发生变动，未在24小时以内向公安机关报告，造成严重后果的；（4）违反规定进入特定场所、与特定人员会见或者通信、从事特定活动，严重妨碍诉讼程序正常进行的。

需要对上述犯罪嫌疑人予以逮捕的，可以先行拘留；已交纳保证金的，同时书面通知公安机关没收保证金。

（三）对被监视居住的犯罪嫌疑人予以逮捕的条件

被监视居住的犯罪嫌疑人有下列违反监视居住规定的行为，应当予以逮捕：（1）故意实施新的犯罪行为的；（2）企图自杀、逃跑，逃避侦查、审查起诉的；（3）实施毁灭、伪造证据或者串供、干扰证人作证行为，足以影响侦查、审查起诉工作正常进行的；（4）对被害人、证人、举报人、控告人及其他人员实施打击报复的。

犯罪嫌疑人有下列违反监视居住规定的行为，可以予以逮捕：（1）未经批准，擅自离开执行监视居住的处所，造成严重后果，或者两次未经批准，擅自离开执行监视居住的处所的；（2）未经批准，擅自会见他人或者通信，造成严重后果，或者两次未经批准，擅自会见他人或者通信的；（3）经传讯不到案，造成严重后果，或者经2次传讯不到案的。

需要对上述犯罪嫌疑人予以逮捕的，可以先行拘留。

（四）不予以逮捕的情形

1. 具有下述情形之一的犯罪嫌疑人，应当作出不批准或者不予逮捕决定：（1）不符合上述规定的逮捕条件的；（2）情节显著轻微、危害不大，不认为是犯罪的；（3）犯罪已过追诉时效期限的；（4）经特赦令免除刑罚的；（5）依照《刑法》告诉才处理的犯罪，没有告诉或者撤回告诉的；（6）犯罪嫌疑人、被告人死亡的；

（7）其他法律规定免予追究刑事责任的。

2. 犯罪嫌疑人涉嫌的罪行较轻，且没有其他重大犯罪嫌疑，具有以下情形之一的，可以作出不批准逮捕的决定或者不予逮捕：（1）属于预备犯、中止犯，或者防卫过当、避险过当的；（2）主观恶性较小的初犯，共同犯罪中的从犯、胁从犯，犯罪后自首、有立功表现或者积极退赃、赔偿损失、确有悔罪表现的；（3）过失犯罪的犯罪嫌疑人，犯罪后有悔罪表现，有效控制损失或者积极赔偿损失的；（4）犯罪嫌疑人与被害人双方根据《刑事诉讼法》的有关规定达成和解协议，经审查，认为和解系自愿、合法且已经履行或者提供担保的；（5）犯罪嫌疑人系已满14周岁未满18周岁的未成年人或者在校学生，本人有悔罪表现，其家庭、学校或者所在社区、居民委员会、村民委员会具备监护、帮教条件的；（6）年满75周岁以上的老年人。

3. 犯罪嫌疑人符合逮捕条件，有下列情形之一的，可以在作出不批准逮捕或者不予逮捕决定的同时，向侦查机关提出监视居住的建议：（1）患有严重疾病、生活不能自理的；（2）怀孕或者正在哺乳自己婴儿的妇女；（3）系生活不能自理的人的唯一扶养人；（4）因为案件的特殊情况或者办理案件的需要，采取监视居住措施更为适宜的；（5）羁押期限届满，案件尚未办结，需要采取监视居住措施的。

二、审查逮捕的一般程序

（一）侦查监督部门审批或决定逮捕案件范围

侦查监督部门办理下列审查批准或者决定逮捕案件：（1）同级侦查机关提请批准逮捕的案件；（2）本院侦查部门或者刑事执行检察部门移送审查逮捕的直接立案侦查案件；（3）本院公诉部门移送审查逮捕的案件。

监狱侦查的正在服刑的罪犯又犯罪、公安机关侦查的看守所服刑的罪犯又犯罪，以及公安机关侦查的劳教人员犯罪案件的审查逮捕，由刑事执行检察部门负责办理。

（二）侦查监督部门对案件管理部门移送审查逮捕案件应予审查的内容

侦查监督部门收到案件管理部门移送的审查逮捕案件后，应当指定案件承办人审查下述内容：（1）犯罪嫌疑人的行为是否构成犯罪；（2）侦查机关认定的犯罪嫌疑人所犯罪行的性质、涉及《刑法》所规定的罪名及适用法律条款是否正确；（3）犯罪嫌疑人是否符合《刑事诉讼法》规定的逮捕条件；（4）有无证据需要补正或者作出合理解释；（5）有无证据需要依法排除；（6）有无遗漏应当逮捕的共同犯罪嫌疑人或犯罪事实；（7）侦查机关的侦查活动中有无违法的情形；（8）有无立案监督线索或者其他犯罪线索需要移送等。

案件承办人应当审阅案卷材料和证据，依法讯问犯罪嫌疑人、听取辩护律师意见，制作审查逮捕意见书，提出批准或者决定逮捕、不批准或者不予逮捕的意见，经部门负责人审核后，报请检察长批准或者决定；重大案件应当经检察委员会讨论决定。

侦查监督部门办理审查逮捕案件，不另行侦查，不得直接提出采取取保候审措施的意见。

审阅案卷材料，应当做到全面细致，依法进行。阅卷审查的主要内容是：审查案件来源、发案和破案的经过；审查犯罪嫌疑人的基本情况，着重审查其刑事责任年龄、刑事责任能力和有无前科劣迹等情况，是否属于特殊主体；将侦查机关提请批准逮捕的犯罪事实和案卷中的证据材料相对照，是否能够对应证明，是否有遗漏的犯罪嫌疑人；审查与案件有关的证据，既要审查、鉴别、分析证据的客观性、关联性，也要审查证据形式和收集过程的合法性，有无瑕疵证据需要补正或者作出合理解释，有无需要依法排除的非法证据，同时还要客观评价证据证明力的大小；审查对犯罪嫌疑人涉嫌犯罪的性质、罪名和适用法律的是否正确；审查侦查机关在收集证据、采取侦查措施等侦查活动有无违反程序法和实体法的情况，如果侦查活动有违法行为，应当根据违法程度要求侦查机关对证据进行补正或者作出合理解释，或者排除非法证据、提出监督意见等；

审查各项法律文书是否齐全，是否具有法律效力。

（三）审查、听取律师意见和询问证人等

在审查逮捕过程中，犯罪嫌疑人已经委托辩护律师的，侦查监督部门可以听取辩护律师的意见。辩护律师提出要求的，应当听取辩护律师的意见。对辩护律师的意见应当制作笔录附卷。

辩护律师提出不构成犯罪、无社会危险性、不适宜羁押、侦查活动有违法犯罪情形等书面意见的，案件承办人应当审查，并在审查逮捕意见书中说明是否采纳的情况和理由。

侦查监督部门办理审查逮捕案件，必要时，可以询问证人、被害人、鉴定人等诉讼参与人，并制作笔录附卷。

（四）审查讯问犯罪嫌疑人录音录像注意事项

对于公安机关立案侦查的案件，侦查监督部门审查逮捕时发现存在下列情形之一的，可以调取公安机关讯问犯罪嫌疑人的录音、录像并审查相关的录音、录像，对于重大、疑难、复杂的案件，必要时可以审查全部录音、录像：（1）认为讯问活动可能存在刑讯逼供等非法取证行为的；（2）犯罪嫌疑人、被告人或者辩护人提出犯罪嫌疑人、被告人供述系非法取得，并提供相关线索或者材料的；（3）犯罪嫌疑人、被告人对讯问活动合法性提出异议或者翻供，并提供相关线索或者材料的；（4）案情重大、疑难、复杂的。

人民检察院直接受理立案侦查的案件，侦查部门在移送或者报请审查逮捕时，应当向侦查监督部门移送全部讯问犯罪嫌疑人的录音、录像，未移送或移送不全的，侦查监督部门应当要求侦查部门补充移送。经要求仍未移送或者未全部移送的，应当将案件退回侦查部门。侦查监督部门审查逮捕时对取证合法性或者讯问笔录真实性等产生疑问的，可以审查相关的录音、录像；对于重大、疑难、复杂的案件，必要时可以审查全部录音、录像。

经审查讯问犯罪嫌疑人录音录像，发现侦查机关讯问不规范，讯问过程存在违法行为，录音录像内容与讯问笔录不一致等情形的，应当逐一列明并向侦查机关书面提出，要求侦查机关予以纠正、补正或者书面作出合理解释。发现讯问笔录与讯问犯罪嫌疑人录音录像内容有重大实质性差异的，或者侦查机关不能补正或者作出合理解释的，该讯问笔录不能作为批准逮捕或者决定逮捕的依据。

三、讯问犯罪嫌疑人

（一）讯问犯罪嫌疑人的条件

侦查监督部门办理审查逮捕案件，可以讯问犯罪嫌疑人；有下列情形之一的，应当讯问犯罪嫌疑人：（1）对是否符合逮捕条件有疑问的；（2）犯罪嫌疑人要求向检察人员当面陈述的；（3）侦查活动可能有重大违法行为的；（4）案情重大疑难复杂的；（5）犯罪嫌疑人系未成年人的；（6）犯罪嫌疑人是盲、聋、哑人或者是尚未完全丧失辨认或者控制自己行为能力的精神病人的。

讯问未被拘留的犯罪嫌疑人，讯问前应当征求侦查机关的意见，并作好办案安全风险评估预警工作。

"是否符合逮捕条件有疑问"主要包括罪与非罪界限不清的，据以定罪的证据之间存在矛盾的，犯罪嫌疑人的供述前后矛盾或者违背常理的，有无社会危险性难以把握的，以及犯罪嫌疑人是否达到刑事责任年龄需要确认等情形。"重大违法行为"是指办案严重违反法律规定的程序，或者存在刑讯逼供等严重侵犯犯罪嫌疑人人身权利和其他诉讼权利等情形。

（二）讯问犯罪嫌疑人的要求

在审查逮捕中对被拘留的犯罪嫌疑人不予讯问的，应当送达听取犯罪嫌疑人意见书，由犯罪嫌疑人填写后及时收回审查并附卷。经审查发现应当讯问犯罪嫌疑人的，应当及时讯问。

讯问犯罪嫌疑人时，检察人员不得少于2人。犯罪嫌疑人被送交看守所羁押后，讯问应当在看守所内进行。

讯问时，应当首先查明犯罪嫌疑人的基本情况，依法告知其诉讼权利和义务，认真听取其供述和辩解，并根据案件具体情况，特别是发现的疑点，确定需要核实的问题。下列情况应当重点核实：（1）犯罪嫌疑人的基本情况，是否系未成年人，是否患有不宜羁押的严重疾病，是否系人大代表或者政协委员等；（2）犯罪嫌疑人被采取强制措施的时间和原因；（3）犯罪嫌疑人供述存在的疑点；（4）主要证据之间存在的疑点及矛盾；（5）侦查活动是否存在违法情形。

犯罪嫌疑人检举揭发他人犯罪线索的，应当予以记录，并依照有关规定移送有关部门处理。

讯问犯罪嫌疑人应当制作讯问笔录，并交犯罪嫌疑人核对或者向其宣读，经核对无误后逐页签名、盖章或者捺指印并附卷。犯罪嫌疑人请求自行书写供述的，应当准许，但不得以自行书写的供述代替讯问笔录。

四、介入侦查

（一）介入侦查的条件和时间

侦查监督部门根据需要或者侦查机关的邀请，经部门负责人审核，检察长决定，可以派员参加侦查机关对于重大案件的讨论和其他侦查活动。

侦查监督部门介入侦查机关侦查活动，应当在侦查机关立案后进行。根据侦查机关的要求，也可以在立案前介入初查活动。

提前介入的检察人员在充分了解案情的基础上，应当对侦查活动提出意见和建议，并将介入情况及时向侦查监督部门负责人和检察长报告。

侦查机关在提请批准逮捕前书面通知人民检察院介入侦查的，侦查监督部门应当及时派员介入，不能介入的应当说明理由。侦查监督部门认为有必要介入案件侦查的，应当书面通知侦查机关。

（二）介入侦查的案件范围

下列案件，侦查监督部门可以介入侦查机关的侦查活动：（1）严重危害社会治安的暴力犯罪案件；（2）涉嫌黑社会性质组织的犯罪案件；（3）本地区有重大影响的犯罪案件；（4）严重破坏社会主义市场经济秩序的犯罪案件；（5）通知公安机关立案侦查的案件；（6）地方人大、上级人民检察院要求介入的案件；（7）其他需要侦查监督部门介入的案件。

（三）介入侦查的检察人员的主要工作

介入侦查的检察人员，主要进行以下工作：（1）按照审查逮捕的法定条件和标准，引导侦查机关依法客观、公正、全面地收集证据，提出侦查取证的建议；（2）参加案件讨论、勘验检查和侦查实验，并做好笔录；（3）监督侦查机关讯问犯罪嫌疑人、询问被害人或证人。

介入侦查的检察人员不得代行侦查权，不得代替侦查机关决定案件可否提请批准逮捕。介入侦查的检察人员发现侦查活动中的违法行为，情节较轻的可以口头纠正，情节较重的应当报请检察长批准后，向公安机关发出纠正违法通知书。

五、审查逮捕决定

（一）审查逮捕决定期限

对公安机关提请批准逮捕的犯罪嫌疑人，已被拘留的，人民检察院应当在收到提请批准逮捕书后的 7 日以内作出是否批准逮捕的决定；未被拘留的，应当在收到提请批准逮捕书后的 15 日以内作出是否批准逮捕的决定，重大、复杂的案件，不得超过 20 日。

对于案情简单、事实清楚、证据确实充分、犯罪嫌疑人认罪的轻微刑事案件，犯罪嫌疑人已被拘留的，人民检察院应当在 3 日以内作出是否批准逮捕的决定；未被拘留的，应当在 5 日以内作出是否批准逮捕的决定。

（二）制作《审查逮捕案件意见书》

案件承办人在阅卷、复核证据后，应当制作《审查逮捕案件意见书》。《审查逮捕案件意见书》应当写明以下内容：（1）受案和审查经过；（2）犯罪嫌疑人基本情况；（3）发案、立案、破案经过；（4）经审查认定的案件事实、证据及证据分析；（5）需要说明的问题；（6）处理意见。

犯罪嫌疑人委托的律师提出不构成犯罪、无逮捕必要、不适宜羁押、侦查活动有违法犯罪情形等书面意见以及相关证据材料的，应当在《审查逮捕案件意见书》说明是否采纳的情况和理由。

对于事实清楚、证据确实充分、案情简单、定性及适用法律没有争议的案件，可以简化制作《审查逮捕案件意见书》。下列案件，一般不简化制作《审查逮捕案件意见书》：（1）证明案件事实的主要证据间存在矛盾或疑点的；（2）定罪定性、认定事实及适用法律有争议的；（3）共同犯罪案件中犯罪嫌疑人罪责不清的；（4）其他重大、疑难、复杂案件。

（三）审查逮捕的处理结果

侦查监督部门对于公安机关提请批准逮捕的案件，应当根据审查情况提出是否批准逮捕的意见，经检察长决定，重大案件应当经检察委员会决定后，制作批准逮捕决定书或者不批准逮捕决定书。

对公安机关提请批准逮捕的犯罪嫌疑人，人民检察院经审查认为符合逮捕条件的，应当作出批准逮捕的决定，连同案卷材料送达公安机关执行，并可以对收集证据、适用法律提出意见。人民检察院经审查认为不符合逮捕条件，作出不批准逮捕决定的，应当说明理由，连同案卷材料送达公安机关执行。需要补充侦查的，应同时通知公安机关。

对证据有所欠缺但已基本构成犯罪，认为经过进一步侦查能够获取定罪所必需的证据、确有逮捕必要的重大案件的犯罪嫌疑人，经过检察委员会讨论决定，可以批准逮捕，并应当采取以下措施：（1）向侦查机关发出补充侦查提纲，列明需要查明的事实和需要补充收集、核实的证据，并及时了解补充侦查取证情况；（2）批准逮捕后 3 日以内报上一级人民检察院备案；（3）侦查机关在侦查羁押期限届满时，仍未能获取定罪所必需的充足证据的，应当及时撤销原逮捕决定。

对于侦查机关提请批准逮捕的轻微刑事案件，经审查认为符合轻微刑事案件快速办理条件的，在作出批准逮捕或者因无逮捕必要而作出不予批准逮捕决定时，可以制作《快速移送审查起诉建议书》，建议侦查机关及时移送审查起诉；认为证据有所欠缺的，可以建议侦查机关补充证据后及时移送审查起诉。《快速移送审查起诉建议书》应当同时抄送本院公诉部门。

六、特定人员的审查逮捕

（一）人大代表、政协委员的审查逮捕

人民检察院对担任本级人民代表大会代表的犯罪嫌疑人批准逮捕，应当报请本级人民代表大会主席团或者常务委员会许可。报请许可手续的办理由侦查机关负责。

对担任上级人民代表大会代表的犯罪嫌疑人批准逮捕，应当层报该代表所属的人民代表大会同级的人民检察院报请许可。

对担任乡、民族乡、镇的人民代表大会代表的犯罪嫌疑人批准逮捕，应当报告乡、民族乡、镇的人民代表大会。

对担任两级以上的人民代表大会代表的犯罪嫌疑人批准逮捕，分别报请许可。

对担任办案单位所在省、市、县（区）以外的其他地区人民代表大会代表的犯罪嫌疑人批准逮捕，应当委托该代表所属的人民代表大会同级的人民检察院报请许可；担任两级以上人民代表大会代表的，应当分别委托该代表所属的人民代表大会同级的人民检察院报请许可。

批准逮捕担任政协委员的犯罪嫌疑人，应当事前向其所属的政协组织通报情况；情况紧急的，可以在批准逮捕的同时或者事后及时通报。

（二）外国人、无国籍人的审查逮捕

外国人、无国籍人涉嫌危害国家安全犯罪的案件或者涉及国与国之间政治、外交关系的案件以及在适用法律上确有疑难的案件，认为需要逮捕犯罪嫌疑人的，按照《刑事诉讼法》第 19 条、第 20

条规定的，由基层人民检察院审查并提出意见，层报最高人民检察院审查。基层人民检察院根据最高人民检察院的批复，依法作出批准或者不批准逮捕的决定；层报过程中，上级人民检察院经审查认为不需要逮捕的，基层人民检察院根据上级人民检察院不批准逮捕的批复依法作出不批准逮捕的决定。

基层人民检察院经审查认为不需要逮捕的，可以直接依法作出不批准逮捕的决定。

外国人、无国籍人涉嫌其他犯罪案件，应当在作出批准逮捕决定后 48 小时以内报上一级人民检察院备案，同时向同级人民政府外事部门通报。

外国人和中国公民涉嫌共同犯罪的案件，需要逮捕外国犯罪嫌疑人的，按照前述规定办理；需要逮捕同案中国籍犯罪嫌疑人的，由承办案件的人民检察院审查批准逮捕，应当与批准逮捕的同案外国犯罪嫌疑人一并报上一级人民检察院备案。

七、逮捕决定的执行和撤销

（一）逮捕决定的执行

对于批准逮捕的决定，公安机关应当立即执行，并将执行回执及时送达作出批准决定的人民检察院；如果未能执行，也应当将回执送达人民检察院，并写明未能执行的原因。对于人民检察院决定不批准逮捕的，公安机关在收到不批准逮捕决定书后，应当立即释放在押的犯罪嫌疑人或者变更强制措施，并将执行回执在收到不批准逮捕决定书后的 3 日以内送达作出不批准逮捕决定的人民检察院。

（二）对公安机关要求复议的处理

对公安机关要求复议的不批准逮捕的案件，侦查监督部门应当另行指派本部门案件承办人复议，并在收到提请复议书和案卷材料后的 7 日以内作出是否变更的决定，通知公安机关。

负责案件复议的案件承办人对案件进行审查后，应当制作

《复议案件审查报告》，内容包括：（1）复议案件受案的时间；（2）公安机关提请复议的理由；（3）原审承办人作出决定的主要事实依据和法律依据；（4）经过复议审查可以认定的事实和依据；（5）复议的拟处意见。

对复议后维持原不批准逮捕决定的，人民检察院应当制作《复议决定书》，连同案卷材料一并退回提请复议的公安机关执行。

对复议后改变原不批准逮捕决定的，人民检察院除制作《复议决定书》外，还应制作《撤销不批准逮捕决定书》和《批准逮捕决定书》，连同案卷材料一并送提请复议的公安机关执行。

对公安机关提请上一级人民检察院复核的不批准逮捕的案件，上一级人民检察院通知改变原决定的，基层人民检察院应当撤销原不批准逮捕决定，另行制作批准逮捕决定书。必要时，上级人民检察院也可以直接作出批准逮捕决定，通知基层人民检察院送达公安机关执行。

人民检察院作出不批准逮捕决定，并且通知公安机关补充侦查的案件，公安机关在补充侦查后又提请复议的，人民检察院应当告知公安机关重新提请批准逮捕。公安机关坚持复议的，人民检察院不予受理。

人民检察院办理审查逮捕案件，发现应当逮捕而公安机关未提请批准逮捕的犯罪嫌疑人的，应当建议公安机关提请批准逮捕。如果公安机关仍不提请批准逮捕或者不提请批准逮捕的理由不能成立的，人民检察院也可以直接作出逮捕决定，送达公安机关执行。

人民检察院作出不批准逮捕决定，并且通知公安机关补充侦查的案件，公安机关补充侦查后应当提请批准逮捕而不提请批准逮捕的，按照前述规定办理。

被害人对人民检察院以没有犯罪事实为由作出的不批准逮捕决定不服提出申诉的，由控告申诉检察部门审查处理。对以其他理由作出的不批准逮捕决定不服提出申诉的，由侦查监督部门办理。

（三）逮捕决定的撤销

对已作出的批准逮捕决定发现确实有错误的，人民检察院应当撤销原批准逮捕决定，送达公安机关执行。

对已作出的不批准逮捕决定发现确实有错误，需要批准逮捕的，人民检察院应当撤销原不批准逮捕决定，并重新作出批准逮捕决定，送达公安机关执行。

对因撤销原批准逮捕决定而被释放的犯罪嫌疑人或者逮捕后公安机关变更为取保候审、监视居住的犯罪嫌疑人，又发现需要逮捕的，人民检察院应当重新作出逮捕决定。

逮捕后公安机关发现犯罪嫌疑人未涉嫌犯罪或者因其他原因释放犯罪嫌疑人或者变更强制措施的，应当通知原批准的人民检察院侦查监督部门。侦查监督部门经审查认为释放或者变更不当的，应当提出意见报检察长决定。

对公安机关提请批准逮捕的案件，侦查监督部门应当将批准、变更、撤销逮捕措施的情况书面通知本院刑事执行检察部门。

八、报请审查决定逮捕

（一）报请审查决定逮捕期限

基层人民检察院直接受理立案侦查的案件，需要逮捕犯罪嫌疑人的，应当报请上一级人民检察院审查决定。

犯罪嫌疑人已被拘留的，侦查部门应当在拘留后7日以内报上一级人民检察院审查逮捕。上一级人民检察院应当在收到报请逮捕书后7日以内作出是否逮捕的决定，特殊情况下，决定逮捕的时间可以延长1日至3日。犯罪嫌疑人未被拘留的，上一级人民检察院应当在收到报请逮捕书后15日以内作出是否逮捕决定，重大、复杂的案件，不得超过20日。

（二）报请审查决定逮捕的要求

基层人民检察院报请审查逮捕的案件，应当由侦查部门制作报请逮捕书，报检察长或者检察委员会审批后，连同案卷材料、讯问犯罪嫌疑人录音录像一并报上一级人民检察院审查，报请逮捕时应当说明犯罪嫌疑人的社会危险性并附相关证据材料。

侦查部门报请审查逮捕时，应当同时将报请情况告知犯罪嫌疑人其辩护律师。

侦查监督部门应当协助上一级人民检察做好提押、讯问笔录核对、签字等工作；受上一级人民检察院委托进行讯问的，应当及时将讯问笔录报送上一级人民检察院。

侦查监督部门受上一级人民检察院委托向犯罪嫌疑人代为送达听取犯罪嫌疑人意见书的，应当及时回收意见书，并报上一级人民检察院。

对于重大、疑难、复杂的案件，侦查部门可以提请上一级人民检察院和本院侦查监督部门派员介入侦查，参加案件讨论。侦查监督部门认为必要时，可以报经检察长批准，派员介入侦查，对收集证据、适用法律提出意见，监督侦查活动是否合法。

（三）报请审查决定逮捕的结果

上一级人民检察院决定逮捕的，由基层人民检察院通知同级公安机关执行。必要时，基层人民检察院可以协助执行。基层人民检察院应当在公安机关执行逮捕3日以内，将执行回执报上一级人民检察院。

上一级人民检察院决定不予逮捕、犯罪嫌疑人已被拘留的，基层人民检察院应当通知公安机关立即释放，并报上一级人民检察院；案件需要继续侦查，犯罪嫌疑人符合取保候审、监视居住条件的，由基层人民检察院依法决定取保候审或者监视居住。

上一级人民检察院通知基层人民检察院报请逮捕犯罪嫌疑人，基层人民检察院不同意报请逮捕犯罪嫌疑人的，应当向上一级人民检察院说明理由。

决定逮捕后，应当立即将被逮捕人送看守所羁押。除无法通知的以外，侦查部门应当把逮捕的原因和羁押的处所，在24小时以内通知被逮捕人的家属。对于无法通知的，在无法通知的情形消除后，应当立即通知其家属。对被逮捕的犯罪嫌疑人，侦查部门应当在逮捕后24小时以内进行讯问。

基层人民检察院在发现不应当逮捕的时候，应当立即释放犯罪嫌疑人或者变更强制措施，并向上一级人民检察院报告。对已被释放或者变更为其他强制措施的犯罪嫌疑人，又发现需要逮捕的，应当重新报请审查逮捕。

基层人民检察院认为上一级人民检察院作出的不予逮捕决定有错误的，应当在收到不予逮捕决定书后5日以内报请上一级人民检察院重新审查，但是必须将已被拘留的犯罪嫌疑人立即释放或者变更为其他强制措施。

基层人民检察院对直接受理立案侦查的案件进行审查起诉时，发现需要逮捕犯罪嫌疑人的，应当报请上一级人民检察院审查决定逮捕。报请工作由公诉部门负责。

需要逮捕担任各级人民代表大会代表的犯罪嫌疑人的，侦查部门应当按照有关规定报请许可，在获得许可后，向上一级人民检察院报请逮捕。

（四）逮捕相关文书资料的传送

报请逮捕书、逮捕决定书、不予逮捕决定书及相关案卷材料、录音录像资料等，可以直接报送或者通过机要交通传送，也可以通过检察专用机要通道传送。通过检察专用机要通道传送文书及相关案卷材料，视频讯问犯罪嫌疑人的，应当确保安全、保密。

九、备案

下列审查逮捕案件，基层人民检察院应当报上一级人民检察院备案：（1）批准逮捕的外国人犯罪案件；（2）人大代表涉嫌犯罪的案件。上述案件，应当在作出逮捕决定之日起3日以内，由侦查监督部门填写《逮捕备案登记表》，连同提请批准逮捕书或者逮捕犯罪嫌疑人意见书、审查逮捕案件意见书以及批准逮捕决定书或者不批准逮捕决定书，一并报送上一级人民检察院备案。外国人犯罪案件应当在作出逮捕决定后48小时以内报上一级人民检察院备案。侦查监督部门应当在收到上一级人民检察院侦查监督部门补报有关案件材料通知之日起3日以内按要求报送。

第二节　刑事立案监督

一、立案监督的范围及例外

立案监督的内容主要包括以下方面：（1）公安机关应当立案侦查而不立案侦查的；（2）公安机关不应当立案侦查而立案侦查的；（3）行政执法机关应当移送而不移送涉嫌犯罪案件的。

被害人没有向公安机关报案或者公安机关没有掌握、发现犯罪事实的案件，以及告诉才处理的刑事案件，不属于刑事立案监督的范围。

人民检察院在办理审查逮捕案件过程中，发现公安机关应当提请批准逮捕而没有提请的，应当依照追捕程序办理，不适用立案监督程序。

人民检察院对于公安机关管辖的国家机关工作人员利用职权实施的其他重大犯罪案件，可以根据案件的具体情况，决定是否报省级人民检察院批准直接立案侦查或者适用立案监督程序。

二、立案监督线索的受理和审查

（一）立案监督线索的受理

被害人及其法定代理人、近亲属或者行政执法机关，认为公安机关对其控告或者移送的案件应当立案侦查而不立案侦查，或者当事人认为公安机关不应当立案而立案，向人民检察院提出的，人民检察院应当受理并进行审查。

人民检察院发现公安机关可能存在应当立案侦查而不立案侦查情形的，应当依法进行审查。

人民检察院接到控告、举报或者发现行政执法机关不移送涉嫌犯罪案件的，应当向行政执法机关提出检察意见，要求其按照管辖规定向公安机关或者人民检察院移送涉嫌犯罪案件。

（二）立案监督线索的审查

1. 审查的基本要求

立案监督实行案件承办人审查、部门负责人审核和检察长审批的制度，重大、复杂和疑难的案件由检察长提交检察委员会讨论决定。

2. 审查的内容

基层人民检察院控告申诉检察部门受理对公安机关应当立案而不立案或者不应当立案而立案的控告、申诉，应当根据事实和法律进行审查，主要内容包括：（1）是否存在应当立案侦查而不立案侦查的事实；（2）是否符合《刑事诉讼法》规定的刑事立案条件；（3）是否属于相应的公安机关管辖；（4）公安机关是否决定不立案。

控告申诉检察部门可以要求控告人、申诉人提供有关材料，认为需要公安机关说明不立案或者立案理由的，应当及时将案件移送侦查监督部门办理。

侦查监督部门审查人民检察院发现的公安机关应当立案而不立案侦查的线索，主要内容包括：（1）是否存在应当立案侦查的犯罪事实或者犯罪嫌疑人；（2）是否符合《刑事诉讼法》规定的立案条件；（3）是否属于本院管辖；（4）是否属于不报请立案侦查的情形。

3. 审查结果的处理

人民检察院对于公安机关应当立案而不立案侦查的线索进行审查后，应当根据不同情况分别作出以下处理：（1）没有犯罪事实发生，或者犯罪情节显著轻微不需要追究刑事责任，或者具有其他依法不追究刑事责任情形的，及时答复投诉人或者行政执法机关；（2）不属于被投诉的公安机关管辖的，应当将有管辖权的机关告知投诉人或者行政执法机关，并建议向该机关控告或者移送；（3）公安机关尚未作出不予立案决定的，移送公安机关处理；（4）有犯罪事实需要追究刑事责任，属于被投诉的公安机关管辖，且公安机关已作出不立案决定的，经检察长批准，应当要求公安机关书面说明不立案理由。

三、要求公安机关说明（不）立案理由

侦查监督部门经过调查、核实证据，认为有下列情形之一，需要公安机关说明不立案理由的，经检察长批准，应当要求公安机关书面说明不立案的理由：（1）有犯罪事实需要追究刑事责任的，有明确的犯罪嫌疑人，且有证据证明该犯罪嫌疑人实施了犯罪行为的；（2）对于报案、控告、举报和自首的材料，经审查，认为有犯罪事实需要追究刑事责任，且属于侦查机关管辖，应当立案侦查而不立案的；（3）共同犯罪案件中，部分被告人已被判决有罪且判决已经生效，应当追究其他共同犯罪嫌疑人的刑事责任，侦查机关应当立案侦查而不立案的；（4）正在服刑的罪犯具有判决宣告前的其他犯罪事实，侦查机关应当立案侦查而不立案的；（5）刑事自诉案件因证据不足，被人民法院驳回自诉，移交侦查机关受理，侦查机关应当立案侦查而不立案的；（6）行政执法机关发现应当追究刑事责任的案件移送侦查机关，侦查机关应当立案侦查而不立案的；（7）立案后应当追究刑事责任而撤案或作行政处罚、劳动教养等非刑事处理的。

经审查认为有证据证明公安机关可能存在违法动用刑事手段插手民事、经济纠纷，或者利用立案实施报复陷害、敲诈勒索以及谋取其他非法利益等违法立案情形，尚未提请批准逮捕或者移送审查起诉的，经检察长批准，应当要求公安机关书面说明立案理由。

共同犯罪案件中，部分被告人已被判决有罪且判决已经生效，侦查监督部门审查认为还应当追究其他共同犯罪嫌疑人的刑事责任而侦查机关未立案侦查的，应当要求公安机关说明不立案的理由。

要求公安机关说明不立案或者立案理由，应当制作要求说明不立案理由通知书或者要求说明立案理由通知书，及时送达公安机关，并且告知公安机关在收到要求说明不立案理由通知书或者要求说明立案理由通知书后 7 日以内，书面说明不立案或者立案的情况、依据和理由，连同有关证据材料复印件回复人民检察院。公安

机关主动立案或者撤销案件的，应当将立案决定书或者撤销案件决定书复印件及时送达人民检察院。

四、通知公安机关立案或者撤销案件

公安机关说明不立案或者立案的理由后，侦查监督部门应当进行审查，认为公安机关不立案或者立案理由不能成立的，制作《刑事立案监督案件审查意见书》，经检察长或者检察委员会讨论决定，应当通知公安机关立案或者撤销案件。

通知公安机关立案或者撤销案件，应当制作通知立案书或者通知撤销案件书，说明依据和理由，连同证据材料送达公安机关，并且告知公安机关应当在收到通知立案书后15日以内立案，对通知撤销案件书没有异议的应当立即撤销案件，并将立案决定书或者撤销案件决定书及时送达人民检察院。

侦查监督部门认为公安机关不立案或者立案理由成立的，应当通知控告申诉检察部门，由其在10日以内将不立案或者立案的理由和根据告知被害人及其法定代理人、近亲属或者行政执法机关。

认为公安机关不立案理由成立的，或者认为公安机关的不立案理由不成立而通知公安机关立案，公安机关已经立案的，应当及时书面通知提出立案监督建议的行政执法机关。

五、立案或撤销案件执行情况监督

基层人民检察院通知公安机关立案或者撤销案件的，应当依法对执行情况进行监督。公安机关在收到通知立案书或者通知撤销案件书后超过15日不予立案或者既不提出复议、复核也不撤销案件的，应当发出纠正违法通知书予以纠正。公安机关仍不纠正的，报上一级人民检察院协商同级公安机关处理。

公安机关认为撤销案件通知有错误要求复议的，基层人民检察院应当重新审查，在收到要求复议意见书和案卷材料后7日以内作出是否变更的决定，并通知公安机关。公安机关不接受人民检察院复议决定提请上一级人民检察院复核，上级人民检察院复核认为撤

销案件通知有错误的，基层人民检察院应当立即纠正。

公安机关立案后 3 个月以内未侦查终结的，基层人民检察院可以向公安机关发出立案监督案件催办函，要求公安机关及时向人民检察院反馈侦查工作进展情况。

在立案监督过程中，发现侦查人员涉嫌徇私舞弊等违法违纪行为的，应当移交有关部门处理；涉嫌职务犯罪的，应当依法立案侦查。

通知立案的案件有多名犯罪嫌疑人，而公安机关接到通知立案书后仅对部分犯罪嫌疑人立案的，应当发出纠正违法通知书予以纠正。

六、对行政机关移送涉嫌犯罪案件的立案监督

侦查监督部门对行政执法机关已经移送公安机关的涉嫌犯罪案件，具有下列情形之一的，应当进行立案监督：（1）认为公安机关对应当立案侦查的案件而不立案侦查的；（2）被害人认为公安机关对应当立案侦查的案件而不立案侦查，向人民检察院提出的；（3）移送涉嫌犯罪案件的行政执法机关对公安机关不予立案决定或者不予立案的复议决定有异议，建议人民检察院依法进行立案监督的。

经审查，认为公安机关不立案理由成立的，或者认为公安机关的不立案理由不成立而通知公安机关立案，公安机关已经立案的，侦查监督部门应当及时书面通知提出立案监督建议的行政执法机关。

七、对本院侦查部门的立案监督

侦查监督部门发现本院侦查部门对应当立案侦查的案件不报请立案侦查或者对不应当立案侦查的案件进行立案侦查的，应当建议侦查部门报请立案侦查或者撤销案件；建议不被采纳的，应当报请检察长决定。

第三节　侦查活动监督

一、侦查活动监督的重点

侦查活动监督主要发现和纠正以下违法行为：（1）采用刑讯逼供以及其他非法方法收集犯罪嫌疑人供述的；（2）采用暴力、威胁等非法方法收集证人证言、被害人陈述，或者以暴力、威胁等方法阻止证人作证或者指使他人作伪证的；（3）伪造、隐匿、销毁、调换、私自涂改证据，或者帮助当事人毁灭、伪造证据的；（4）徇私舞弊，放纵、包庇犯罪分子的；（5）故意制造冤、假、错案的；（6）在侦查活动中利用职务之便谋取非法利益的；（7）非法拘禁他人或者以其他方法非法剥夺他人人身自由的；（8）非法搜查他人身体、住宅，或者非法侵入他人住宅的；（9）非法采取技术侦查措施的；（10）在侦查过程中不应当撤案而撤案的；（11）对与案件无关的财物采取查封、扣押、冻结措施，或者应当解除查封、扣押、冻结不解除的；（12）贪污、挪用、私分、调换、违反规定使用查封、扣押、冻结的财物及其孳息的；（13）应当退还取保候审保证金不退还的；（14）违反《刑事诉讼法》关于决定、执行、变更、撤销强制措施规定的；（15）侦查人员应当回避而不回避的；（16）应当依法告知犯罪嫌疑人诉讼权利而不告知，影响犯罪嫌疑人行使诉讼权利的；（17）阻碍当事人、辩护人、诉讼代理人依法行使诉讼权利的；（18）讯问犯罪嫌疑人依法应当录音或者录像而没有录音或者录像的；（19）对犯罪嫌疑人拘留、逮捕、指定居所监视居住后依法应当通知家属而未通知的；（20）在侦查中有其他违反《刑事诉讼法》有关规定的行为的。

二、侦查活动监督的途径

人民检察院在审查逮捕等工作中发现公安机关侦查活动中的违法行为，应当及时提出纠正意见。刑事执行检察部门发现侦查中违反法律规定的羁押和办案期限规定的，应当依法提出纠正违法意见，并通报侦查监督部门。

人民检察院根据需要可以派员参加公安机关对于重大案件的讨论和其他侦查活动，发现违法行为。对于公安机关执行人民检察院批准或者不批准逮捕决定的情况，以及释放被逮捕的犯罪嫌疑人或者变更逮捕措施的情况，人民检察院发现有违法情形的，应当通知纠正。人民检察院发现侦查机关或者侦查人员决定、执行、变更、撤销强制措施等活动中有违法情形的，应当及时提出纠正意见。

当事人和辩护人、诉讼代理人、利害关系人对于司法机关及其工作人员有下列行为之一，向该机关申诉或者控告，对处理不服，向人民检察院申诉的，人民检察院对申诉应当及时进行审查，情况属实的，通知有关机关予以纠正：（1）采取强制措施法定期限届满，不予以释放、解除或者变更的；（2）应当退还取保候审保证金不退还的；（3）对与案件无关的财物采取查封、扣押、冻结措施的；（4）应当解除查封、扣押、冻结不解除的；（5）贪污、挪用、私分、调换、违反规定使用查封、扣押、冻结的财物的。

三、侦查活动监督的方法

（一）处理公安机关侦查活动中的违法行为

1. 对于情节较轻的，可以由检察人员以口头方式向侦查人员或者公安机关负责人提出纠正意见，并及时向本部门负责人汇报；必要的时候，由部门负责人提出。

2. 对于情节较重的违法情形，应当报请检察长批准后，向公安机关发出纠正违法通知书。发出纠正违法通知书的，侦查监督部门应当根据公安机关的回复，监督落实情况；没有回复的，应当督促公安机关回复。

公安机关要求复查的，侦查监督部门应当在收到公安机关的书面意见后 7 日以内进行复查。经过复查，认为纠正违法意见正确的，应当及时向上一级人民检察院报告；认为纠正违法意见错误的，应当及时撤销。上一级人民检察院通知撤销纠正意见的，基层人民检察院应当执行，并及时向公安机关及有关侦查人员说明情况。同时，将调查结果及时回复申诉人、控告人。

3. 侦查监督部门发现侦查人员在侦查活动中的违法行为情节严重，构成犯罪的，应当移送本院侦查部门审查，并报告检察长。侦查部门审查后应当提出是否立案侦查的意见，报请检察长决定。对于不属于本院管辖的，应当移送有管辖权的人民检察院或者其他机关处理。

4. 人民检察院经审查发现存在下列非法取证行为，依法对该证据予以排除后，其他证据不能证明犯罪嫌疑人实施犯罪行为的，应当不批准逮捕：（1）采用刑讯逼供等非法方法收集的犯罪嫌疑人供述和采用暴力、威胁等非法方法收集的证人证言、被害人陈述；（2）收集物证、书证不符合法定程序，可能严重影响司法公正的，侦查机关不能补正或者无法作出合理解释的。

（二）处理检察机关侦查活动中的违法行为

侦查监督部门对本院侦查部门侦查活动中的违法行为，应当根据情节分别处理。情节较轻的，可以直接向侦查部门提出纠正意见；情节较重或者需要追究刑事责任的，应当报请检察长决定。

上级人民检察院发现基层人民检察院在侦查活动中有违法情形，通知纠正的，基层人民检察院应当及时纠正，并将纠正情况报告上级人民检察院。

第四节　羁押和办案期限监督

人民检察院依法对羁押期限和办案期限是否合法实行监督。在侦查阶段，对公安机关办理案件的羁押期限和办案期限的监督，犯罪嫌疑人未被羁押的，由侦查监督部门负责。

一、侦查羁押期限

对犯罪嫌疑人逮捕后的侦查羁押期限不得超过 2 个月。案情复杂、期限届满不能终结的案件，可以经上一级人民检察院批准延长 1 个月。

"案情复杂、期限届满不能终结的案件"，主要是指下列案件：（1）涉案犯罪嫌疑人在 3 人以上或者同案犯在逃的共同犯罪案件；（2）1 名犯罪嫌疑人涉嫌多起犯罪或者多个罪名的；（3）案件定性争议大，在适用法律上确有疑难的；（4）涉外案件或者需要境外取证的；（5）与大要案有牵连，且影响大要案处理，大要案尚未终结的案件。

下列"案情复杂、期限届满不能终结的案件"，在 3 个月的期限届满不能侦查终结，有下列情形之一的，经省级人民检察院批准或者决定，可以延长 2 个月：（1）交通十分不便的边远地区的重大复杂案件；（2）重大的犯罪集团案件；（3）流窜作案的重大复杂案件；（4）犯罪涉及面广，取证困难的重大复杂案件。

对犯罪嫌疑人可能判处 10 年有期徒刑以上刑罚，在 5 个月延长期限届满，仍不能侦查终结的，经省级人民检察院批准或者决定，可以再延长 2 个月。

因特殊原因，在较长时间内不宜交付审判的特别重大复杂的案件，由最高人民检察院报请全国人民代表大会常务委员会批准延期审理。

二、审查延长侦查羁押期限

基层人民检察院侦查监督部门对于同级公安机关或者本院在侦查羁押期限届满 7 日前移送的延长侦查羁押期限的意见审查后，应当提出是否同意延长侦查羁押期限的意见，报检察长决定后，将侦查机关延长侦查羁押期限的意见和本院的审查意见层报有决定权的人民检察院审查决定。

对于有决定权的人民检察院在侦查羁押期限届满前作出是否批准延长侦查羁押期限的决定，侦查监督部门应当送达公安机关或者本院侦查部门。

上级人民检察院批准延长侦查羁押期限的，侦查监督部门应当同时书面告知本院刑事执行检察部门。

三、重新计算侦查羁押期限

在侦查期间发现犯罪嫌疑人另有重要罪行的，自发现之日起重新计算侦查羁押期限。"另有重要罪行"，是指与逮捕时的罪行不同种的重大犯罪和同种的将影响罪名认定、量刑档次的重大犯罪。

人民检察院直接受理立案侦查的案件需要重新计算侦查羁押期限，应当由侦查部门提出重新计算侦查羁押期限的意见，连同有关诉讼文书及另有重要罪行的证据材料移送本院侦查监督部门审查。

侦查监督部门应当进行审查并提出处理意见，报检察长决定后，制作《重新计算侦查羁押期限决定书》或者《决定不予重新计算侦查羁押期限通知书》，送交侦查部门。

公安机关对人民检察院批准逮捕的案件，决定重新计算羁押期限的，应当报原作出批准逮捕决定的人民检察院侦查监督部门备案。侦查监督部门审查后认为公安机关重新计算侦查羁押期限不当的，应当提出纠正意见，报检察长决定后，通知公安机关纠正。侦查监督部门审查重新计算侦查羁押期限案件，可以讯问犯罪嫌疑人，听取律师意见，调取案卷宗及相关材料等。决定重新计算侦查羁押期限的，侦查监督部门应当同时书面告知本院刑事执行检察部门。

四、羁押必要性审查

（一）羁押必要性审查的部门和启动

犯罪嫌疑人被逮捕后，人民检察院仍应当对羁押的必要性进行审查；侦查阶段的羁押必要性审查由侦查监督部门负责。

人民检察院发现或者根据犯罪嫌疑人、被告人及其法定代理人、近亲属或者辩护人的申请，经审查认为不需要继续羁押的，应当建议有关机关予以释放或者变更强制措施。

犯罪嫌疑人及其法定代理人、近亲属或者辩护人可以申请人民检察院进行羁押必要性审查，申请时应当说明不需要继续羁押的理由，同时应当提供有相关证据或者其他材料的。

（二）羁押必要性审查的结果

人民检察院发现有下列情形之一的，可以向有关机关提出予以释放或者变更强制措施的书面建议：（1）案件证据发生重大变化，不足以证明有犯罪事实或者犯罪行为系犯罪嫌疑人、被告人所为的；（2）案件事实或者情节发生变化，犯罪嫌疑人、被告人可能被判处管制、拘役、独立适用附加刑、免予刑事处罚或者判决无罪的；（3）犯罪嫌疑人、被告人实施新的犯罪，毁灭、伪造证据，干扰证人作证，串供，对被害人、举报人、控告人实施打击报复，自杀或者逃跑等的可能性已被排除的；（4）案件事实基本查清，证据已经收集固定，符合取保候审或者监视居住条件的；（5）继续羁押犯罪嫌疑人、被告人，羁押期限将超过依法可能判处的刑期的；（6）羁押期限届满的；（7）因为案件的特殊情况或者办理案件的需要，变更强制措施更为适宜的；（8）其他不需要继续羁押犯罪嫌疑人、被告人的情形。释放或者变更强制措施的建议书应当说明不需要继续羁押犯罪嫌疑人、被告人的理由及法律依据。

（三）羁押必要性审查的方式

人民检察院可以采取以下方式进行羁押必要性审查：（1）对犯罪嫌疑人、被告人进行羁押必要性评估；（2）向侦查机关了解侦查取证的进展情况；（3）听取有关办案机关、案件承办人的意见；（4）听取犯罪嫌疑人、被告人及其法定代理人、近亲属、辩护人，被害人及其诉讼代理人或者其他有关人员的意见；（5）调查核实犯罪嫌疑人、被告人的身体健康状况；（6）查阅有关案卷材料，审查有关人员提供的证明不需要继续羁押犯罪嫌疑人、被告人的有关证明材料；（7）其他方式。

（四）羁押必要性审查结果的执行

人民检察院向有关办案机关提出对犯罪嫌疑人予以释放或者变更强制措施的建议的，应当要求有关办案机关在10日以内将处理情况通知本院。有关办案机关没有采纳人民检察院建议的，应当要求其说明理由和依据。对人民检察院办理的案件，经审查认为不需要继续羁押犯罪嫌疑人的，应当建议办案部门予以释放或者变更强制措施。具体程序按照前述规定办理。

　　侦查监督部门在办理案件过程中，犯罪嫌疑人被羁押的，具有下列情形之一的，应当在作出决定或者收到决定书后 10 日以内通知负有监督职责的人民检察院刑事执行检察部门或者案件管理部门以及看守所：（1）批准或者决定延长侦查羁押期限的；（2）对于人民检察院直接受理立案侦查的案件，决定重新计算侦查羁押期限、变更或者解除强制措施的；（3）对犯罪嫌疑人进行精神病鉴定的。

侦查监督工作流程图

审查逮捕流程图

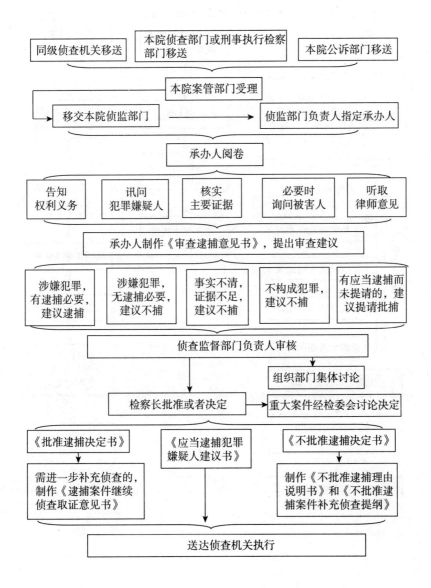

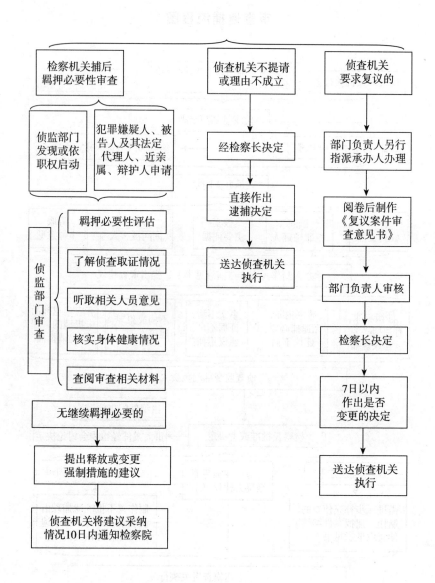

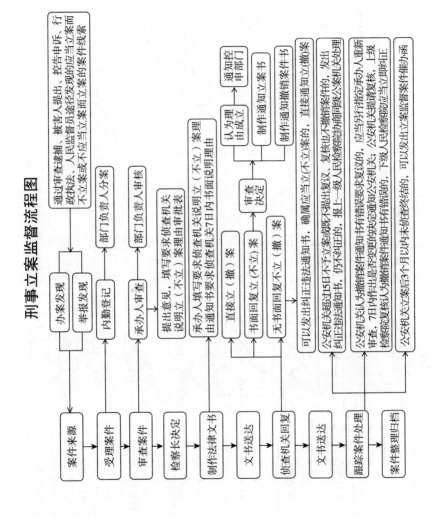

刑事立案监督流程图

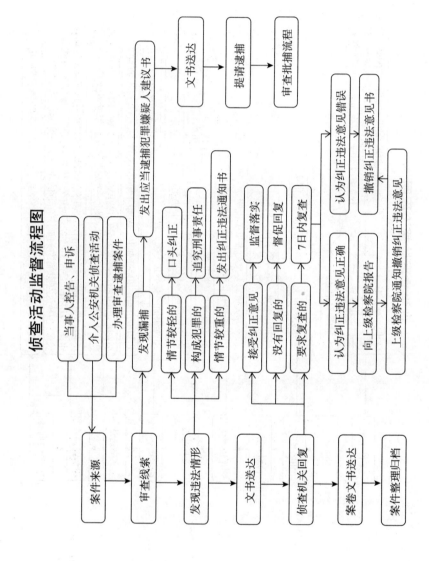

侦查活动监督流程图

第三章　公诉工作操作规程及流程图

第一节　公诉工作业务范围及管辖案件范围

一、公诉工作业务范围

公诉工作的主要职责是，依法指控犯罪，履行侦查监督、审判监督职责。基层人民检察院公诉工作的业务范围：（1）对侦查机关（部门）侦查终结移送审查起诉或者不起诉的案件，审查决定是否提起公诉或者不起诉；（2）对侦查机关（部门）的侦查活动是否合法实行监督；（3）出席公诉案件第一、二审和再审法庭，代表国家履行公诉职责和审判监督职责；（4）审查人民法院的刑事判决、裁定，对确有错误的刑事判决、裁定，依法提出抗诉；（5）审查报请核准追诉的案件；（6）结合办案参与社会治安综合治理。

二、公诉案件范围及审查处理

基层人民检察院管辖下列公诉案件：（1）同级公安机关移送审查起诉，本院侦查部门移送审查起诉或者不起诉的案件；（2）公安机关对本院决定不起诉要求复议的案件；（3）上级人民检察院交办或者同级其他人民检察院移送的案件；（4）其他由基层人民检察院管辖的案件。

人民检察院对于移送审查起诉的案件，认为属于上级人民法院管辖的第一审案件的，应当报送上一级人民检察院，同时通知移送审查起诉的公安机关；认为属于同级其他人民法院管辖的第一审案件的，应当移送有管辖权的人民检察院或者报送共同的上级人民检察院指定管辖，同时通知移送审查起诉的公安机关。

公诉部门收到移送审查起诉的案件后，经审查认为不属于本院管辖的，应当在 5 日以内经由案件管理部门移送有管辖权的人民检察院。案件改变管辖时，犯罪嫌疑人或者被告人被羁押的，应当及时换押。公诉部门应当在 3 日以内将有关换押情况书面通知本院刑事执行检察部门。

对于提起公诉后改变管辖的案件，原提起公诉的人民检察院应当将案件移送与审判管辖相对应的人民检察院。

第二节　维护当事人诉讼权利

一、权利告知

自收到移送审查起诉的案件材料 3 日以内，应当告知犯罪嫌疑人有权委托辩护人，并告知其如果经济困难或者其他原因没有聘请辩护人的，可以申请法律援助。对于属于《刑事诉讼法》第 34 条规定情形的，应当告知犯罪嫌疑人有权获得法律援助。

自收到移送审查起诉的案件材料 3 日以内，应当告知被害人及其法定代理人或者其近亲属、附带民事诉讼的当事人及其法定代理人有权委托诉讼代理人。

告知可以采取书面或者口头方式。书面告知的，应当送达《委托辩护人告知书》、《委托诉讼代理人告知书》，并将送达回执入卷；当面口头告知的，应当记明笔录，由被告知人签名；电话告知的，应当记明电话记录；无法告知的，应当记明情况附卷。

被害人有法定代理人的，应当告知其法定代理人；没有法定代理人的，应当告知其近亲属。

二、帮助犯罪嫌疑人行使辩护权

在押或者被指定居所监视居住的犯罪嫌疑人提出委托辩护人要求的，应当及时向其监护人、近亲属或者其指定的人员转达其要求，并记录在案。

犯罪嫌疑人如果提出明确的律师事务所名称或者律师姓名直接委托的，应当将犯罪嫌疑人的委托意见及时转递到该律师事务所；如果提出由亲友代为委托的，应当将委托意见及时转递到该亲友；如果犯罪嫌疑人提出委托辩护人，但没有具体委托对象和代为委托的人的，应当通知当地律师协会或者司法行政机关为其推荐律师。犯罪嫌疑人口头提出委托意见的，应当记明笔录，由犯罪嫌疑人签名或者盖章。

发现犯罪嫌疑人是盲、聋、哑人或者是尚未完全丧失辨认或者控制自己行为能力的精神病人，或者可能被判处无期徒刑、死刑，没有委托辩护人的，应当及时书面通知法律援助机构指派律师为其提供辩护。

收到在押或者被指定居所监视居住的犯罪嫌疑人提出的法律援助申请，应当在 3 日以内将其申请材料转交法律援助机构，并通知犯罪嫌疑人的监护人、近亲属或者其委托的其他人员协助提供下列证件、证明等相关材料：（1）身份证或者其他有效的身份证明，代理申请人还应当提交有代理权的证明；（2）经济困难的证明；（3）与所申请法律援助事项有关的案件材料。

犯罪嫌疑人拒绝法律援助机构指派的律师作为辩护人的，应当查明拒绝的原因，有正当理由的，予以准许，但犯罪嫌疑人需另行委托辩护人；犯罪嫌疑人未另行委托辩护人的，应当书面通知法律援助机构另行指派律师为其提供辩护。

三、保障辩护人、诉讼代理人行使诉讼权利

（一）辩护人、诉讼代理人阅卷以及与犯罪嫌疑人会见和通信权的保障

自案件移送审查起诉之日起，应当允许辩护律师查阅、摘抄、复制本案的案卷材料。案卷材料包括案件的诉讼文书和证据材料。

自案件移送审查起诉之日起，律师以外的辩护人向人民检察院申请查阅、摘抄、复制本案的案卷材料或者申请同在押、被监视居

住的犯罪嫌疑人会见和通信的，公诉部门应当对申请人是否具备辩护人资格进行审查并提出是否许可的意见，在3日以内报检察长决定并书面通知申请人。

许可律师以外的辩护人同在押或者被监视居住的犯罪嫌疑人通信的，可以要求看守所或者公安机关将书信送交人民检察院进行检查。

对于律师以外的辩护人申请查阅、摘抄、复制案卷材料或者申请同在押、被监视居住的犯罪嫌疑人会见和通信，具有下列情形之一的，人民检察院可以不予许可：（1）同案犯罪嫌疑人在逃的；（2）案件事实不清，证据不足，或者遗漏罪行、遗漏同案犯罪嫌疑人需要补充侦查的；（3）涉及国家秘密或者商业秘密的；（4）有事实表明存在串供、毁灭、伪造证据或者危害证人人身安全可能的。

辩护律师或者经过许可的其他辩护人到人民检察院查阅、摘抄、复制本案的案卷材料，由案件管理部门及时安排，由公诉部门提供案卷材料。因公诉部门工作等原因无法及时安排的，应当向辩护人说明，并安排辩护人自即日起3个工作日以内阅卷，公诉部门应当予以配合。

经人民检察院许可，诉讼代理人查阅、摘抄、复制本案的案卷材料的，参照辩护人查阅、摘抄、复制本案的案卷材料的规定办理。

（二）辩护人申请收集或调取证据的权利保障

案件移送审查起诉后，辩护人认为在侦查期间公安机关收集的证明犯罪嫌疑人无罪或者罪轻的证据材料未提交，申请人民检察院向公安机关调取的，案件管理部门应当及时将申请材料送公诉部门办理。经审查，认为辩护人申请调取的证据已收集并且与案件事实有联系的，应当予以调取；认为辩护人申请调取的证据未收集或者与案件事实没有联系的，应当决定不予调取并向辩护人说明理由。公安机关移送相关证据材料的，应当在3日以内告知辩护人。人民检察院办理直接立案侦查的案件，按照前述规定办理。

在审查起诉过程中，辩护人收集到有关犯罪嫌疑人不在犯罪现场、未达到刑事责任年龄、属于依法不负刑事责任的精神病人的证据，告知人民检察院的，公诉部门应当及时审查。

案件移送审查起诉后，辩护律师申请人民检察院收集、调取证据的，公诉部门认为需要收集、调取证据的，应当决定收集、调取并制作笔录附卷；决定不予收集、调取的，应当书面说明理由。根据辩护律师的申请收集、调取证据时，辩护律师可以在场。

辩护律师向被害人或者其近亲属、被害人提供的证人收集与本案有关的材料，向人民检察院提出申请的，应当在 7 日以内作出是否许可的决定，通知辩护律师。没有许可的，应当书面说明理由。

（三）辩护人、诉讼代理人提出意见和申诉、控告的权利保障

在审查起诉过程中，辩护人提出要求听取其意见的，案件管理部门应当及时联系公诉部门对听取意见作出安排。辩护人提出书面意见的，案件管理部门应当及时移送公诉部门。

辩护人、诉讼代理人认为其依法行使诉讼权利受到阻碍向人民检察院申诉或者控告的，应当在受理后 10 日以内进行审查，情况属实的，经检察长决定，通知有关机关或者本院有关部门予以纠正，并将处理情况书面答复提出申诉或者控告的辩护人、诉讼代理人。

第三节　案件审查

一、案件审查的程序和要求

（一）案件审查的程序

人民检察院受理移送审查起诉案件，应当指定检察员或者经检察长批准代行检察员职务的助理检察员办理，也可以由检察长办理。

案件承办人对案件进行审查后，应当制作案件审查报告，提出起诉或者不起诉以及是否需要提起附带民事诉讼的意见，经公诉部

门负责人审核，报请检察长或者检察委员会决定。案件承办人认为应当向人民法院提出量刑建议的，可以在审查报告或者量刑建议书中提出量刑的意见，一并报请决定。

检察长承办的审查起诉案件，除应当由检察委员会讨论决定的以外，可以直接作出起诉或者不起诉的决定。

（二）案件审查的要求

人民检察院对于移送审查起诉的案件，应当在1个月以内作出决定；重大、复杂的案件，1个月以内不能作出决定的，经检察长批准，可以延长15日。人民检察院审查起诉的案件，改变管辖的，从改变后的人民检察院收到案件之日起计算审查起诉期限。

审查移送起诉的案件，应当查明以下内容：（1）犯罪嫌疑人身份状况是否清楚，包括姓名、性别、国籍、出生年月日、职业和单位等；单位犯罪的，单位的相关情况是否清楚；（2）犯罪事实、情节是否清楚；实施犯罪的时间、地点、手段、犯罪事实、危害后果是否明确；（3）认定犯罪性质和罪名的意见是否正确；有无法定的从重、从轻、减轻或者免除处罚的情节及酌定从重、从轻情节；共同犯罪案件的犯罪嫌疑人在犯罪活动中的责任的认定是否恰当；（4）证明犯罪事实的证据材料包括采取技术侦查措施的决定书及证据材料是否随案移送；证明相关财产系违法所得的证据材料是否随案移送；不宜移送的证据的清单、复制件、照片或者其他证明文件是否随案移送；（5）证据是否确实、充分，是否依法收集，有无应当排除非法证据的情形；（6）侦查的各种法律手续和诉讼文书是否完备；（7）有无遗漏罪行和其他应当追究刑事责任的人；（8）是否属于不应当追究刑事责任的；（9）有无附带民事诉讼；对于国家财产、集体财产遭受损失的，是否需要由人民检察院提起附带民事诉讼；（10）采取的强制措施是否适当，对于已经逮捕的犯罪嫌疑人，有无继续羁押的必要；（11）侦查活动是否合法；（12）涉案财物是否查封、扣押、冻结并妥善保管，清单是否齐备；对被害人合法财产的返还和对违禁品或者不宜长期保存的物品的处理是否妥当，移送的证明文件是否完备。

二、审查、复核证据

（一）审查、复核证据的基本要求

全面审阅案卷材料，必要时制作阅卷笔录。讯问犯罪嫌疑人，听取被害人、被害人及其诉讼代理人的意见，并制作笔录附卷。辩护人、被害人及其诉讼代理人提出书面意见的，应当附卷。

直接听取辩护人、被害人及其诉讼代理人的意见有困难的，可以通知辩护人、被害人及其诉讼代理人提出书面意见，在指定期限内未提出意见的，应当记录在案。

认为案件事实清楚、证据充分的，应当在讯问犯罪嫌疑人时，了解其是否承认自己所犯罪行，对指控的犯罪事实有无异议，告知其适用简易程序的法律规定，确认其是否同意适用简易程序。

（二）对存疑证据的处理

对证人证言笔录存在疑问或者认为对证人的询问不具体或者有遗漏的，可以对证人进行询问并制作笔录附卷。对于随案移送的讯问犯罪嫌疑人录音录像或者人民检察院调取的录音录像，人民检察院应当审查相关的录音录像；对于重大、疑难、复杂的案件，必要时可以审查全部录音录像。

认为需要对案件中某些专门性问题进行鉴定而侦查机关没有鉴定的，应当要求侦查机关进行鉴定；必要时也可以由人民检察院进行鉴定或者由人民检察院送交有鉴定资格的人进行。自行进行鉴定的，可以商请侦查机关派员参加，必要时可以聘请有鉴定资格的人参加。

发现犯罪嫌疑人可能患有精神病的，应当对犯罪嫌疑人进行鉴定。犯罪嫌疑人的辩护人或者近亲属以犯罪嫌疑人可能患有精神病而申请对犯罪嫌疑人进行鉴定的，也可以对犯罪嫌疑人进行鉴定，鉴定费用由申请方承担。

对鉴定意见有疑问的，可以询问鉴定人并制作笔录附卷，也可以指派检察技术人员或者聘请有鉴定资格的人对案件中的某些专门性问题进行补充鉴定或者重新鉴定。公诉部门对审查起诉案件中涉及专门技术问题的证据材料需要进行审查的，可以送交检察技术人员或者其他有专门知识的人审查，审查后应当出具审查意见。

对公安机关的勘验、检查，认为需要复验、复查的，应当要求公安机关复验、复查，人民检察院可以派员参加；也可以自行复验、复查，商请公安机关派员参加，必要时也可以聘请专门技术人员参加。

对物证、书证、视听资料、电子数据及勘验、检查、辨认、侦查实验等笔录存在疑问的，可以要求侦查人员提供获取、制作的有关情况。必要时也可以询问提供物证、书证、视听资料、电子数据及勘验、检查、辨认、侦查实验等笔录的人员和见证人并制作笔录附卷，对物证、书证、视听资料、电子数据进行技术鉴定。

（三）特别注意事项

讯问犯罪嫌疑人，询问被害人、证人、鉴定人，应当个别进行。讯问犯罪嫌疑人，询问被害人、证人、鉴定人，听取辩护人、被害人及其诉讼代理人的意见，应当由2名以上案件承办人进行。

三、非法证据处置

在审查起诉中，发现可能存在以非法方法收集犯罪嫌疑人、证人证言、被害人陈述情形的，可以要求公安机关对证据收集的合法性作出书面说明或者提供相关证明材料。

公诉部门在审查中发现侦查人员以非法方法收集犯罪嫌疑人供述、被害人陈述、证人证言等证据材料的，应当依法排除非法证据并提出纠正意见，同时可以要求侦查机关另行指派侦查人员重新调查取证，必要时也可以自行调查取证。

第四节 补充侦查

一、补充侦查启动条件

人民检察院认为犯罪事实不清、证据不足，需要补充侦查的，应当提出具体的书面意见，连同案卷材料一并退回公安机关补充侦查；人民检察院也可以自行侦查，必要时可以要求公安机关提供协助。

公诉部门对本院侦查部门移送审查起诉的案件审查后，认为犯罪事实不清、证据不足需要补充侦查的，应当向侦查部门提出补充侦查的书面意见，连同案卷材料一并退回侦查部门补充侦查；必要时也可以自行侦查，可以要求侦查部门予以协助。

二、补充侦查的期限要求

案件退回侦查机关（部门）补充侦查时，犯罪嫌疑人被羁押的，应当及时换押。公诉部门应当在 3 日以内将有关换押情况书面通知本院刑事执行检察部门。

对于退回侦查机关（部门）补充侦查的案件，应当在 1 个月以内补充侦查完毕。补充侦查以 2 次为限。补充侦查完毕移送审查起诉后，重新计算审查起诉期限。在审查起诉中决定自行侦查的，应当在审查起诉期限内侦查完毕。

对已经退回侦查机关（部门）2 次补充侦查的案件，在审查起诉中又发现新的犯罪事实的，应当移送侦查机关（部门）立案侦查；对已经查清的犯罪事实，应当依法提起公诉。

在审查起诉期间改变管辖的案件，改变后的人民检察院对于需要退回补充侦查的，可以通过原受理案件的人民检察院退回原侦查的侦查机关（部门）补充侦查，也可以自行侦查。改变管辖前后退回补充侦查的次数总共不得超过两次。

三、重新侦查与撤销案件

对于公安机关移送审查起诉的案件，发现犯罪事实并非犯罪嫌疑人所为，需要重新侦查的，应当在作出不起诉决定后书面说明理由，将案卷材料退回公安机关并建议公安机关重新侦查。

对于本院侦查部门移送审查起诉的案件，发现犯罪嫌疑人没有犯罪事实，或者符合《刑事诉讼法》第 15 条规定的情形之一的，应当退回本院侦查部门，建议作出撤销案件的处理。

第五节　审查终结

一、普通案件的审查终结

案件审查完毕后，案件承办人应当制作《公诉案件审查报告》，对案件的事实、证据、定性、起诉或者不起诉以及是否需要提起附带民事诉讼提出意见。

对于适用快速办理机制的轻微刑事案件，《公诉案件审查报告》应当简化制作。认定事实与侦查机关一致的，予以简要说明，简单列明证据的出处及其所能证明的案件事实，重点阐述认定事实的理由和处理意见。

二、重大、疑难、复杂案件的审查终结

对重大、疑难、复杂的案件，公诉部门在提交检察长或者检察委员会决定前，应当组织集体讨论。讨论案件由部门负责人主持，专人记录。案件承办人汇报案件应当客观、全面，详细阐述和说明案件的事实、证据以及涉及的专业知识等问题，回答和全面解释参加讨论人员提出的有关问题。

部门负责人应当引导参加讨论人员对案件事实、证据、定性、适用法律等进行充分讨论。案件承办人、参加讨论人员应当对案件的定性和处理发表明确意见并阐述理由。讨论案件记录内容应当客

观、真实、全面。讨论完毕，参加讨论人员应当传阅、修正本人发言记录并签名。

公诉部门与侦查部门、侦查监督部门对案件事实、证据的认定或者适用法律有重大分歧时，案件承办人应当事先听取侦查部门或者侦查监督部门的意见。必要时，可以邀请侦查部门或者侦查监督部门的承办人参与案件讨论。

提请检察委员会审议的案件，案件承办人应当将《检察委员会会议议题审批表》和书面报告在审查期限届满前5日提交检察委员会办公室。

第六节　轻微刑事案件快速办理

一、快速办理适用的条件、案件和期限

对于案情简单、事实清楚、证据确实充分、犯罪嫌疑人认罪的轻微刑事案件，在遵循法定程序和期限、确保办案质量的前提下，可以简化工作流程、缩短办案期限。

适用快速办理机制的轻微刑事案件，应当同时符合以下条件：（1）案情简单，事实清楚，证据确实、充分；（2）可能判处3年以下有期徒刑、拘役、管制或者单处罚金；（3）犯罪嫌疑人承认实施了被指控的犯罪；（4）适用法律无争议。

对于符合适用快速办理机制的轻微刑事案件条件的下列案件，应当依法快速办理：（1）未成年人或者在校学生涉嫌犯罪的案件；（2）70周岁以上的老年人涉嫌犯罪的案件；（3）盲、聋、哑人，严重疾病患者，怀孕或者哺乳自己未满1周岁婴儿的妇女涉嫌犯罪的案件；（4）主观恶性较小的初犯、过失犯；（5）因亲友、邻里等之间的纠纷引发的刑事案件；（6）当事人双方已经就民事赔偿、化解矛盾等达成和解的刑事案件；（7）具有中止、未遂、自首、立功等法定从轻、减轻或者免除处罚情节的案件；（8）其他轻微刑事案件。

适用快速办理机制的轻微刑事案件，应当在 20 日以内作出是否提起公诉的决定；最长应当在 30 日以内作出决定，不得延长办理期限。

二、快速办理适用的例外和要求

对于危害国家安全犯罪的案件、涉外刑事案件、故意实施的职务犯罪案件、严重刑事犯罪案件以及其他疑难、复杂的刑事案件，不适用快速办理机制。

对于适用快速办理机制的轻微刑事案件，应当简化制作审查起诉终结报告。认定事实与公安机关一致的，应当予以简要说明，不必重复叙述；可以简要列明证据的出处及其所能证明的案件事实，不必详细抄录；应当重点阐述认定犯罪事实的理由和处理意见。

对于符合适用简易程序审理的轻微刑事案件，应当建议人民法院适用简易程序审理。

第七节　提起公诉

一、提起公诉的条件

对案件进行审查后，对于犯罪事实已经查清，证据确实、充分，依法应当追究犯罪嫌疑人的刑事责任的，应当作出起诉决定。

具有下列情形之一的，可以认为犯罪事实已经查清：（1）属于单一罪行的案件，查清的事实足以定罪量刑或者与定罪量刑有关的事实已经查清，不影响定罪量刑的事实无法查清的；（2）属于数个罪行的案件，部分罪行已经查清并符合起诉条件，其他罪行无法查清的，应当以已经查清的罪行起诉；（3）无法查清作案工具、赃物去向，但有其他证据足以对犯罪嫌疑人定罪量刑的；（4）证人证言、犯罪嫌疑人供述和辩解、被害人陈述的内容主要情节一致，只有个别情节不一致且不影响定罪的。

发现遗漏罪行或者依法应当移送审查起诉同案犯罪嫌疑人的，

应当要求公安机关补充移送审查起诉；对于犯罪事实清楚的、证据确实、充分的，也可以直接提起公诉。

立案侦查时认为属于直接立案侦查的案件，在审查起诉阶段发现不属于人民检察院管辖，案件事实清楚、证据确实、充分的，符合起诉条件的，可以直接起诉；事实不清、证据不足的，应当及时移送有管辖权的机关办理。

因犯罪嫌疑人的犯罪行为使国家财产、集体财产遭受损失的，人民检察院在提起公诉的时候，可以提起附带民事诉讼。

二、起诉书的制作及内容

检察长或者检察委员会作出起诉决定后，案件承办人应当制作起诉书。起诉书的主要内容包括：（1）被告人的基本情况，包括姓名、性别、出生年月日、出生地和户籍地、身份证号码、民族、文化程度、职业、工作单位及职务、住址，是否受过刑事处分及处分的种类和时间，采取强制措施的情况等；如果是单位犯罪，应当写明犯罪单位的名称和组织机构代码、所在地址、联系方式，法定代表人和诉讼代表人的姓名、职务、联系方式；如果还有应当负刑事责任的直接负责的主管人员或其他直接责任人员，应当按上述被告人基本情况的内容叙写。（2）案由和案件来源。（3）案件事实，包括犯罪的时间、地点、经过、手段、动机、目的、危害后果等与定罪量刑有关的事实要素。起诉书叙述的指控犯罪事实的必备要素应当明晰、准确。被告人被控有多项犯罪事实的，应当逐一列举，对于犯罪手段相同的同一犯罪可以概括叙写。（4）起诉的根据和理由，包括被告人触犯的刑法条款、犯罪的性质及认定的罪名、处罚条款、法定从轻、减轻或者从重处罚的情节，共同犯罪各被告人应负的罪责等。

被告人真实姓名、住址无法查清的，应当按其绰号或者自报的姓名、住址制作起诉书，并在起诉书中注明。被告人自报的姓名可能造成损害他人名誉、败坏道德风俗等不良影响的，可以对被告人编号并按编号制作起诉书，并附具被告人的照片，记明足以确定被告人面貌、体格、指纹以及其他反映被告人特征的事项。

起诉书应当附有被告人现在处所，证人、鉴定人、需要出庭的有专门知识的人的名单，需要保护的被害人、证人、鉴定人的名单，涉案款物情况，附带民事诉讼情况以及其他需要附注的情况。证人、鉴定人、有专门知识的人的名单应当列明姓名、性别、年龄、职业、住址、联系方式，并注明证人、鉴定人是否出庭。

三、提起公诉后案卷材料的移送

提起公诉的案件，应当向人民法院移送起诉书、案卷材料和证据。起诉书应当一式八份，每增加 1 名被告人增加起诉书五份。关于被害人姓名、住址、联系方式、被告人被采取强制措施的种类、是否在案及羁押处所等问题，应当在起诉书中列明，不再单独移送材料；对于涉及被害人隐私或者为保护证人、鉴定人、被害人人身安全，而不宜公开证人、鉴定人、被害人姓名、住址、工作单位和联系方式等个人信息的，可以在起诉书中使用化名替代证人、鉴定人、被害人的个人信息，但是应当另行书面说明使用化名等情况，并标明密级。

对于犯罪嫌疑人、被告人或者证人等翻供、翻证的材料以及对于犯罪嫌疑人、被告人有利的其他证据材料，应当移送人民法院。人民法院提出书面意见要求补充移送材料，人民检察院认为有必要移送的，应当自收到通知之日起 3 日以内补送。

对提起公诉后，在人民法院宣告判决前补充收集的证据材料，应当及时移送人民法院。对提起公诉的案件，可以向人民法院提出量刑建议。除有减轻处罚或者免除处罚情节外，量刑建议应当在法定量刑幅度内提出。建议判处有期徒刑、管制、拘役的，可以具有一定的幅度，也可以提出具体确定的建议。对提起公诉的案件提出量刑建议的，可以制作量刑建议书，与起诉书一并移送人民法院。

量刑建议书的主要内容应当包括被告人所犯罪行的法定刑、量刑情节、人民检察院建议人民法院对被告人处以刑罚的种类、刑罚幅度、可以适用的刑罚执行方式以及提出量刑建议的依据和理由等。

四、提起公诉后犯罪嫌疑人的换押及其财物的处理

案件提起公诉时，犯罪嫌疑人或者被告人被羁押的，应当及时换押。公诉部门应当在 3 日以内将有关换押情况书面通知本院刑事执行检察部门。

案件提起公诉时，对查封、扣押、冻结的被告人财物及其孳息，应当根据不同情况作以下处理：（1）对作为证据使用的实物，应当依法随案移送；对不宜移送的，应当将其清单、照片或者其他证明文件随案移送。（2）冻结在金融机构的违法所得及其他涉案财产，应当向人民法院随案移送该金融机构出具的证明文件，待人民法院作出生效判决、裁定后，由人民法院通知该金融机构上缴国库。（3）查封、扣押的涉案财产，对依法不移送的，应当随案移送清单、照片或者其他证明文件，待人民法院作出生效判决、裁定后，由人民检察院根据人民法院的通知上缴国库，并向人民法院送交执行回单。（4）对于被扣押、冻结的债券、股票、基金份额等财产，在扣押、冻结期间权利人申请出售，经审查认为不损害国家利益、被害人利益，不影响诉讼正常进行的，以及扣押、冻结的汇票、本票、支票的有效期即将届满的，经检察长批准，可以在案件办结前依法出售或者变现，所得价款由检察机关指定专门的银行账户保管，并及时告知当事人或者其近亲属。

第八节　不　起　诉

一、公安机关移送案件的不起诉

（一）不起诉案件

1. 对于公安机关移送审查起诉的案件，发现犯罪嫌疑人没有犯罪事实，或者符合《刑事诉讼法》第 15 条规定的下列情形之一的，经检察长或者检察委员会决定，应当作出不起诉决定：（1）情节显著轻微、危害不大，不认为是犯罪的；（2）犯罪已过追诉时效

期限的；（3）经特赦令免除刑罚的；（4）依照《刑法》告诉才处理的犯罪，没有告诉或者撤回告诉的；（5）犯罪嫌疑人死亡的；（6）其他法律规定免予追究刑事责任的。

对于犯罪事实并非犯罪嫌疑人所为，需要重新侦查的，应当在作出不起诉决定后书面说明理由，将案卷材料退回公安机关并建议公安机关重新侦查。

2. 对于犯罪情节轻微，依照《刑法》规定不需要判处刑罚或者免除刑罚，同时具有下列情形之一的，经检察长或者检察委员会决定，可以作出不起诉决定：（1）未成年犯罪嫌疑人、老年犯罪嫌疑人，主观恶性较小、社会危害性不大的；（2）因亲友、邻里及同学、同事之间纠纷引发的轻微犯罪中的犯罪嫌疑人，认罪悔过、赔礼道歉、积极赔偿损失并得到被害人谅解或者双方达成和解并切实履行，社会危害性不大的；（3）初次实施轻微犯罪的犯罪嫌疑人，主观恶性较小的；（4）因生活无着偶然实施盗窃等轻微犯罪的犯罪嫌疑人，人身危险性不大的；（5）群体性事件引起的刑事犯罪中的犯罪嫌疑人，属于一般参与者的。

3. 对于二次退回补充侦查的案件，仍然认为证据不足，不符合起诉条件的，经检察长或者检察委员会决定，应当作出不起诉决定。

对于经过一次退回补充侦查的案件，认为证据不足，不符合起诉条件，且没有退回补充侦查必要的，经检察长或者检察委员会决定，可以作出不起诉决定。具有下列情形之一，不能确定犯罪嫌疑人构成犯罪和需要追究刑事责任的，属于证据不足，不符合起诉条件：（1）犯罪构成要件事实缺乏必要的证据予以证明的；（2）据以定罪的证据存在疑问，无法查证属实的；（3）据以定罪的证据之间、证据与案件事实之间的矛盾不能合理排除的；（4）根据证据得出的结论具有其他可能性，不能排除合理怀疑的；（5）根据证据认定案件事实不符合逻辑和经验法则，得出的结论明显不符合常理的。

依据前述规定决定不起诉的，在发现新的证据，符合起诉条件时，可以提起公诉。

（二）不起诉的例外

案件具有下列情形之一，一般不作出不起诉决定：（1）一人犯数罪的；（2）犯罪嫌疑人有脱逃行为或者构成累犯的；（3）犯罪嫌疑人系共同犯罪中的主犯，而从犯已被提起公诉或者已被判处刑罚的；（4）共同犯罪案件的同案犯，一并起诉、审理更适宜的；（5）犯罪以后订立攻守同盟、毁灭证据，逃避或者对抗侦查的；（6）因犯罪行为给国家或者集体造成重大经济损失或者有严重政治影响的；（7）需要由人民检察院提起附带民事诉讼的；（8）其他不应当作不起诉处理的。

二、直接受理立案侦查案件的不起诉

对于人民检察院办理的直接受理立案侦查的案件，拟作不起诉的，公诉部门应当在法定期限届满 15 日前将拟不起诉意见书以及相关材料移送本院人民监督员办公室，接受人民监督员监督。

经人民监督员履行监督程序，提出表决意见后，公诉部门应当报请检察长或者检察委员会决定。报送案件时，应当将人民监督员的表决意见一并报送。按规定报请检察长决定的，检察长如果不同意人民监督员的表决意见，应当提请检察委员会讨论决定。检察长同意人民监督员表决意见的，由检察长决定。

检察长或者检察委员会同意拟不起诉意见的，应当由公诉部门将拟不起诉意见书以及人民监督员的表决意见，连同本案全部卷宗材料，在法定期限届满 7 日之前报上一级人民检察院审查；重大、复杂案件，在法定期限届满 10 日之前报上一级人民检察院审查。

对于共同犯罪案件，应当将处理同案犯罪嫌疑人的有关法律文书以及案件事实、证据材料复印件等，一并报送上一级人民检察院。

上一级人民检察院批准不起诉的，基层人民检察院应当作出不起诉的决定，并制作不起诉决定书。上一级人民检察院不批准不起诉的，基层人民检察院应当执行上一级人民检察院的决定。

三、不起诉决定书的制作、宣布和送达

（一）不起诉决定书的制作

作出不起诉决定后，案件承办人应当制作不起诉决定书。不起诉决定书的主要内容包括：（1）被不起诉人的基本情况，包括姓名、性别、出生年月日、出生地和户籍地、身份证号码、民族、文化程度、职业、工作单位及职务、住址，是否受过刑事处分，采取强制措施的情况以及羁押处所等；如果是单位犯罪，应当写明犯罪单位的名称和组织机构代码、所在地址、联系方式，法定代表人和诉讼代表人的姓名、职务、联系方式；（2）案由和案件来源；（3）案件事实，包括否定或者指控被不起诉人构成犯罪的事实以及作为不起诉决定根据的事实；（4）不起诉的法律根据和理由，写明作出不起诉决定适用的法律条款；（5）查封、扣押、冻结的涉案款物的处理情况；（6）有关告知事项。

（二）不起诉决定书的宣布

不起诉的决定，由案件承办人公开宣布。公开宣布不起诉决定的活动应当记录在案。不起诉决定书自公开宣布之日起生效。被不起诉人在押的，应当立即释放；被采取其他强制措施的，应当通知执行机关解除。

不起诉决定宣布后，案件承办人应当将不起诉决定书送达被不起诉人及其辩护人以及被不起诉人的所在单位。依照《刑事诉讼法》第173条第2款作出的不起诉决定，送达时，应当告知被不起诉人，如果对不起诉决定不服，可以自收到不起诉决定书后7日以内向人民检察院申诉。

在宣布不起诉决定过程中，已经告知被不起诉人及其法定代理人权利的，不再重复告知。

（三）不起诉决定书的送达

不起诉决定书应当送达被害人或者其近亲属及其诉讼代理人。送达时，应当告知被害人或者其近亲属及其诉讼代理人，如果对不

起诉决定不服，可以自收到不起诉决定书后 7 日以内向上一级人民检察院申诉，也可以不经申诉，直接向人民法院起诉。

对于公安机关移送起诉的案件，不起诉决定书应当送达公安机关。

决定不起诉的案件，可以根据案件的不同情况，对被不起诉人予以训诫或者责令具结悔过、赔礼道歉、赔偿损失。对被不起诉人需要给予行政处罚、行政处分的，人民检察院应当提出检察意见，连同不起诉决定书一并移送有关主管机关处理，并要求有关主管机关及时通报处理情况。

四、不起诉决定的复议和撤销

公安机关认为不起诉决定有错误，要求复议的，公诉部门应当另行指定检察人员进行审查并提出审查意见，经公诉部门负责人审核，报请检察长或者检察委员会决定。人民检察院应当在收到要求复议意见书后的 30 日以内作出复议决定，通知公安机关。

上一级人民检察院收到公安机关对不起诉决定提请复核的意见书后，经复核撤销或者变更基层人民检察院作出的不起诉决定的，基层人民检察院应当执行。

人民检察院发现不起诉决定确有错误，符合起诉条件的，应当撤销不起诉决定，提起公诉。

最高人民检察院对地方各级人民检察院的不起诉决定，上级人民检察院对基层人民检察院的不起诉决定，如果发现确有错误，予以撤销或者指令基层人民检察院纠正的，基层人民检察院应当执行。

五、不起诉案件涉案财物的处理

决定不起诉的案件，应当在不起诉决定书中写明对查封、扣押、冻结的涉案财物的处理结果。

人民检察院作出不起诉决定书后，应当在 30 日以内对查封、扣押、冻结的财物依法作出处理，并制作查封、扣押、冻结涉案财物的处理报告，详细列明每一项财物的来源、去向并附有关法律文书复印件，报检察长审核后存入案卷。情况特殊的，经检察长决定，可以延长 30 日。

人民检察院决定不起诉的案件，需要对侦查中查封、扣押、冻结的财物解除查封、扣押、冻结的，应当书面通知作出查封、扣押、冻结决定的机关或者执行查封、扣押、冻结决定的机关解除查封、扣押、冻结。

六、不起诉的公开审查

（一）不起诉公开审查的案件及例外

人民检察院对于存在较大争议并且在当地有较大社会影响的、拟作不起诉处理的案件，可以根据侦查机关（部门）的要求或者犯罪嫌疑人及其法定代理人、辩护人，被害人及其法定代理人、诉讼代理人的申请，经检察长决定，进行公开审查。

但对下列案件不进行公开审查：（1）案情简单，没有争议的案件；（2）涉及国家秘密或者个人隐私的案件；（3）当事人申请不公开审查的涉及商业秘密的案件；（4）犯罪嫌疑人不满 18 周岁的案件；（5）其他没有必要进行公开审查的案件。

（二）公开审查的地点及旁听人员

公开审查活动应当在人民检察院进行，也可以在人民检察院指定的场所进行。

公开审查时，允许公民旁听；可以邀请人大代表、政协委员、特约检察员、人民监督员参加；可以根据案件需要或者当事人的请求，邀请有关专家及与案件有关的人参加。经人民检察院许可，新闻记者可以旁听和采访。对于涉及国家财产、集体财产遭受损失的案件，可以通知有关单位派代表参加。

（三）公开审查公告及审查要求

人民检察院在公开审查 3 日前，应当向社会公告案由、公开审查的时间和地点，并通知参加公开审查活动的人员。

公开审查时，应当公布案件承办人和书记员的姓名，宣布案由以及公开审查的内容、目的，告知当事人有关权利和义务，并询问是否申请回避。

公开审查，主要就案件拟作不起诉处理听取侦查机关（部门）、犯罪嫌疑人及其法定代理人、辩护人、被害人及其法定代理人、诉讼代理人的意见。

案件承办人应当根据案件事实和证据，依照法律的有关规定，阐述不起诉的理由，但不需要出示证据。参加公开审查的侦查人员，犯罪嫌疑人及其法定代理人、辩护人，被害人及其法定代理人、诉讼代理人可以就案件事实、证据、适用的法律以及是否应予不起诉，各自发表意见，但不能直接进行辩论。

公开审查的活动内容由书记员制作笔录。笔录应当交参加公开审查的侦查人员、犯罪嫌疑人及其法定代理人、辩护人、被害人及其法定代理人、诉讼代理人阅读或者向其宣读，如果认为记录有误或有遗漏的，可以请求补充或更正，确认无误后，应当签名或者盖章。

公开审查活动结束后，案件承办人应当制作不起诉案件公开审查的情况报告。报告中应当重点写明公开审查过程中各方一致性意见或者存在的主要分歧，并提出起诉或者不起诉的建议，连同公开审查笔录，呈报检察长或者检察委员会，作为案件是否作出不起诉决定的参考。公开审查不起诉案件应当在法定的审查起诉期限内完成。

第九节　查封、扣押、冻结款物处理

一、查封、扣押、冻结款物的基本要求

公诉部门审查案件时，应当对侦查机关（部门）随案移送的查封、扣押、冻结涉案财物清单、处理意见进行审查。对账实不符的，应当要求侦查机关（部门）进行核实、更正。经审查认为不

应当查封、扣押、冻结的，公诉部门应当提出处理意见，报检察长批准后解除查封、扣押、冻结，返还原主或者被害人。

处理查封、扣押、冻结的涉案财物，应当由公诉部门提出意见，报请检察长决定。公诉部门会同负责保管查封、扣押、冻结涉案财物的管理部门办理相关的处理手续。人民检察院向其他机关移送的案件需要随案移送扣押、冻结的涉案财物的，按照前述的规定办理。

公诉部门处理查封、扣押、冻结的涉案财物，应当制作查封、扣押、冻结涉案财物处理决定书并送达当事人或者其近亲属，由当事人或者其近亲属在处理清单上签名或者盖章。当事人或者其近亲属不签名的，应当在处理清单上注明。处理查封、扣押、冻结的单位涉案财物，应当由单位有关负责人签名并加盖公章，单位负责人不签名的，应当在处理清单上注明。

二、合法款物的返还

追缴的财物中，属于被害人的合法财产，不需要在法庭出示的，应当及时返还被害人，并由被害人在发还财物清单上签名或者盖章，注明返还的理由，并将清单、照片附卷。

查封、扣押、冻结的涉案财物，诉讼程序终结后，经查明属于犯罪嫌疑人、被不起诉人以及被告人的合法财产的，应当及时返还。领取人应当在返还财物清单上签名或者盖章。返还清单、物品照片应当附入卷宗。

三、追缴的特殊财物的处理

追缴的财物中，属于违禁品或者不宜长期保存的物品，应当依照国家有关规定处理，并将清单、照片、处理结果附卷。

犯罪嫌疑人在审查起诉中死亡，依照《刑法》规定应当追缴其违法所得及其他涉案财产的，可以向人民法院提出没收违法所得的申请；对于冻结的犯罪嫌疑人存款、汇款、债券、股票、基金份额等财产需要返还被害人的，可以通知金融机构返还被害人；对于查封、扣押的犯罪嫌疑人的违法所得及其他涉案财产需要返还被害人的，直接决定返还被害人。

对于应当返还被害人的查封、扣押、冻结涉案财物，无人认领的，应当公告通知。公告满 1 年无人认领的，依法上缴国库。无人认领的涉案财物在上缴国库后有人认领，经查证属实的，人民检察院应当向人民政府财政部门申请退库或者返还。原物已经拍卖、变卖的，应当退回价款。

查封、扣押、冻结的涉案财物应当依法上缴国库或者返还有关单位和个人的，如果有孳息，应当一并上缴或者返还。

第十节　出庭支持公诉

提起公诉的案件，人民检察院应当派员以国家公诉人的身份出席第一审法庭，支持公诉。公诉人应当由检察长、检察员或者经检察长批准代行检察员职务的助理检察员 1 人至数人担任，并配备书记员担任记录。适用简易程序审理的公诉案件，可以不配备书记员担任记录。

一、出庭支持公诉的准备

（一）公诉人出庭准备工作

公诉人在人民法院决定开庭审判后，应当做好以下准备工作：（1）进一步熟悉案情，掌握证据情况；（2）深入研究与本案有关的法律政策问题；（3）充实审判中可能涉及的专业知识；（4）拟定讯问被告人、询问证人、鉴定人、有专门知识的人和宣读、出示、播放证据的计划并制定质证方案；（5）对可能出现证据合法性争议的，拟定证明证据合法性的提纲并准备相关材料；（6）拟定公诉意见，准备辩论提纲；（7）需要对出庭证人等的保护向人民法院提出建议或者配合做好工作的，做好相关准备。

（二）开庭审理前对非法证据线索及案卷材料的审查和撤回

在开庭审理前收到人民法院或者被告人及其辩护人、被害人、证人等送交的证据系非法取得的书面材料的，应当进行审查。

对于审查逮捕、审查起诉期间已经提出并经查证不存在非法取证行为的，应当通知人民法院、有关当事人和辩护人，并按照查证的情况做好庭审准备。

对于新的材料或者线索，可以要求公安机关对证据收集的合法性进行说明或者提供相关证明材料，必要时可以自行调查核实。

基于出庭准备和庭审举证工作的需要，可以至迟在人民法院送达出庭通知书时取回提起公诉时向人民法院移送的有关案卷材料和证据。

取回案卷材料和证据后，辩护律师要求查阅案卷材料的，应当允许辩护律师在人民检察院查阅、摘抄、复制案卷材料。

（三）延期审理的情形及证据补充

在人民法院开庭审理前发现具有下列情形之一的，人民检察院可以建议人民法院延期审理：（1）发现事实不清、证据不足，或者遗漏罪行、遗漏同案犯罪嫌疑人，需要补充侦查或者补充提供证据的；（2）被告人揭发他人犯罪行为或者提供重要线索，需要补充侦查进行查证的；（3）发现遗漏罪行或者遗漏同案犯罪嫌疑人，虽不需要补充侦查和补充提供证据，但需要补充、追加或者变更起诉的；（4）申请人民法院通知证人、鉴定人出庭作证或者有专门知识的人出庭提出意见的；（5）需要调取新的证据，重新鉴定或者勘验的；（6）公诉人出示、宣读开庭前移送人民法院的证据以外的证据，或者补充、变更起诉，需要给予被告人、辩护人必要时间进行辩护准备的；（7）被告人、辩护人向法庭出示公诉人不掌握的与定罪量刑有关的证据，需要调查核实的；（8）公诉人对证据收集的合法性进行证明，需要调查核实的。

在法院作出生效判决前，认为需要补充法庭审判所必需的证据的，可以书面要求侦查机关提供。

二、参加庭前会议

人民法院通知人民检察院派员参加庭前会议的，由出席法庭的公诉人参加，必要时配备书记员担任记录。

在庭前会议中，公诉人可以对案件管辖、回避、出庭证人、鉴定人、有专门知识的人的名单、辩护人提供的无罪证据、非法证据排除、不公开审理、延期审理、适用简易程序、庭审方案等与审判相关的问题提出和交换意见，了解辩护人收集的证据等情况。对辩护人收集的证据有异议的，应当提出。

当事人、辩护人、诉讼代理人在庭前会议中提出证据系非法取得，人民法院认为可能存在以非法方法收集证据情形的，人民检察院可以对证据收集的合法性进行证明。需要调查核实的，在开庭审理前进行。

三、出庭支持公诉

（一）出庭支持公诉的活动内容

1. 公诉人在法庭上应依法进行的活动

公诉人在法庭上应当依法进行下列活动：（1）宣读起诉书，代表国家指控犯罪，提请人民法院对被告人依法审判；（2）讯问被告人；（3）询问证人、被害人、鉴定人；（4）申请法庭出示物证，宣读书证、未到庭证人的证言笔录、鉴定人的鉴定意见、勘验、检查、辨认、侦查实验等笔录和其他作为证据的文书，播放作为证据的视听资料、电子数据等；（5）对证据采信、法律适用和案件情况发表意见，提出量刑建议及理由，针对被告人、辩护人的辩护意见进行答辩，全面阐述公诉意见；（6）维护诉讼参与人的合法权利；（7）对法庭审理案件有无违反法律规定的诉讼程序的情况记明笔录；（8）依法从事其他诉讼活动。

辩护人对被告人或者证人进行诱导性询问以及其他不当询问可能影响陈述或者证言的客观真实的，公诉人可以要求审判长制止或者要求对该项陈述或者证言不予采纳。

2. 公诉人提请制止或建议休庭的情形

在法庭调查阶段，遇有下列情况，公诉人应当根据情况自己或者提请审判长制止，或者建议休庭：（1）被告人的供述与案件无关或答非所问的；（2）被告人、辩护人、诉讼代理人使用污言秽语，或者攻击国家机关、社会团体或者其他公民的；（3）辩护人或者诉讼代理人采取威胁、诱导等不正当方式进行提问的；（4）辩护人或者诉讼代理人的提问与案件无关的；（5）被告人的供述或者辩护人、诉讼代理人的发言可能泄露与案件无关的国家机密的；（6）辩护人越权为同案其他被告人辩护的，但该辩护有利于从轻、减轻或者免除自己当事人刑罚的除外。

3. 公诉人建议法庭延期审理的情形

法庭审判过程中遇有下列情形之一的，公诉人可以建议法庭延期审理：（1）发现事实不清、证据不足，或者遗漏罪行、遗漏同案犯罪嫌疑人，需要补充侦查或者补充提供证据的；（2）被告人揭发他人犯罪行为或者提供重要线索，需要补充侦查进行查证的；（3）发现遗漏罪行或者遗漏同案犯罪嫌疑人，虽不需要补充侦查和补充提供证据，但需要补充、追加或者变更起诉的；（4）申请人民法院通知证人、鉴定人出庭作证或者有专门知识的人出庭提出意见的；（5）需要调取新的证据，重新鉴定或者勘验的；（6）公诉人出示、宣读开庭前移送人民法院的证据以外的证据，或者补充、变更起诉，需要给予被告人、辩护人必要时间进行辩护准备的；（7）被告人、辩护人向法庭出示公诉人不掌握的与定罪量刑有关的证据，需要调查核实的；（8）公诉人对证据收集的合法性进行证明，需要调查核实的。

（二）公诉人出示证据的基本要求

在法庭审理中，客观、全面、公正地向法庭出示与定罪、量刑有关的证明被告人有罪、罪重或者罪轻的证据。定罪证据与量刑证据需要分开的，应当分别出示。

讯问被告人，询问证人、被害人、鉴定人，出示物证，宣读书证、未出庭证人的证言笔录等应当围绕下列事实进行：（1）被告人的身份；（2）指控的犯罪事实是否存在，是否为被告人所实施；（3）实施犯罪行为的时间、地点、方法、手段、结果，被告人犯罪后的表现等；（4）犯罪集团或者其他共同犯罪案件中参与犯罪人员的各自地位和应负的责任；（5）被告人有无刑事责任能力，有无故意或者过失，行为的动机、目的；（6）有无依法不应当追究刑事责任的情况，有无法定的从重或者从轻、减轻以及免除处罚的情节；（7）犯罪对象、作案工具的主要特征，与犯罪有关的财物的来源、数量以及去向；（8）被告人全部或者部分否认起诉书指控的犯罪事实的，否认的根据和理由能否成立；（9）与定罪、量刑有关的其他事实。

下列事实不必提出证据进行证明：（1）为一般人共同知晓的常识性事实；（2）人民法院生效裁判所确认的并且未依审判监督程序重新审理的事实；（3）法律、法规的内容以及适用等属于审判人员履行职务所应当知晓的事实；（4）在法庭审理中不存在异议的程序事实；（5）法律规定的推定事实；（6）自然规律或者定律。

公诉人在法庭审查中出示证据，要对证据予以下必要的说明：（1）证据的名称及证据与案件的关系；（2）证据的来源，即证据的获取情况；（3）证据的基本内容，表明证据与案件的关系；（4）出示该证据的目的，即所出示的证据能够证明什么公诉主张。

（三）讯问被告人

公诉人当庭讯问被告人应当遵守下列要求：（1）在起诉书指控的范围内，围绕对被告人的定罪量刑进行讯问；（2）具有针对性，目的明确，有利于公正审判；（3）同一事实，不来往不应重复讯问，但确需强调的除外；（4）不得使用有损人格或者带有人身攻击的语言进行讯问；（5）不得采用威胁、诱导等不正当方式进行讯问。

讯问共同犯罪案件的被告人应当个别进行。被告人对同一事实的陈述存在矛盾需要对质的，公诉人可以建议法庭传唤有关被告人同时到庭对质。

被告人在庭审中的陈述与在侦查、审查起诉中的供述不一致，足以影响定罪量刑的，可以宣读被告人供述笔录，并针对笔录中被告人的供述内容对被告人进行讯问，或者提出其他证据进行证明。

被告人在庭审中的陈述与在侦查、审查起诉中的供述一致或者不一致的内容不影响定罪量刑的，可以不宣读被告人供述笔录。

（四）询问证人、被害人

1. 基本规定

公诉人应当避免可能影响陈述或者证言客观真实的诱导性询问以及其他不当询问。询问证人应当个别进行。

2. 出庭作证或质证

证人对同一事实的陈述存在矛盾需要对质的，公诉人可以建议法庭传唤有关证人同时到庭对质。公诉人对证人证言有异议，且该证人证言对案件定罪量刑有重大影响的，可以申请人民法院通知证人出庭作证。人民警察就其执行职务时目击的犯罪情况作为证人出庭作证，适用前述规定。

当事人或者辩护人、诉讼代理人对证人证言有异议的，公诉人认为必要时，可以申请人民法院通知证人出庭作证。对于经人民法院通知而未到庭的证人或者出庭后拒绝作证的证人的证言笔录，以及经法院通知未到庭的被害人的陈述笔录，公诉人应当当庭宣读。对于经人民法院通知而未到庭的证人的证言笔录存在疑问、确实需要证人出庭作证，且可以强制其到庭的，公诉人应当建议人民法院强制证人到庭作证和接受质证。

3. 发问

证人在法庭上提供证言，公诉人应当按照审判长确定的顺序向证人发问。公诉人可以要求证人就其所了解的与案件有关的事实进行陈述，也可以直接发问。证人不能连贯陈述的，公诉人也可以直接发问。对证人发问，应当针对证言中有遗漏、矛盾、模糊不清和有争议的内容，并着重围绕与定罪量刑紧密相关的事实进行。发问应当采取一问一答形式，提问应当简洁、清楚。

证人进行虚假陈述的，应当通过发问澄清事实，必要时还应当宣读证人在侦查、审查起诉阶段提供的证言笔录或者出示、宣读其他证据对证人进行询问。

当事人和辩护人、诉讼代理人对证人发问后，公诉人可以根据证人回答的情况，经审判长许可，再次对证人发问。

4. 询问被害人的规定

询问被害人，参照询问证人的规定进行。

5. 对证人、被害人的保护

必要时公诉人可以建议法庭采取不暴露证人、被害人外貌、真实声音等出庭作证措施，或者建议法庭在庭外对通过技术侦查措施收集的证据进行核实。

（五）询问鉴定人

对于鉴定意见，公诉人应当当庭宣读。

公诉人对鉴定意见有异议的，可以申请人民法院通知鉴定人出庭作证。经人民法院通知，鉴定人拒不出庭作证的，公诉人可以建议法庭不得采纳该鉴定意见作为定案的根据，也可以申请法庭重新通知鉴定人出庭作证或者申请重新鉴定。必要时公诉人可以申请法庭通知有专门知识的人出庭，就鉴定人作出的鉴定意见提出意见。

当事人或者辩护人、诉讼代理人对鉴定意见有异议的，公诉人认为必要时，可以申请人民法院通知鉴定人出庭作证。

询问鉴定人、有专门知识的人参照询问证人的规定进行。

必要时公诉人可以建议法庭采取不暴露证人、鉴定人、被害人外貌、真实声音等出庭作证措施，或者建议法庭在庭外对通过技术侦查措施收集的证据进行核实。

（六）当庭宣读作为证据的文书

对于勘验、检查、辨认、侦查实验等笔录和其他作为证据的文书公诉人应当当庭宣读。

（七）出示物证、宣读书证

公诉人向法庭出示物证，应当对该物证所要证明的内容、获取情况作概括的说明，并向当事人、证人等问明物证的主要特征，让其辨认。

宣读书证应当对书证所要证明的内容、获取情况作概括的说明，向当事人、证人问明书证的主要特征，并让其辨认。对该书证进行鉴定的，应当宣读鉴定意见。

（八）非法证据调查

在法庭审理过程中，被告人及其辩护人提出被告人庭前供述系非法取得，审判人员认为需要进行法庭调查的，公诉人可以根据讯问笔录、羁押记录、出入看守所的健康检查记录、看守管教人员的谈话记录以及侦查机关对讯问过程合法性的说明等，对庭前讯问被告人的合法性进行证明，可以要求法庭播放讯问录音、录像，必要时可以申请法庭通知侦查人员或者其他人员出庭说明情况。审判人员认为可能存在以非法方法收集其他证据的情形，需要进行法庭调查的，公诉人可以参照前述规定对证据收集的合法性进行证明。

公诉人不能当庭证明证据收集的合法性，需要调查核实的，可以建议法庭休庭或者延期审理。在法庭审理期间，人民检察院可以要求侦查机关对证据收集的合法性进行说明或者提供相关证明材料，必要时可以自行调查核实。

对于搜查、查封、扣押、冻结、勘验、检查、辨认、侦查实验等侦查活动中形成的笔录存在争议，需要负责侦查的人员以及搜查、查封、扣押、冻结、勘验、检查、辨认、侦查实验等活动的见证人出庭陈述有关情况的，公诉人可以建议合议庭通知其出庭。

在法庭审理过程中，合议庭对证据有疑问或者人民法院根据辩护人、被告人的申请，向人民检察院调取在侦查、审查起诉中收集的有关被告人无罪或者罪轻的证据材料的，人民检察院应当自收到人民法院要求调取证据材料决定书后3日以内移交。没有上述材料的，应当向人民法院说明情况。审理过程中，合议庭对证据有疑问并在休庭后进行勘验、检查、查封、扣押、鉴定和查询、冻结的，人民检察院应当依法进行监督，发现上述活动有违法情况的，应当提出纠正意见。

人民法院根据申请收集、调取的证据或者合议庭休庭后自行调查取得的证据，应当经过庭审出示、质证才能决定是否作为判决的依据。未经庭审出示、质证直接采纳为判决依据的，人民检察院应当提出纠正意见；作出的判决确有错误的，应当依法提出抗诉。

（九）发表公诉意见，进行法庭辩论

在法庭审理中，经审判长许可，公诉人可以逐一对正在调查的证据和案件情况发表意见，并同被告人、辩护人进行辩论。

证据调查结束时，公诉人应当发表总结性意见。公诉意见应当结合案情重点阐述以下问题：（1）根据法庭调查，对本案事实、证据情况进行综述，对质证情况进行总结和评述，并运用各证据间的逻辑关系论证被告人的犯罪事实清楚，证据确实充分；（2）根据起诉书所指控罪名的犯罪构成要件，结合案件事实、情节，论证被告人的行为已经构成犯罪，应当负刑事责任，并根据其情节和认罪态度，提出从重、从轻、减轻处罚等意见；（3）分析被告人犯罪行为的社会危害性和依法给予法律制裁的必要性，剖析其犯罪的思想根源和社会根源，进行必要的法制宣传和教育工作。

在法庭辩论中，公诉人与被害人、诉讼代理人意见不一致的，公诉人应当认真听取被害人、诉讼代理人的意见，阐明自己的意见和理由。

人民检察院向人民法院提出量刑建议的，公诉人应当在发表公诉意见时提出。

（十）制作出庭笔录

出庭的书记员应当制作出庭笔录，详细记载庭审的时间、地点、参加人员、公诉人出庭执行任务情况和法庭调查、法庭辩论的主要内容和法庭判决结果，由公诉人和书记员签名。

（十一）移交案卷材料和证据

公诉人应当当庭向人民法院移交取回的案卷材料和证据。在审判长宣布休庭后，公诉人应当与审判人员办理交接手续。无法当庭移交的，应当在休庭后 3 日以内移交。

四、延期审理后续工作

法庭宣布延期审理后，人民检察院应当在补充侦查的期限内提请人民法院恢复法庭审理或者撤回起诉。公诉人在法庭审理过程中建议延期审理的次数不得超过 2 次，每次不得超过 1 个月。

在审判过程中，对于需要补充提供法庭审判所必需的证据或者补充侦查的，人民检察院应当自行收集证据和进行侦查，必要时可以要求侦查机关提供协助；也可以书面要求侦查机关补充提供证据。人民检察院补充侦查，适用侦查及侦查监督工作有关规定。补充侦查不得超过 1 个月。

五、查封、扣押、冻结的涉案财物处理

人民检察院收到人民法院生效判决、裁定书后，应当在 30 日以内对查封、扣押、冻结的涉案财物依法作出处理，并制作查封、扣押、冻结涉案财物的处理报告，详细列明每一项涉案财物的来源、去向并附有关法律文书复印件，报检察长审核后存入案卷。情况特殊的，经检察长决定，可以延长 30 日。

人民检察院应当严格按照人民法院的生效判决、裁定处理查封、扣押、冻结的涉案财物。对于起诉书中未认定的查封、扣押、冻结涉案财物以及起诉书中已经认定但人民法院判决、裁定中未认定的查封、扣押、冻结涉案财物，经查明属于被告人的合法财产的，应当及时返还；属于被告人的违法所得及其他涉案财产的，需要没收的，应当向人民法院提出没收违法所得的申请；需要返还被害人的，应当及时返还。

对于贪污、挪用公款犯罪案件中查封、扣押、冻结的涉案财物，除人民法院判决上缴国库的以外，应当归还原单位。原单位已不存在或者虽然存在但对被贪污、挪用的款项已经作为损失核销的，应当上缴国库。

第十一节　变更、追加、补充、撤回起诉

变更、追加、补充或者撤回起诉应当报经检察长或者检察委员会决定，并以书面方式在人民法院宣告判决前向人民法院提出。

一、变更、追回、补充起诉

在人民法院宣告判决前，人民检察院发现被告人的真实身份或者犯罪事实与起诉书中叙述的身份或者指控犯罪事实不符的，或者事实、证据没有变化，但罪名、适用法律与起诉书不一致的，可以变更起诉；发现遗漏的同案犯罪嫌疑人或者罪行可以一并起诉和审理的，可以追加、补充起诉。

在法庭审理过程中，人民法院建议人民检察院补充侦查、补充起诉、追加起诉或者变更起诉的，人民检察院应当审查有关理由，并作出是否补充侦查、补充起诉、追加起诉或者变更起诉的决定。人民检察院不同意的，可以要求人民法院就起诉指控的犯罪事实依法作出裁判。人民法院建议人民检察院补充起诉或者变更起诉的，人民检察院应当在 7 日以内回复意见。

在案件提起公诉后、作出判决前，发现被告人存在新的犯罪事实需要追究刑事责任的，人民检察院在法定期限内能够追加起诉的，原则上应当合并审理。人民法院在法定期限内不能将追加部分与原案件一并审结的，可以另行起诉，原案件诉讼程序继续进行。

二、撤回起诉

（一）撤回起诉的条件

在人民法院宣告判决前，人民检察院发现具有下列情形之一的，可以撤回起诉：（1）不存在犯罪事实的；（2）犯罪事实并非被告人所为的；（3）情节显著轻微、危害不大，不认为是犯罪的；（4）证据不足或证据发生变化，不符合起诉条件的；（5）被告人因未达到刑事责任年龄，不负刑事责任的；（6）法律、司法解释发生变化导致不应当追究被告人刑事责任的；（7）其他不应当追究被告人刑事责任的。

（二）撤回起诉后的证据完善

对于撤回起诉的案件，人民检察院应当在撤回起诉后 30 日以内作出不起诉决定。需要重新侦查的，应当在作出不起诉决定后将案卷材料退回公安机关，建议公安机关重新侦查并书面说明理由。对于撤回起诉的案件，没有新的事实或者新的证据，人民检察院不得再行起诉。新的事实是指原起诉书中未指控的犯罪事实。该犯罪事实触犯的罪名既可以是原指控罪名的同一罪名，也可以是其他罪名。新的证据是指撤回起诉后收集、调取的足以证明原指控犯罪事实的证据。

对于人民法院建议人民检察院撤回起诉或者拟作无罪判决的，人民检察院应当认真审查并与人民法院交换意见；对于符合撤回起诉条件的，可以撤回起诉；认为犯罪事实清楚、证据确实、充分的，依法应当追究刑事责任的，由人民法院依法判决。

在法庭审判过程中，人民检察院发现提起公诉的案件证据不足或者证据发生变化，需要补充侦查的，应当要求法庭延期审理；经补充侦查后，仍然认为证据不足，不符合起诉条件的，可以作出撤回起诉决定。

（三）不得撤回起诉的情形

案件提起公诉后具有下列情形之一的，不得撤回起诉，应当依照有关规定分别作出处理：

1. 人民检察院发现被告人的真实身份或者犯罪事实与起诉书中叙述的身份或者指控的犯罪事实不符的，可以要求变更起诉；发现遗漏的同案犯罪嫌疑人或者罪行可以一并起诉和审理的，可以要求追加起诉。

2. 人民法院在审理中发现新的犯罪事实，可能影响定罪量刑，建议人民检察院追加或者变更起诉，人民检察院经审查同意的，应当提出追加或者变更起诉；不同意的，应当要求人民法院就起诉指控的犯罪事实依法判决。

3. 人民法院认为不属于其管辖或者改变管辖的，由人民法院决定将案件退回人民检察院，由原提起公诉的人民检察院移送有管辖权的人民检察院审查起诉。

4. 公诉人符合回避条件的，由人民检察院作出变更公诉人的决定。

5. 因被告人患精神病或者其他严重疾病以及被告人脱逃，致使案件在较长时间内无法继续审理的，由人民法院裁定中止审理。

6. 对于犯罪已过追诉时效期限并且不是必须追诉的，经特赦令免除刑罚的，或者被告人在宣告判决前死亡的，由人民法院裁定终止审理。

（四）撤回起诉的案件处理

人民检察院决定撤回起诉的，应当制作撤回起诉决定书，加盖院章后送达人民法院。人民法院要求书面说明撤回起诉理由的，人民检察院应当书面说明。对于人民法院认为人民检察院决定撤回起诉的理由不充分，不同意撤回起诉并决定继续审理的，人民检察院应当继续参与刑事诉讼，建议人民法院依法裁判。

对于撤回起诉的案件，应当在撤回起诉后 30 日以内将撤回起诉案件分析报告，连同起诉意见书、起诉书、撤回起诉决定书等相关法律文书报上一级人民检察院公诉部门备案。

第十二节 简易程序

一、简易程序的适用

（一）简易程序的适用范围

人民检察院对于基层人民法院管辖的案件，符合下列条件的，在提起公诉的时候，可以建议人民法院适用简易程序审理：（1）案件事实清楚、证据确实、充分的；（2）犯罪嫌疑人承认自己所犯罪行，对指控的犯罪事实没有异议的；（3）犯罪嫌疑人对适用简易程序没有异议的。

案件承办人认为可以建议适用简易程序的，应当在审查报告中提出适用简易程序的意见，按照提起公诉的审批程序报请决定。

（二）不宜适用简易程序的情形

具有下列情形之一的，人民检察院不应当建议人民法院适用简易程序：（1）犯罪嫌疑人是盲、聋、哑人，或者是尚未完全丧失辨认或者控制自己行为能力的精神病人的；（2）有重大社会影响的；（3）共同犯罪案件中部分犯罪嫌疑人不认罪或者对适用简易程序有异议的；（4）比较复杂的共同犯罪案件；（5）辩护人作无罪辩护或者对主要犯罪事实有异议的；（6）其他不宜适用简易程序的。

人民法院决定适用简易程序审理的案件，人民检察院认为具有下列情形之一的，应当向人民法院提出纠正意见：（1）犯罪嫌疑人是盲、聋、哑人，或者是尚未完全丧失辨认或者控制自己行为能力的精神病人的；（2）有重大社会影响的；（3）共同犯罪案件中部分犯罪嫌疑人不认罪或者对适用简易程序有异议的。人民法院决定适用简易程序审理的案件，具有其他不宜适用简易程序情形的，人民检察院可以建议人民法院不适用简易程序。

（三）适用简易程序提前告知

人民检察院审查案件，认为案件事实清楚、证据确实、充分的，应当在讯问犯罪嫌疑人时，了解其是否承认自己所犯罪行，对指控的犯罪事实有无异议，告知其适用简易程序的法律规定，确认其是否同意适用简易程序。

二、出庭支持公诉

适用简易程序审理的公诉案件，人民检察院应当派员出席法庭。人民检察院可以对适用简易程序的案件相对集中提起公诉，建议人民法院相对集中审理。

公诉人出席简易程序法庭时，应当主要围绕量刑以及其他有争议的问题进行法庭调查和法庭辩论。在确认被告人庭前收到起诉书并对起诉书指控的犯罪事实没有异议后，可以简化宣读起诉书，根据案件情况决定是否讯问被告人，是否询问证人、鉴定人，是否需要出示证据。根据案件情况，公诉人可以建议法庭简化法庭调查和法庭辩论程序。

适用简易程序审理的公诉案件，公诉人发现不宜适用简易程序审理的，应当建议法庭按照第一审普通程序重新审理。转为普通程序审理的案件，公诉人需要为出席法庭进行准备的，可以建议人民法院延期审理。

第十三节　侦查活动监督

公诉部门审查移送起诉的案件，应当对侦查机关（部门）的侦查活动进行监督。

一、侦查活动监督的主要内容

侦查活动监督主要发现和纠正以下违法行为：（1）采取强制措施法定期限届满，不予以释放、解除或者变更的；（2）采用刑讯逼供以及其他非法方法收集犯罪嫌疑人供述的；（3）采用暴力、威胁等非法方法收集证人证言、被害人陈述，或者以暴力、威胁等方法阻止证人作证或者指使他人作伪证的；（4）伪造、隐匿、销毁、调换、私自涂改证据，或者帮助当事人毁灭、伪造证据的；（5）徇私舞弊，放纵、包庇犯罪分子的；（6）故意制造冤、假、错案的；（7）在侦查活动中利用职务之便谋取非法利益的；（8）非法拘禁他人或者以其他方法非法剥夺他人人身自由的；（9）非法搜查他人身体、住宅，或者非法侵入他人住宅的；（10）非法采取技术侦查措施的；（11）在侦查过程中不应当撤案而撤案的；（12）对与案件无关的财物采取查封、扣押、冻结措施，或者应当解除查封、扣押、冻结不解除的；（13）贪污、挪用、私分、调换、违反规定使用查封、扣押、冻结的财物及其孳息的；（14）应当退还取保候审保证金不退还的；（15）违反《刑事诉讼法》关于决定、执行、变更、撤销强制措施规定的；（16）侦查人员应当回避而不回避的；（17）应当依法告知犯罪嫌疑人诉讼权利而不告知，影响犯罪嫌疑人行使诉讼权利的；（18）阻碍当事人、辩护人、诉讼代理人依法行使诉讼权利的；（19）讯问犯罪嫌疑人依法应当录音或者录像而没有录音或者录像的；（20）对犯罪嫌疑人拘留、逮捕、指定居所监视居住后依法应当通知家属而未通知的；（21）在侦查中有其他违反《刑事诉讼法》有关规定的行为的。

二、对公安机关侦查活动的监督

审查起诉中认为公安机关对应当立案侦查的案件而不立案侦查的，或者被害人认为公安机关对应当立案侦查的案件而不立案侦查，向人民检察院提出的，应当审查后提出意见，报分管检察长决定，移交本院侦查监督部门办理。

对于重大、疑难、复杂的案件，人民检察院认为确有必要时，可以派员适时介入公安机关侦查活动，对收集证据、适用法律提出意见，监督侦查活动是否合法。

人民检察院发现公安机关侦查活动中的违法行为，对于情节较轻的，可以由检察人员以口头方式向侦查人员或者公安机关负责人提出纠正意见，并及时向本部门负责人汇报；必要的时候，由部门负责人提出。对于情节较重的违法情形，应当报请检察长批准后，向公安机关发出纠正违法通知书。构成犯罪的，移送有关部门依法追究刑事责任。

人民检察院发出纠正违法通知书的，应当根据公安机关的回复，监督落实情况；没有回复的，应当督促公安机关回复。

公安机关要求复查的，人民检察院应当在收到公安机关的书面意见后7日以内进行复查。经过复查，认为纠正违法意见正确的，应当及时向上一级人民检察院报告；认为纠正违法意见错误的，应当及时撤销。

上一级人民检察院经审查，书面通知基层人民检察院撤销纠正意见的，基层人民检察院应当执行，并及时向公安机关及有关侦查人员说明情况。同时，将调查结果及时回复申诉人、控告人。

三、对违法侦查行为的处理

人民检察院发现侦查人员在侦查活动中的违法行为情节较严重，构成犯罪的，应当移送本院侦查部门审查，并报告检察长。侦查部门审查后应当提出是否立案侦查的意见，报请检察长决定。对于不属于本院管辖的，应当移送有管辖权的人民检察院或者其他机关处理。

公诉部门发现本院侦查部门对应当立案侦查的案件不报请立案侦查或者对不应当立案侦查的案件进行立案侦查的，应当建议侦查部门报请立案侦查或者撤销案件；建议不被采纳的，应当报请检察长决定。

公诉部门对本院侦查部门侦查活动中的违法行为，应当根据情节分别处理。情节较轻的，可以直接向侦查部门提出纠正意见；情节较重或者需要追究刑事责任的，应当报请检察长决定。

上级人民检察院发现基层人民检察院在侦查活动中有违法情形，通知纠正的，基层人民检察院应当及时纠正，并将纠正情况报告上级人民检察院。

第十四节　刑事审判活动监督

一、刑事审判活动监督的主要内容

人民检察院依法对人民法院的审判活动进行监督。审判活动监督主要发现和纠正以下违法行为：（1）人民法院对刑事案件的受理违反管辖规定的；（2）人民法院审理案件违反法定审理和送达期限的；（3）法庭组成人员不符合法律规定，或者违反规定应当回避而不回避的；（4）法庭审理案件违反法定程序的；（5）侵犯当事人和其他诉讼参与人的诉讼权利和其他合法权利的；（6）法庭审理时对有关程序问题所作的决定违反法律规定的；（7）人民法院对被告人指定居所监视居住的决定违反法律规定的；（8）二审法院违反法律规定裁定发回重审的；（9）故意毁弃、篡改、隐匿、伪造、偷换证据或者其他诉讼材料，或者依据未经法定程序调查、质证的证据定案的；（10）依法应当调查收集相关证据而不收集的；（11）徇私枉法，故意违背事实和法律作枉法裁判的；（12）收受、索取当事人及其近亲属或者其委托的律师等人财物或者其他利益的；（13）违反法律规定采取强制措施或者采取强制措施法定期限届满，不予释放、解除或者变更的；（14）应当退还取保候审保证金不退还的；（15）对与案件无关的财物采取查封、扣押、冻结措施，或者应当解除查封、扣押、冻结不解除的；（16）贪污、挪用、私分、调换、违反规定使用查封、扣押、冻结的财物及其孳息的；（17）其他违反法律规定的审理程序的行为。

二、提出纠正意见的时间

在审判活动监督中，如果发现人民法院或者审判人员审理案件违反法律规定的诉讼程序，应当在庭审后向人民法院提出纠正意见。

出席法庭的检察人员发现法庭审判违反法律规定的诉讼程序，应当在休庭后及时向本院检察长报告。出席法庭的检察人员应当在口头报告后，制作纠正审理违法意见书，连同出庭笔录，层报检察长批准。

三、进行监督的形式

对于以下情形，可以采用纠正审理违法通知书、检察建议书的形式进行监督：（1）人民法院采信未经法庭质证的证据，但尚不影响定罪量刑的；（2）违反法定程序，但程度较轻尚未达到抗诉条件的；（3）超过法定审理期限的；（4）裁判文书存在技术性问题但不影响裁判正确性的；（5）不影响裁判正确性的其他违法行为。

对审判过程中轻微违反程序的行为，采用口头方式足以纠正的，或者审判活动正在进行当中，应当及时指出错误的，检察人员可以采用口头方式进行监督，但应当将监督情况记录在案。

对于以下情形，可以通过与法院建立联席机制的方式进行监督：（1）对人民法院刑事审判活动中存在的共性问题，可以通过联席会议提出纠正意见；（2）对人民法院与人民检察院在法律适用上有分歧的问题以及在抗诉程序操作上需要协调的问题，可以通过联席会议进行讨论。

对人民法院在审判活动中严重的违法行为，经依法监督未及时纠正，或者发现人民法院在审判活动中有较严重而又具有普遍性的违法行为，可以向同级党委、人大报告，或者通过上级人民检察院向同级人民法院通报。

公诉部门对发现审判人员在案件审理过程中可能存在的违法犯罪线索，应当根据线索情况，及时移送本院侦查部门查处。

第十五节　一审刑事判决、裁定监督

一、一审刑事判决、裁定的审查

（一）审查的程序

人民检察院收到人民法院第一审判决书或者裁定书后，应当及时审查，承办人员应当填写刑事判决、裁定审查表，提出处理意见，报公诉部门负责人审核。

对于需要提出抗诉的案件，公诉部门应当报请检察长决定；案情重大、疑难、复杂的案件，由检察长提交检察委员会讨论决定。

（二）审查的内容

对案件的事实，重点从以下方面进行审查：（1）犯罪的动机、目的是否明确；（2）犯罪的手段是否清楚；（3）与定罪量刑有关的情节是否具备；（4）犯罪的危害后果是否查明；（5）行为和结果之间是否存在《刑法》上的因果关系。

对案件的证据，应当重点从以下方面进行审查：（1）认定主体的证据是否确实、充分；（2）认定犯罪行为和证明犯罪要素的证据是否确实、充分；（3）涉及犯罪性质、决定罪名的证据是否确实、充分；（4）涉及量刑情节的相关证据是否确实、充分；（5）提出抗诉的刑事案件，支持抗诉主张的证据是否具备合法性、客观性和关联性；抗诉主张的每一环节是否均有相应的证据予以证实；抗诉主张与抗诉证据之间、抗诉证据与抗诉证据之间是否存在矛盾；

支持抗诉主张的证据是否形成完整的锁链。

对案件的适用法律，应当重点从以下方面进行审查：（1）适用的法律和法律条文是否正确；（2）罪与非罪、此罪与彼罪、一罪与数罪的认定是否正确；（3）具有法定从轻、减轻、从重、免除处罚情节的，适用法律是否正确；（4）适用刑种和量刑幅度是否正确；（5）对人民检察院提出的附带民事诉讼部分的判决或者裁定是否符合法律规定。

应当审查人民法院在案件审理中是否存在严重违反法定诉讼程序，影响公正审判的情形。

二、抗诉的依据

人民检察院依法对人民法院的刑事判决、裁定是否正确实行监督，对人民法院确有错误的刑事判决、裁定，应当依法向上一级人民法院提出抗诉。

1. 人民检察院认为同级人民法院第一审判决、裁定有下列情形之一的，应当提出抗诉：（1）认定事实不清、证据不足的；（2）有确实、充分证据证明有罪而判无罪，或者无罪判有罪的；（3）重罪轻判、轻罪重判，适用刑罚明显不当的；（4）认定罪名不正确，一罪判数罪、数罪判一罪，影响量刑或者造成严重社会影响的；（5）免除刑事处罚或者适用缓刑、禁止令、限制减刑错误的；（6）人民法院在审理过程中严重违反法律规定的诉讼程序的。

2. 人民法院刑事判决、裁定在认定事实方面确有下列错误，导致定罪或者量刑明显不当的，应当提出抗诉：（1）刑事判决、裁定认定的事实与证据证明的事实不一致的；（2）认定的事实与裁判结论有矛盾的；（3）有新的证据证明原判决、裁定认定的事实确有错误的。

3. 人民法院刑事判决、裁定在采信证据方面确有下列错误，导致定罪或者量刑明显不当的，应当提出抗诉：（1）刑事判决、裁定据以认定案件事实的证据不确实的；（2）据以定案的证据不足以认定案件事实，或者所证明的案件事实与裁判结论之间缺乏必然联系的；（3）据以定案的证据依法应当予以排除而未被排除的；（4）不应当排除的证据作为非法证据被排除或者不予采信的；（5）据以定案的主要证据之间存在矛盾，无法排除合理怀疑的；（6）因被告人翻供、证人改变证言而不采纳依法收集并经庭审质证为合法、有效的其他证据，判决无罪或者改变事实认定的；（7）经审查犯罪事实清楚，证据确实、充分，人民法院以证据不足为由判决无罪或者改变事实认定的。

4. 人民法院刑事判决、裁定在适用法律方面确有下列错误的，应当提出抗诉：（1）定罪错误，即对案件事实进行评判时发生错误。主要包括有罪判无罪，无罪判有罪；混淆此罪与彼罪、一罪与数罪的界限，造成罪刑不相适应，或者在司法实践中产生重大不良影响的。（2）量刑错误，即适用刑罚与犯罪的事实、性质、情节和社会危害程度不相适应，重罪轻判或者轻罪重判，导致量刑明显不当。主要包括不具有法定量刑情节而超出法定刑幅度量刑；认定或者适用法定量刑情节错误，导致未在法定刑幅度内量刑或者量刑明显不当；共同犯罪案件中各被告人量刑与其在共同犯罪中的地位、作用明显不相适应或者不均衡；适用主刑刑种错误；适用附加刑错误；适用免予刑事处罚、缓刑错误；适用刑事禁止令、限制减刑错误的。

5. 人民法院在审判过程中有下列严重违反法定诉讼程序情形之一，可能影响公正裁判的，应当提出抗诉：（1）违反有关公开审判规定的；（2）违反有关回避规定的；（3）剥夺或者限制当事人法定诉讼权利的；（4）审判组织的组成不合法的；（5）除另有规定的外，证据材料未经庭审质证直接采纳作为定案根据，或者人民法院依申请收集、调取的证据材料和合议庭休庭后自行调查取得的证据材料没有经过庭审质证而直接采纳作为定案根据的；（6）由合议庭进行审判的案件未经过合议庭评议直接宣判的；（7）其他严重违反法定诉讼程序情形的。

6. 对人民检察院提出的刑事附带民事诉讼部分所作判决、裁定明显不当的，或者当事人提出申诉的已生效刑事附带民事诉讼部分判决、裁定明显不当的，应当提出抗诉。

7. 人民法院适用犯罪嫌疑人、被告人逃匿、死亡案件违法所得的没收程序所作的裁定确有错误的，应当提出抗诉。

8. 审判人员在审理案件的时候，有贪污受贿、徇私舞弊或者枉法裁判行为，影响公正审判的，应当提出抗诉。

三、抗诉的例外

1. 人民法院刑事判决、裁定认定事实、采信证据有下列情形之一的，一般不宜提出抗诉：（1）被告人提出罪轻、无罪辩解或者翻供后，认定犯罪性质、情节或者有罪的证据之间的矛盾无法排除，导致判决书未认定起诉指控罪名或者相关犯罪事实的；（2）刑事判决改变起诉指控罪名，导致量刑差异较大，但没有足够证据或者法律依据证明人民法院改变罪名错误的；（3）案件定罪事实清楚，因有关量刑情节难以查清，人民法院在法定刑幅度内从轻处罚的；（4）依法排除非法证据后，证明部分或者全部案件事实的证据达不到确实、充分的标准，人民法院不予认定该部分案件事实或者判决无罪的。

2. 人民法院刑事判决、裁定在适用法律方面有下列情形之一的，一般不应当提出抗诉：（1）法律规定不明确、存有争议，抗诉的法律依据不充分的；（2）具有法定从轻或者减轻处罚情节，量刑偏轻的；（3）被告人系患有严重疾病、生活不能自理的人，怀孕或者正在哺乳自己婴儿的妇女，生活不能自理的人的唯一扶养人，量刑偏轻的；（4）被告人认罪并积极赔偿损失，取得被害方谅解，量刑偏轻的。

3. 人民法院审判活动违反法定诉讼程序，其严重程度不足以影响公正裁判，或者判决书、裁定书存在技术性差错，不影响案件实质性结论的，一般不宜提出抗诉。

必要时，以纠正审理违法意见书监督人民法院纠正审判活动中的违法情形或者以检察建议书等形式要求人民法院更正法律文书中的差错。

四、第二审程序抗诉的期限

人民检察院对同级人民法院第一审刑事判决的抗诉，应当在接到判决书的第 2 日起 10 日以内提出；对裁定的抗诉，应当在接到裁定书后的第 2 日起 5 日以内提出。

被害人及其法定代理人不服地方各级人民法院第一审的刑事判决，在收到刑事判决书后 5 日以内请求人民检察院提出抗诉的，应当立即进行审查，在收到被害人及其法定代理人的请求后 5 日以内作出是否抗诉的决定，填写抗诉请求答复书，答复请求人。经审查认为应当抗诉的，适用相关规定办理。被害人及其法定代理人在收到刑事判决书 5 日以后请求人民检察院提出抗诉的，由人民检察院决定是否受理。

五、职务犯罪案件的第一审判决监督

人民检察院对人民法院作出的职务犯罪案件第一审判决的法律监督实行上下两级人民检察院同步审查的内部工作机制。作出一审判决人民法院的同级人民检察院是同步审查的主要责任主体，上一级人民检察院负督促和制约的责任。

（一）报送法律文书并及时审查

职务犯罪案件一审庭审后，提起公诉的人民检察院应当将公诉案件审查报告、起诉书、出庭意见书报送上一级人民检察院。有量刑建议书的，应当一并报送。

人民检察院收到同级人民法院作出的职务犯罪案件第一审判决书后，应当立即进行审查，并在 2 日以内报送上一级人民检察院。

（二）重点审查内容

上、下两级人民检察院同步审查人民法院作出的职务犯罪案件第一审判决，应当重点审查以下内容：（1）认定事实、采信证据是否正确，是否存在错误改变检察机关指控犯罪事实的情形；（2）案件定性是否准确，是否存在错误改变检察机关指控罪名，

或者有罪判无罪、无罪判有罪、重罪判轻罪、轻罪判重罪的情形；（3）对自首、立功等重要法定量刑情节的认定是否正确，特别是在事实、证据没有发生变化的情况下，是否存在错误认定或者不认定自首、立功等法定量刑情节的情形；（4）量刑是否适当，是否存在不具有法定从轻、减轻、从重处罚情节，而错误适用从轻、减轻、从重处罚的情节；（5）适用缓刑、判处免予刑事处罚是否适当，是否存在不具备适用缓刑、判处免予刑事处罚条件，而错误适用缓刑、判处免予刑事处罚的情形；（6）审理程序是否合法，是否存在严重违反法定诉讼程序的情形；（7）是否存在司法工作人员贪污受贿、徇私舞弊、枉法裁判等影响公正判决的违法犯罪行为；（8）是否存在其他认定事实错误或者适用法律不当，可能导致量刑畸轻畸重的情形。

六、审判监督程序的抗诉

基层人民检察院认为人民法院已经发生法律效力的判决、裁定确有错误，具有下列情形之一的，应当提请上一级人民检察院按照审判监督程序向人民法院提出抗诉：（1）有新的证据证明原判决、裁定认定的事实确有错误，可能影响定罪量刑的；（2）据以定罪量刑的证据不确实、不充分的；（3）据以定罪量刑的证据依法应当予以排除的；（4）据以定罪量刑的主要证据之间存在矛盾的；（5）原判决、裁定的主要事实依据被依法变更或者撤销的；（6）认定罪名错误且明显影响量刑的；（7）违反法律关于追诉时效期限的规定的；（8）量刑明显不当的；（9）违反法律规定的诉讼程序，可能影响公正审判的；（10）审判人员在审理案件的时候有贪污受贿，徇私舞弊，枉法裁判行为的。

人民检察院应当及时将侦查卷、检察卷、检察内卷和人民法院审判卷以及提请抗诉报告书一式五份报送上一级人民检察院。

人民检察院对于人民法院按照审判监督程序重新审判的案件，应当对原判决、裁定认定的事实、证据、适用法律进行全面审查，重点审查有争议的案件事实、证据和法律适用问题。

第十六节　羁押和办案期限监督

一、羁押必要性审查

犯罪嫌疑人、被告人被逮捕后，人民检察院仍应当对羁押的必要性进行审查。审判阶段的羁押必要性审查由公诉部门负责。

公诉部门对羁押必要性的审查适用侦查监督部门对羁押必要性审查的相关规定。

人民检察院公诉部门在办理案件过程中，犯罪嫌疑人、被告人被羁押的，具有下列情形之一的，应当在作出决定或者收到决定书、裁定书后 10 日以内通知负有监督职责的人民检察院刑事执行检察部门或者案件管理部门以及看守所：（1）审查起诉期间改变管辖、延长审查起诉期限的；（2）案件退回补充侦查，或者补充侦查完毕移送审查起诉后重新计算审查起诉期限的；（3）对犯罪嫌疑人、被告人进行精神病鉴定的；（4）人民法院决定适用简易程序审理第一审案件，或者将案件由简易程序转为普通程序重新审理的；（5）人民法院改变管辖，决定延期审理、中止审理，或者同意人民检察院撤回起诉的。

二、办案期限监督

在审查起诉和审判阶段，对公安机关、人民法院办理案件的办案期限进行的监督，犯罪嫌疑人、被告人未被羁押的，由人民检察院公诉部门负责。

人民检察院发现人民法院的审理期限执行情况有下列情形之一的，应当依法提出纠正意见：（1）在一审阶段未按规定办理换押手续的；（2）违反《刑事诉讼法》的规定重新计算审理期限、批准延长审理期限、改变管辖、延期审理、中止审理或者发回重审的；（3）决定重新计算审理期限、批准延长审理期限、改变管辖、延期审理、中止审理、对被告人进行精神病鉴定，没有书面通知人民检察院和看守所的；（4）其他违法情形。

第十七节　备　案

基层人民检察院报备材料应当包括备案登记表、各诉讼阶段的法律文书副本或者复印件。

一、报最高人民检察院公诉厅备案的案件

1. 下列案件应当层报最高人民检察院公诉厅备案：（1）"法轮功"及其他邪教组织的犯罪案件；（2）港、澳、台及外国人的犯罪案件。

2. 下列案件情况应当随时层报最高人民检察院公诉厅：（1）全国人大代表交办案件；（2）在公诉环节因案件承办人过错致当事人死亡、伤残的案件；（3）公诉人员被立案查处的违法违纪案件。

二、报上一级人民检察院公诉部门备案的案件

下列案件报上一级人民检察院公诉部门备案：（1）人民法院判决无罪的案件；（2）人民检察院作不起诉处理的检察机关直接立案侦查的职务犯罪案件。

三、应当实行特别备案审查的案件

下列案件，应当实行特别备案审查：（1）职务犯罪大案、要案，应当报上一级人民检察院公诉部门特别备案；厅级以上干部职务犯罪案件，应当层报最高人民检察院公诉厅特别备案；（2）在当地有较大社会影响的敏感案件和新闻媒体关注的案件，应当随时将案件情况层报最高人民检察院公诉厅特别备案；（3）经过有关部门协调，协调意见与检察机关意见不一致或者参与协调的司法机关之间意见分歧较大的案件，应当在协调会后及时将案件基本情况、分歧意见和处理意见报上一级人民检察院公诉部门特别备案；（4）其他案件，应当视具体情况报上一级人民检察院公诉部门或

者层报最高人民检察院公诉厅特别备案。

第十八节　当事人和解的公诉案件诉讼程序

一、刑事和解的适用范围和条件

（一）适用案件范围

下列公诉案件，双方当事人可以和解：（1）因民间纠纷引起，涉嫌《刑法》分则第四章、第五章规定的犯罪案件，可能判处 3 年有期徒刑以下刑罚的；（2）除渎职犯罪以外的可能判处 7 年有期徒刑以下刑罚的过失犯罪案件。

（二）适用条件

双方当事人可以和解的公诉案件应当同时符合下列条件：（1）犯罪嫌疑人真诚悔罪，向被害人赔偿损失、赔礼道歉等；（2）被害人明确表示对犯罪嫌疑人予以谅解；（3）双方当事人自愿和解，符合有关法律规定；（4）属于侵害特定被害人的故意犯罪或者有直接被害人的过失犯罪；（5）案件事实清楚、证据确实、充分的。犯罪嫌疑人在 5 年以内曾经故意犯罪的，不适用本程序。犯罪嫌疑人在犯《刑法》第 1 款规定的犯罪前 5 年内曾故意犯罪，无论该故意犯罪是否已经追究，均应当认定为前款规定的 5 年以内曾经故意犯罪。

二、刑事和解的主体

除双方当事人可以达成和解协议外，下列人员在特殊情况下也可以成为和解主体：（1）被害人死亡的，其法定代理人、近亲属可以与犯罪嫌疑人和解。（2）被害人系无行为能力或者限制行为能力人的，其法定代理人可以代为和解。（3）犯罪嫌疑人系限制行为能力人的，其法定代理人可以代为和解。（4）犯罪嫌疑人在押的，经犯罪嫌疑人同意，其法定代理人、近亲属可以代为和解。

三、刑事和解的内容

双方当事人可以就赔偿损失、赔礼道歉等民事责任事项进行和解，并且可以就被害人及其法定代理人或者近亲属是否要求或者同意公安机关、人民检察院、人民法院对犯罪嫌疑人依法从宽处理进行协商，但不得对案件的事实认定、证据采信、法律适用和定罪量刑等依法属于公安机关、人民检察院、人民法院职权范围的事宜进行协商。

四、刑事和解的达成方式

双方当事人可以自行达成和解，也可以经人民调解委员会、村民委员会、居民委员会、当事人所在单位或者同事、亲友等组织或者个人调解后达成和解。

人民检察院对于符合当事人和解适用范围和条件的公诉案件，可以建议当事人进行和解，并告知相应的权利义务，必要时可以提供法律咨询。

五、人民检察院的审查职责

人民检察院应当对和解的自愿性、合法性进行审查，重点审查以下内容：（1）双方当事人是否自愿和解；（2）犯罪嫌疑人是否真诚悔罪，是否向被害人赔礼道歉，经济赔偿数额与其所造成的损害和赔偿能力是否相适应；（3）被害人及其法定代理人或者近亲属是否明确表示对犯罪嫌疑人予以谅解；（4）是否符合法律规定；（5）是否损害国家、集体和社会公共利益或者他人的合法权益；（6）是否符合社会公德。

审查时，应当听取双方当事人和其他有关人员对和解的意见，告知刑事案件可能从宽处理的法律后果和双方的权利义务，并制作笔录附卷。

六、和解协议书的制作和履行

（一）和解协议书的制作

经审查认为双方自愿和解，内容合法，且符合当事人和解适用范围和条件的，人民检察院应当主持制作和解协议书。

和解协议书的主要内容包括：（1）双方当事人的基本情况；（2）案件的主要事实；（3）犯罪嫌疑人真诚悔罪，承认自己所犯罪行，对指控的犯罪没有异议，向被害人赔偿损失、赔礼道歉等；赔偿损失的，应当写明赔偿的数额、履行的方式、期限等；（4）被害人及其法定代理人或者近亲属对犯罪嫌疑人予以谅解，并要求或者同意公安机关、人民检察院、人民法院对犯罪嫌疑人依法从宽处理。

和解协议书应当由双方当事人签字，可以写明和解协议书系在人民检察院主持下制作。检察人员不在当事人和解协议书上签字，也不加盖人民检察院印章。和解协议书一式三份，双方当事人各持一份，另一份交人民检察院附卷备查。

（二）和解协议书的履行

和解协议书约定的赔偿损失内容，应当在双方签署协议后立即履行，至迟在人民检察院作出从宽处理决定前履行。

确实难以一次性履行的，在被害人同意并提供有效担保的情况下，也可以分期履行。

七、刑事和解案件的处理

双方当事人在侦查阶段达成和解协议，公安机关向人民检察院提出从宽处理建议的，人民检察院在审查逮捕和审查起诉时应当充分考虑公安机关的建议。

人民检察院对于公安机关提请批准逮捕的案件，双方当事人达成和解协议的，可以作为有无社会危险性或者社会危险性大小的因素予以考虑，经审查认为不需要逮捕的，可以作出不批准逮捕的决定；在审查起诉阶段可以依法变更强制措施。

　　人民检察院对于公安机关移送审查起诉的案件，双方当事人达成和解协议的，可以作为是否需要判处刑罚或者免除刑罚的因素予以考虑，符合法律规定的不起诉条件的，可以决定不起诉。对于依法应当提起公诉的，人民检察院可以向人民法院提出从宽处罚的量刑建议。

　　人民检察院拟对当事人达成和解的公诉案件作出不起诉决定的，应当听取双方当事人对和解的意见，并且查明犯罪嫌疑人是否已经切实履行和解协议、不能即时履行的是否已经提供有效担保，将其作为是否决定不起诉的因素予以考虑。当事人在不起诉决定作出之前反悔的，可以另行达成和解。不能另行达成和解的，人民检察院应当依法作出起诉或者不起诉决定。当事人在不起诉决定作出之后反悔的，人民检察院不撤销原决定，但有证据证明和解违反自愿、合法原则的除外。

　　犯罪嫌疑人或者其亲友等以暴力、威胁、欺骗或者其他非法方法强迫、引诱被害人和解，或者在协议履行完毕之后威胁、报复被害人的，应当认定和解协议无效。已经作出不批准逮捕或者不起诉决定的，人民检察院根据案件情况可以撤销原决定，对犯罪嫌疑人批准逮捕或者提起公诉。

公诉工作流程图

公诉工作总流程图

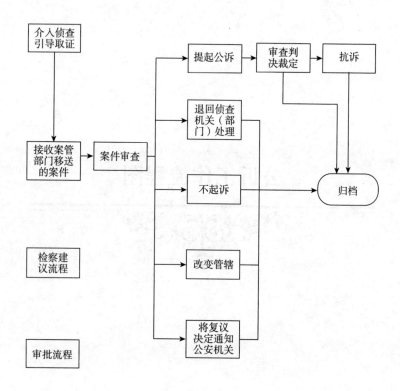

审查起诉工作流程图

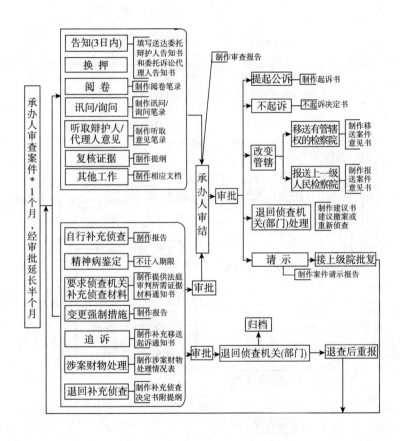

出庭支持公诉流程图

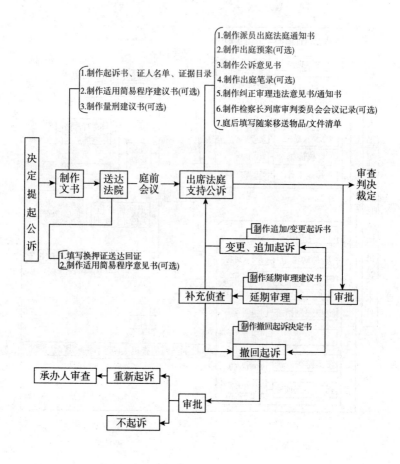

不起诉流程图

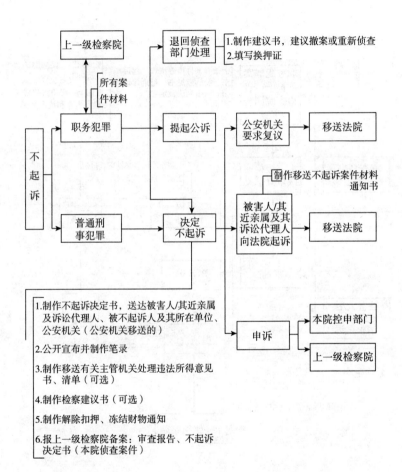

审查判决裁定监督流程图

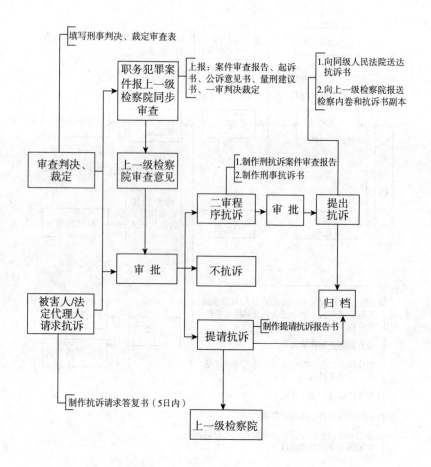

第四章 未成年人刑事检察工作 操作规程及流程图

第一节 审查逮捕

一、慎用逮捕措施

人民检察院审查批准逮捕未成年犯罪嫌疑人，应当根据未成年犯罪嫌疑人涉嫌犯罪的事实、主观恶性、有无监护与社会帮教条件等，综合衡量其社会危险性，严格限制适用逮捕措施。

对未成年犯罪嫌疑人作出批准逮捕决定前，应当注意听取其本人、法定代理人、律师、被害人等有关人员的意见。

对于罪行较轻，具备有效监护条件或者社会帮教措施，没有社会危险性或者社会危险性较小，不会妨害诉讼正常进行的未成年犯罪嫌疑人，应当不批准逮捕。

对于罪行比较严重，但主观恶性不大，有悔罪表现，具备有效监护条件或者社会帮教措施，不具有社会危险性，不会妨害诉讼正常进行，并具有下列情形之一的未成年犯罪嫌疑人，也可以依法不批准逮捕：（1）初次犯罪、过失犯罪的；（2）犯罪预备、中止、未遂的；（3）有自首或者立功表现的；（4）犯罪后能够如实交代罪行，认识自己行为的危害性、违法性，积极退赃，尽力减少和赔偿损失，得到被害人谅解的；（5）不是共同犯罪的主犯或者集团犯罪中的首要分子的；（6）属于已满14周岁不满16周岁的未成年人或者系在校学生的；（7）其他没有逮捕必要的情形。

适用前述规定，在作出不批准逮捕决定前，应当审查其监护情况，参考其法定代理人、学校、居住地公安派出所及居民委员会、村民委员会的意见，并在《审查逮捕意见书》中对未成年犯罪嫌疑人是否具备有效监护条件或者社会帮教措施进行具体说明。

二、审查逮捕的特别内容

审查批准逮捕未成年犯罪嫌疑人，应当把是否已满14周岁、16周岁、18周岁的临界年龄，作为重要事实予以查清。对难以判断犯罪嫌疑人实际年龄，影响对该犯罪嫌疑人是否应当负刑事责任认定的，应当作出不批准逮捕的决定，需要补充侦查的，同时通知公安机关。

审查批准逮捕未成年犯罪嫌疑人，应当注意是否有被胁迫、引诱情节，是否存在成年人教唆犯罪、传授犯罪方法或者利用未成年人实施犯罪的情况。

审查逮捕未成年犯罪嫌疑人，应当审查公安机关依法提供的证据和社会调查报告等材料。公安机关没有提供社会调查报告的，人民检察院根据案件情况可以要求公安机关提供，也可以自行或者委托有关组织和机构进行调查。

三、讯问未成年犯罪嫌疑人

人民检察院办理未成年人审查逮捕案件，应当讯问未成年犯罪嫌疑人，听取辩护人的意见，并制作笔录附卷。

讯问未成年犯罪嫌疑人，应当根据该未成年人的特点和案件情况，制定详细的讯问提纲，采取适宜该未成年人的方式进行，讯问用语应当准确易懂；应当告知其依法享有的诉讼权利，告知其如实供述案件事实的法律规定和意义，核实其是否有自首、立功、检举揭发等表现，听取其有罪的供述或者无罪、罪轻的辩解；应当通知法定代理人到场，告知法定代理人依法享有的诉讼权利和应当履行的义务。无法通知、法定代理人不能到场或法定代理人是共犯的，也可以通知未成年犯罪嫌疑人的其他成年亲属，所在学校、单位或者居住地的村民委员会、居民委员会、未成年人保护组织的代表等合适成年人到场，并将有关情况记录在案。未成年犯罪嫌疑人明确拒绝法定代理人以外的合适成年人到场，人民检察院可以准许，但应当另行通知其他合适成年人到场。讯问女性未成年犯罪嫌疑人，应当有女检察人员参加。

讯问未成年犯罪嫌疑人一般不得使用械具。对于确有人身危险性的，必须使用械具的，在现实危险消除后，应当立即停止使用。

四、其他规定

人民检察院审查批准逮捕未成年犯罪嫌疑人，同时适用审查逮捕工作操作规程的规定。询问未成年被害人、证人，适用讯问未成年犯罪嫌疑人的有关规定。对未成年犯罪嫌疑人作出批准逮捕决定后，应当依法进行羁押必要性审查。对不需要继续羁押的，应当及时建议予以释放或者变更强制措施。

第二节　审查起诉与出庭支持公诉

一、审查

（一）委托辩护人的权利告知

人民检察院审查起诉未成年人刑事案件，自收到移送审查起诉的案件材料之日起 3 日以内，应当告知该未成年犯罪嫌疑人及其法定代理人有权委托辩护人，告知被害人及其法定代理人有权委托诉讼代理人，告知附带民事诉讼的当事人及其法定代理人有权委托诉讼代理人。

对未成年犯罪嫌疑人、未成年被害人或者其法定代理人提出聘请律师意向，但因经济困难或者其他原因没有委托辩护人、诉讼代理人的，应当帮助其申请法律援助。

（二）羁押必要性审查、社会调查及讯问未成年犯罪嫌疑人

未成年犯罪嫌疑人被羁押的，人民检察院应当审查是否有必要继续羁押。对不需要继续羁押的，应当予以释放或者变更强制措施。

审查起诉未成年犯罪嫌疑人，应当听取其父母或者其他法定代理人、辩护人、未成年被害人及其法定代理人的意见。可以结合社会调查，通过学校、社区、家庭等有关组织和人员，了解未成年犯罪嫌疑人的成长经历、家庭环境、个性特点、社会活动等情况，为办案提供参考。

人民检察院审查起诉未成年人刑事案件，应当讯问未成年犯罪嫌疑人。讯问未成年犯罪嫌疑人，应当根据该未成年人的特点和案件情况，制定详细的讯问提纲，采取适宜该未成年人的方式进行，讯问用语应当准确易懂。讯问未成年犯罪嫌疑人，应当告知其依法享有的诉讼权利，告知其如实供述案件事实的法律规定和意义，核实其是否有自首、立功、检举揭发等表现，听取其有罪的供述或者无罪、罪轻的辩解。讯问未成年犯罪嫌疑人，应当通知法定代理人到场，告知法定代理人依法享有的诉讼权利和应当履行的义务。分析未成年犯罪嫌疑人走向犯罪的原因。讯问女性未成年犯罪嫌疑人，应当有女检察人员参加。

（三）亲情会见

移送审查起诉的案件具备以下条件之一的，且其法定代理人、近亲属等与本案无牵连的，检察人员可以安排在押的未成年犯罪嫌疑人与其法定代理人、近亲属等进行会见、通话：（1）案件事实已基本查清，主要证据确实、充分的，安排会见、通话不会影响诉讼活动正常进行；（2）未成年犯罪嫌疑人有认罪、悔罪表现，或者虽尚未认罪、悔罪，但通过会见、通话有可能促使其转化，或者通过会见、通话有利于社会、家庭稳定；（3）未成年犯罪嫌疑人的法定代理人、近亲属对其犯罪原因、社会危害性以及后果有一定的认识，并能配合公安司法机关进行教育。

在押的未成年犯罪嫌疑人同其法定代理人、近亲属等进行会见、通话时，检察人员应当告知其会见、通话不得有串供或者其他妨碍诉讼的内容。会见、通话时检察人员可以在场。会见、通话结束后，检察人员应当将有关内容及时整理并记录在案。

二、不起诉

对于犯罪情节轻微，并具有下列情形之一，依照《刑法》规定不需要判处刑罚或者免除刑罚的未成年犯罪嫌疑人，一般应当依法作出不起诉决定：（1）被胁迫参与犯罪的；（2）犯罪预备、中止、未遂的；（3）在共同犯罪中起次要或者辅助作用的；（4）是又聋又哑的人或者盲人的；（5）因防卫过当或者紧急避险过当构成犯罪的；（6）有自首或者重大立功表现的；（7）其他依照《刑法》规定不需要判处刑罚或者免除刑罚的情形。

对于未成年人实施的轻伤害案件、初次犯罪、过失犯罪、犯罪未遂的案件以及被诱骗或者被教唆实施的犯罪案件等，情节轻微，犯罪嫌疑人确有悔罪表现，当事人双方自愿就民事赔偿达成协议并切实履行或经被害人同意并提供有效担保，符合《刑法》第37条规定的，人民检察院可以依照《刑事诉讼法》第173条第2款的规定作出不起诉的决定，并可以根据案件的不同情况，予以训诫或者责令具结悔过、赔礼道歉。

不起诉决定书应当向被不起诉的未成年人及其法定代理人公开宣布，并阐明不起诉的理由和法律依据。

不起诉决定书应当送达公安机关，被不起诉的未成年人及其法定代理人、辩护人，被害人或者其近亲属及其诉讼代理人。送达时，应当告知被害人或者其近亲属及其诉讼代理人，如果对不起诉决定不服，可以自收到不起诉决定书后7日以内向上一级人民检察院申诉，也可以不经申诉，直接向人民法院起诉；告知被不起诉的未成年人及其法定代理人，如果对不起诉决定不服，可以自收到不起诉决定书后7日以内向人民检察院申诉。

三、提起公诉

人民检察院审查未成年人与成年人共同犯罪案件，一般应当将未成年人与成年人分案起诉。但是具有下列情形之一的，可以不分案起诉：（1）未成年人系犯罪集团的组织者或者其他共同犯罪中的主犯的；（2）案件重大、疑难、复杂，分案起诉可能妨碍案件审理的；（3）涉及刑事附带民事诉讼，分案起诉妨碍附带民事诉讼部分审理的；（4）具有其他不宜分案起诉情形的。

对于分案起诉的未成年人与成年人共同犯罪案件，一般应当同时移送人民法院。对于需要补充侦查的，如果补充侦查事项不涉及未成年犯罪嫌疑人所参与的犯罪事实，不影响对未成年犯罪嫌疑人提起公诉的，应当对未成年犯罪嫌疑人先予提起公诉。

对于分案起诉的未成年人与成年人共同犯罪案件，在审查起诉过程中可以根据全案情况制作一个审结报告，起诉书以及出庭预案等应当分别制作。

人民检察院对未成年人与成年人共同犯罪案件分别提起公诉后，在诉讼过程中出现不宜分案起诉情形的，可以及时建议人民法院并案审理。

对未成年被告人提起公诉，应当将有效证明该未成年人年龄的材料作为主要证据向人民法院提供。

四、出庭支持公诉

对提起公诉的未成年人刑事案件，应当认真做好下列出席法庭的准备工作：（1）掌握未成年被告人的心理状态，并对其进行接受审判的教育，必要时，可以再次讯问被告人；（2）与未成年被告人的辩护人交换意见，共同做好教育、感化工作；（3）进一步熟悉案情，深入研究本案的有关法律政策问题，根据案件和未成年被告人的特点，拟定讯问提纲、询问被害人、证人、鉴定人提纲、答辩提纲、公诉意见书和针对未成年被告人进行法制教育的书面材料。

公诉人出席未成年人刑事审判法庭，应当遵守公诉人出庭行为规范要求，发言时应当语调温和，并注意用语文明、准确，通俗易懂。公诉人一般不提请未成年证人、被害人出庭作证。确有必要出庭作证的，应当建议人民法院采取相应的保护措施。

在法庭审理过程中，公诉人的讯问、询问、辩论等活动，应当注意未成年人的身心特点。对于未成年被告人情绪严重不稳定，不宜继续接受审判的，公诉人可以建议法庭休庭。

对于具有下列情形之一，依法可能判处拘役 3 年以下有期徒刑，悔罪态度较好，具备有效监护条件或者社会帮教措施、适用缓刑确实不致再危害社会的未成年被告人，人民检察院可以建议人民法院适用缓刑：（1）犯罪情节较轻，未造成严重后果的；（2）主观恶性不大的初犯或者胁从犯、从犯；（3）被害人同意和解或者被害人有明显过错的；（4）其他可以适用缓刑的情节。

人民检察院提出对未成年被告人适用缓刑建议的，应当将未成年被告人能够获得有效监护、帮教的书面材料一并于判决前移送人民法院。

公诉人在依法指控犯罪的同时，要剖析未成年被告人犯罪的原因、社会危害性，适时进行法制教育及人生观教育，促使其深刻反省，吸取教训。

五、未成年人犯罪记录封存

犯罪的时候不满 18 周岁，被判处 5 年有期徒刑以下刑罚的，人民检察院应当在收到人民法院生效判决后，对犯罪记录予以封存。

人民检察院应当将拟封存的未成年人犯罪记录、卷宗等相关材料装订成册，加密保存，不予公开，并建立专门的未成年人犯罪档案库，执行严格的保管制度。

除司法机关为办案需要或者有关单位根据国家规定进行查询的以外，人民检察院不得向任何单位和个人提供封存的犯罪记录，并不得提供未成年人有犯罪记录的证明。司法机关或者有关单位需要查询犯罪记录的，应当向封存犯罪记录的人民检察院提出书面申请，人民检察院应当在 7 日以内作出是否许可的决定。

对被封存犯罪记录的未成年人，符合下列条件之一的，应当对其犯罪记录解除封存：（1）实施新的犯罪，且新罪与封存记录之罪数罪并罚后被决定执行 5 年有期徒刑以上刑罚的；（2）发现漏罪，且漏罪与封存记录之罪数罪并罚后被决定执行 5 年有期徒刑以上刑罚的。

人民检察院对未成年犯罪嫌疑人作出不起诉决定后，应当对相关记录予以封存。

第三节　附条件不起诉

一、附条件不起诉的依据

对于未成年人涉嫌《刑法》分则第四章、第五章、第六章规定的犯罪；根据具体犯罪事实、情节，可能判处 1 年有期徒刑以下刑罚；犯罪事实清楚、证据确实、充分的，符合起诉条件；有悔罪表现的，可以做出附条件不起诉的决定。

二、附条件不起诉的程序

（一）附条件不起诉的作出

人民检察院在作出附条件不起诉决定以前，应当听取公安机关和被害人、未成年犯罪嫌疑人的法定代理人、辩护人的意见，并制作笔录附卷。被害人是未成年人的，还应当听取被害人的法定代理人、诉讼代理人的意见。

适用附条件不起诉的审查意见，应当由案件承办人在审查起诉期限届满 15 日前提出，并根据案件的具体情况拟定考验期限和考察方案，连同案件审查报告、社会调查报告等，经部门负责人审核，报检察长或者检察委员会决定。

人民检察院作出附条件不起诉的决定后，应当制作附条件不起诉决定书，并在 3 日以内送达公安机关、被害人或者其近亲属及其诉讼代理人、未成年犯罪嫌疑人及其法定代理人、辩护人。送达时，应当告知被害人或者其近亲属及其诉讼代理人，如果对附条件不起诉决定不服，可以自收到附条件不起诉决定书后 7 日以内向上一级人民检察院申诉。

人民检察院应当当面向未成年犯罪嫌疑人及其法定代理人宣布附条件不起诉决定，告知考验期限、在考验期内应当遵守的规定和违反规定应负的法律责任，以及可以对附条件不起诉决定提出异议，并制作笔录附卷。

未成年犯罪嫌疑人在押的，作出附条件不起诉决定后，人民检察院应当作出释放或者变更强制措施的决定。

（二）附条件不起诉的复议和申诉

公安机关认为附条件不起诉决定有错误，要求复议的，人民检察院未成年人刑事检察部门应当另行指定检察人员进行审查并提出审查意见，经部门负责人审核，报请检察长或者检察委员会决定。

人民检察院应当在收到要求复议意见书后的30日以内作出复议决定，通知公安机关。

上一级人民检察院收到公安机关对附条件不起诉决定提请复核的意见书后，经复核撤销基层人民检察院作出的附条件不起诉决定的，基层人民检察院应当执行。

被害人不服附条件不起诉决定，在收到附条件不起诉决定书后7日以内，向作出附条件不起诉决定的人民检察院提出申诉的，人民检察院应当将申诉材料连同案卷一并报送上一级人民检察院受理。

被害人不服附条件不起诉决定，在收到附条件不起诉决定书7日后提出申诉的，由作出附条件不起诉决定的人民检察院未成年人刑事检察部门另行指定检察人员审查后决定是否立案复查。

上级人民检察院经复查撤销基层人民检察院的附条件不起诉决定的，基层人民检察院应当提起公诉。

未成年犯罪嫌疑人及其法定代理人对人民检察院决定附条件不起诉有异议的，人民检察院应当作出起诉的决定。

人民检察院在作出附条件不起诉决定后，应当在10日内将附条件不起诉决定书报上一级人民检察院未成年人刑事犯罪检察部门备案。上级人民检察院认为基层人民检察院作出的附条件不起诉决定不适当，撤销基层人民检察院作出的附条件不起诉决定的，基层人民检察院应当执行。

三、附条件不起诉的考验

（一）考验期的确定

人民检察院决定附条件不起诉的，应当确定考验期。考验期为6个月以上1年以下，从人民检察院作出附条件不起诉的决定之日起计算。考验期不计入案件审查起诉期限。

考验期的长短应当与未成年犯罪嫌疑人所犯罪行的轻重、主观恶性的大小和人身危险性的大小、一贯表现及帮教条件等相适应，根据未成年犯罪嫌疑人在考验期的表现，可以在法定期限范围内适当缩短或者延长。

（二）应遵守的规定和可以要求接受的矫治和教育

被附条件不起诉的未成年犯罪嫌疑人，应当遵守下列规定：（1）遵守法律法规，服从监督；（2）按照考察机关的规定报告自己的活动情况；（3）离开所居住的市、县或者迁居，应当报经考察机关批准；（4）按照考察机关的要求接受矫治和教育。

人民检察院可以要求被附条件不起诉的未成年犯罪嫌疑人接受下列矫治和教育：（1）完成戒瘾治疗、心理辅导或者其他适当的处遇措施；（2）向社区或者公益团体提供公益劳动；（3）不得进入特定场所，与特定的人员会见或者通信，从事特定的活动；（4）向被害人赔偿损失、赔礼道歉等；（5）接受相关教育；（6）遵守其他保护被害人安全以及预防再犯的禁止性规定。

（三）监督考察

在附条件不起诉的考验期内，人民检察院应当对被附条件不起诉的未成年犯罪嫌疑人进行监督考察。未成年犯罪嫌疑人的监护人应当对未成年犯罪嫌疑人加强管教，配合人民检察院做好监督考察工作。

人民检察院可以会同未成年犯罪嫌疑人的监护人、所在学校、单位、居住地的村民委员会、居民委员会、未成年人保护组织等的有关人员定期对未成年犯罪嫌疑人进行考察、教育，实施跟踪帮教。

附条件不起诉决定宣布后 6 个月内，案件承办人可以对被不起诉的未成年人进行回访，巩固帮教效果，并做好相关记录。

未成年犯罪嫌疑人经批准离开所居住的市、县或者迁居，作出附条件不起诉决定的人民检察院可以要求迁入地的人民检察院协助进行考察，并将考察结果函告作出附条件不起诉决定的人民检察院。

考验期届满，案件承办人应当制作附条件不起诉考察意见书，提出起诉或者不起诉的意见，经部门负责人审核，报请检察长决定。作出附条件不起诉决定的案件，审查起诉期限自人民检察院作出附条件不起诉决定之日起中止计算，自考验期限届满之日起或者人民检察院作出撤销附条件不起诉决定之日起恢复计算。

（四）考验期内撤销附条件不起诉决定的情形

被附条件不起诉的未成年犯罪嫌疑人，在考验期内有下列情形之一的，人民检察院应当撤销附条件不起诉的决定，提起公诉：（1）实施新的犯罪的；（2）发现决定附条件不起诉之前还有其他犯罪需要追诉的；（3）违反治安管理规定，造成严重后果，或者多次违反治安管理规定的；（4）违反考察机关有关附条件不起诉的监督管理规定，造成严重后果，或者多次违反考察机关有关附条件不起诉的监督管理规定的。

对于未成年犯罪嫌疑人在考验期内实施新的犯罪或者在决定附条件不起诉以前还有其他犯罪需要追诉的，人民检察院应当移送侦查机关立案侦查。

（五）考验期满不起诉

对人民检察院依照《刑事诉讼法》第 173 条第 2 款规定作出的不起诉决定和经附条件不起诉考验期满不起诉的，在向被不起诉的未成年人及其法定代理人宣布不起诉决定书时，应当充分阐明不起诉的理由和法律依据，并结合社会调查，围绕犯罪行为对被害人、对本人及家庭、对社会等造成的危害，导致犯罪行为发生的原因及应当吸取的教训等，对被不起诉的未成年人开展必要的教育。如果侦查人员、合适成年人、辩护人、社工等参加有利于教育被不起诉未成年人的，经被不起诉的未成年人及其法定代理人同意，可以邀请他们参加，但要严格控制参与人范围。

对于犯罪事实清楚，但因未达刑事责任年龄不起诉、年龄证据存疑而不起诉的未成年犯罪嫌疑人，参照前述规定举行不起诉宣布教育仪式。

第四节　法律监督

一、对公安机关侦查活动的监督

人民检察院审查批准逮捕、审查起诉未成年犯罪嫌疑人，应当同时审查公安机关的侦查活动是否合法，发现有下列违法行为的，应当提出纠正意见；构成犯罪的，依法追究刑事责任：（1）违法对未成年犯罪嫌疑人采取强制措施或者采取强制措施不当的；（2）未依法实行对未成年犯罪嫌疑人与成年犯罪嫌疑人分管、分押的；（3）对未成年犯罪嫌疑人采取刑事拘留、逮捕措施后，在法定时限内未进行讯问，或者未通知其法定代理人或者近亲属的；（4）讯问未成年犯罪嫌疑人、询问未成年被害人、证人，未通知法定代理人到场的；（5）讯问或询问女性未成年人时，没有女性检察人员参加的；（6）未依法告知未成年犯罪嫌疑人有权委托辩护人的；（7）未依法通知法律援助机构指派律师为未成年犯罪嫌疑人提供辩护的；（8）对未成年犯罪嫌疑人威胁、体罚、侮辱人格、游行示众，或者刑讯逼供、引供、诱供的；（9）利用未成年人认知能力低而故意制造冤、假、错案的；（10）对未成年被害人、证人以诱骗等非法手段收集证据或者侵害未成年被害人、证人的人格尊严及隐私权等合法权益的；（11）违反羁押和办案期限规定的；（12）已作出不批准逮捕、不起诉决定，公安机关不立即释放犯罪嫌疑人的；（13）在侦查中有其他侵害未成年人合法权益行为的。

二、对法院审判活动的监督

对依法不应当公开审理的未成年人刑事案件公开审理的，人民检察院应当在开庭前提出纠正意见。

公诉人出庭支持公诉时，发现法庭审判有下列违反法律规定的诉讼程序的情形之一的，应当在休庭后及时向本院检察长报告，由人民检察院向人民法院提出纠正意见：（1）开庭或者宣告判决时未通知未成年被告人的法定代理人到庭的；（2）人民法院没有给聋哑或者不通晓当地通用的语言文字的未成年被告人聘请或者指定翻译人员的；（3）未成年被告人在审判时没有辩护人的；对未成年被告人及其法定代理人依照法律规定拒绝辩护人为其辩护，合议庭未另行指定辩护律师的；（4）法庭未告知未成年被告人及其法定代理人依法享有的申请回避、辩护、提出新的证据、申请重新鉴定或者勘验、最后陈述、提出上诉等诉讼权利的；（5）其他违反法律规定的诉讼程序的情形。

三、对未成年人看管场所及社区矫正活动的监督

人民检察院依法对未成年犯管教所实行驻所检察。在刑罚执行监督中，发现关押成年罪犯的监狱收押未成年罪犯的，或者对年满18周岁后余刑在2年以上的罪犯没有转送监狱的，应当依法提出纠正意见。

人民检察院在看守所发现没有对未成年犯罪嫌疑人、被告人与成年犯罪嫌疑人、被告人分管、分押或者对未成年罪犯留所服刑的，应当依法提出纠正意见。

人民检察院应当加强对未成年犯管教所、看守所监管未成年罪犯活动的监督，保障未成年罪犯的合法权益，维护监管改造秩序和教学、劳动、生活秩序。人民检察院配合未成年管教所、看守所加强对未成年罪犯的政治、法律、文化教育，促进依法、科学、文明

监管。

人民检察院依法对未成年人的社区矫正进行监督，发现有下列情形之一的，应当依法向公安机关、人民法院、监狱、社区矫正机构等有关部门提出纠正意见：（1）没有将未成年人的社区矫正与成年人分开进行的；（2）对实行社区矫正的未成年人脱管、漏管或者没有落实帮教措施的；（3）没有对未成年社区矫正人员给予身份保护，其矫正宣告公开进行，矫正档案未进行保密，公开或者传播其姓名、住所、照片等可能推断出该未成年人的其他资料以及矫正资料等情形的；（4）未成年社区矫正人员的矫正小组没有熟悉青少年成长特点的人员参加的；（5）没有针对未成年人的年龄、心理特点和身心发育需要等特殊情况采取相应的监督管理和教育矫正措施的；（6）其他违法情形。

人民检察院依法对未成年犯的减刑、假释、暂予监外执行等活动实行监督。对符合减刑、假释、暂予监外执行法定条件的，应当建议执行机关向人民法院、监狱管理机关提请；发现提请或者裁定、决定不当的，应当依法提出纠正意见；对徇私舞弊减刑、假释、暂予监外执行等构成犯罪的，依法追究刑事责任。

人民检察院发现有关机关对判处管制、缓刑或者裁定、决定假释、暂予监外执行等在社会上执行的未成年罪犯脱管、漏管或者没有落实帮教措施的，应当依法提出纠正意见。

第五节　未成年人犯罪预防

一、联合多部门做好预防工作

人民检察院要加强同政府有关部门、共青团、妇联、工会等人民团体以及学校和未成年人保护组织的联系和配合，加强对违法犯罪的未成年人的教育和挽救，共同做好未成年人犯罪预防工作。

二、办理未成年人刑事案件特殊要求

人民检察院办理未成年人刑事案件，可以应犯罪嫌疑人家属、被害人及其家属的要求，告知其审查逮捕、审查起诉的进展情况，并对有关情况予以说明和解释。

人民检察院办理未成年人刑事案件，应当依法保护涉案未成年人的名誉，尊重其人格尊严，不得公开或者传播涉案未成年人的姓名、住所、照片、图像及可能推断出该未成年人的资料。人民检察院办理刑事案件，应当依法保护未成年被害人、证人以及其他与案件有关的未成年人的合法权益。

人民检察院办理未成年人刑事案件，应当考虑未成年人的生理和心理特点，根据其平时表现、家庭情况、犯罪原因、悔罪态度等，实施针对性教育。未成年人刑事案件应当由熟悉未成年人身心发展特点，善于做未成年人思想教育工作的专门人员承办。

未成年人刑事案件的法律文书和工作文书，应当注明未成年人的出生年月日。对未成年犯罪嫌疑人、被告人、未成年罪犯的有关情况和案件承办人开展教育感化工作的情况，应当记录在卷，随案移送。

被判处 5 年有期徒刑以下刑罚的未成年人，相关犯罪记录应当予以封存，除司法机关办案需要或者有关单位根据国家规定进行查询外，不得向任何单位及个人提供。依法进行查询的单位，应当对被封存的未成年人犯罪记录的情况予以保密。

三、帮教措施

人民检察院要对未成年犯罪嫌疑人、被告人进行帮助教育，开设帮教课堂。第一课堂教育强化人格尊严。通过建立《未成年人基本情况档案》、《未成年人犯罪综合情况调查表》，对未成年人的基本情况进行全面调查。由帮教人员对未成年人犯罪写出原因分析报告。

实施"五个一"制度，即入所时每个月至少找未成年在押人员谈一次话；入所后告知其给家人写一封信；通过感化教育写出一份忏悔书；每个月组织一次法制教育活动；重大节日开展一次"感恩家人、抒发大墙内的心声"活动。

第二课堂教育强调情感沟通。全面实施场景转化，配以人性化的设计，由未成年人刑事检察部门指定专人在检察院办公区对犯罪嫌疑人进行一对一的"7＋6"方式（即7天6项内容）强化教育：一是感恩父母、感恩社会教育；二是18周岁成年法律知识培训（刑事责任年龄教育）；三是人格自信教育；四是社会公德、道德影响教育。在"情感空间课堂"与他们唱一首《父亲》或《母亲》；写一份有真情实感的心得体会；读一本好书；互通一张《心之曲沟通卡》。定期对本人、家庭和社区进行回访，稳定教育成效，促使其自信地走向社会。

未成年人刑事检察工作流程图

刑事责任年龄流程图

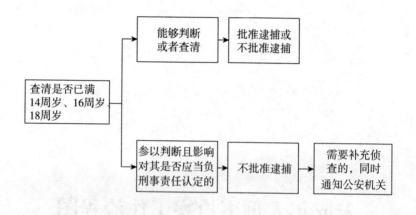

讯问未成年犯罪嫌疑人流程图

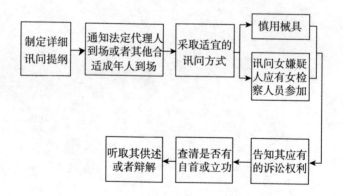

未成年人刑事犯罪审查逮捕流程图

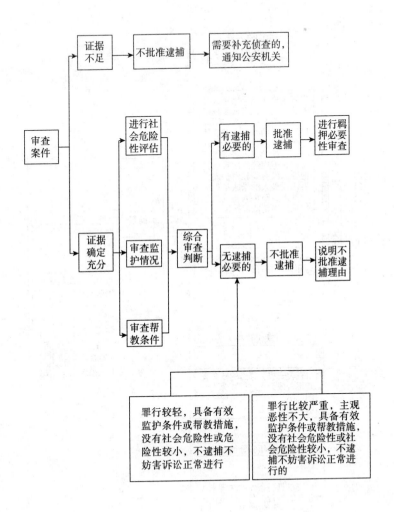

未成年人刑事犯罪审查起诉流程图

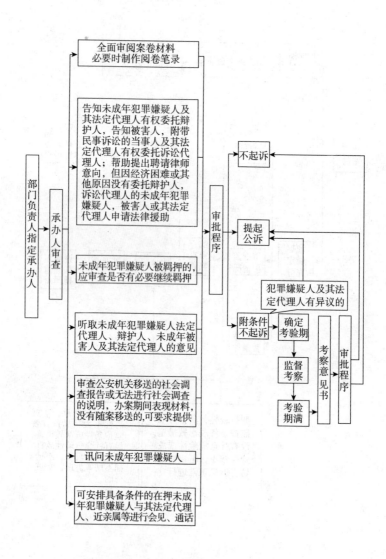

未成年人刑事犯罪出庭支持公诉流程图

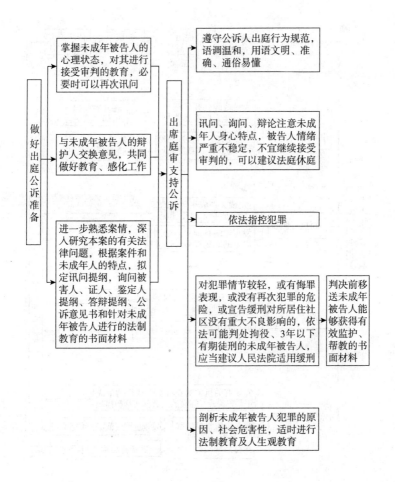

未成年人刑事犯罪法律监督流程图

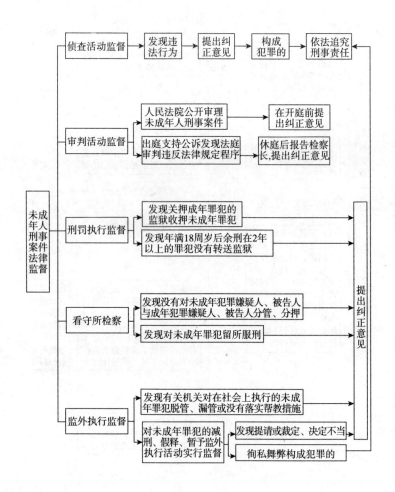

未成年人刑事犯罪侦查活动监督流程图

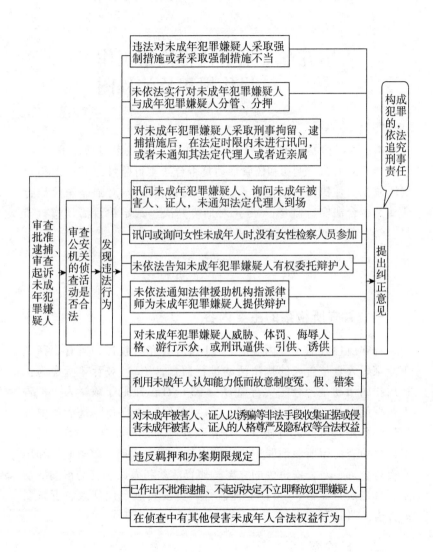

第五章 刑事执行检察工作 操作规程及流程图

基层人民检察院刑事执行检察工作的主要职责包括以下方面：（1）对看守所执行刑罚和监管活动是否合法实行监督；（2）对指定居所监视居住执行活动是否合法实行监督；（3）对强制医疗执行活动是否合法实行监督；（4）对刑事判决、裁定执行活动实行监督；（5）承办检察长交办的其他事项。

第一节 看守所检察

一、看守所检察的主要内容

看守所检察的主要内容有：（1）对看守所收押、监管、释放犯罪嫌疑人、被告人的执法活动进行监督；（2）对看守所代为执行刑罚的活动是否合法实行监督；（3）对在押犯罪嫌疑人、被告人羁押期限是否合法实行监督；（4）对刑罚执行和监管活动中发生的职务犯罪案件进行侦查，开展职务犯罪预防工作；（5）对公安机关侦查的留所服刑罪犯又犯罪案件，审查逮捕、审查起诉和出庭支持公诉，对公安机关的立案、侦查活动和人民法院的审判活动是否合法实行监督；（6）受理监管人员及其法定代理人、近亲属的控告、举报和申诉。

二、日检察

派驻检察室应当对看守所执法活动进行日检察。派驻检察人员每天早8点参加看守所交接班，了解看守所夜间值班情况及对发生情况的处理。

派驻检察人员每天重点对看守所以下 10 个方面进行安全检查，做到细致认真，及时消除安全隐患：（1）检查看守所内外设施的安全情况，包括大门、护网等；（2）检查看守所内照明设施；（3）检查看守所内放风场地是否存在安全隐患；（4）检查监室门窗、锁是否牢固；（5）检查哨位警铃是否正常；（6）检查应急措施是否完善；（7）检查管教人员是否按时上岗；（8）检查重刑犯械具是否牢固；（9）检查重刑犯监护措施是否得力、人犯活动是否正常；（10）检查劳动场所安全情况。

派驻检察人员每天进行安全检查的同时，严格监督出入监区的人员并遵守以下规定：（1）提讯工作一律在提讯室进行，提讯人员不得进入监区；（2）律师会见和家属接见一律在会见室，不得进入监区；（3）其他非相关人员一律不得进入监区；（4）运送货物车辆未经看守所及派驻检察室批准不得随意进入监区；（5）非军、警车辆及闲杂人员一律不准进入看守所院内；（6）因工作需要进入监区必须持有关证件并经所长和驻所检察人员批准；（7）监督看守所、武警中队严格 A、B 门制度，确保安全；（8）对外宣传、报道必须严格审查，未经批准任何人不得到看守所采访、报道及进行参观活动。

派驻检察人员根据情况作出以下处理：（1）与看守所沟通，交换意见，提出口头建议并监督落实；（2）发现重大问题及时向刑事执行检察部门负责人汇报；（3）根据情况适时提出检察建议，并监督落实整改；（4）总结当日检察工作，详细载入驻所检察日志。

三、收押检察

（一）收押检察的内容及方法

1. 看守所对犯罪嫌疑人、被告人和罪犯的收押管理活动是否符合有关法律规定。

2. 看守所收押犯罪嫌疑人、被告人和罪犯有无相关凭证：（1）收押犯罪嫌疑人、被告人，是否具备县级以上公安机关、国家安全机关签发的刑事拘留证、逮捕证；（2）临时收押异地犯罪嫌疑人、被告人和罪犯，是否具备县级以上人民法院、人民检察院、公安机关、国家安全机关或者监狱签发的通缉、追捕、押解、寄押等法律文书；（3）收押剩余刑期在3个月以下的有期徒刑罪犯、判决确定前未被羁押的罪犯，是否具备人民检察院的起诉书副本、人民法院的判决（裁定）书、执行通知书、结案登记表；（4）收押被决定收监执行的罪犯，是否具备撤销假释裁定书、撤销缓刑裁定书或者撤销暂予监外执行的收监执行决定书；（5）看守所是否收押了依法不应当收押的人员。

3. 收押检察的方法：（1）审查收押凭证；（2）现场检察收押活动。

（二）发现违规行为的及时提出纠正意见

发现看守所在收押管理活动中有下列情形的，应当及时提出纠正意见：（1）没有收押凭证或者收押凭证不齐全而收押的；（2）被收押人员与收押凭证不符的；（3）应当收押而拒绝收押的；（4）收押除特殊情形外的怀孕或者正在哺乳自己婴儿的妇女的；（5）收押除特殊情形外的患有急性传染病或者其他严重疾病的人员的；（6）收押法律规定不负刑事责任的人员的；（7）收押时未告知被收押人员权利、义务以及应当遵守的有关规定的；（8）其他违反收押规定的。

收押检察应当逐人建立《在押人员情况检察台账》。

四、出所检察

（一）出所检察的内容及方法

1. 看守所对在押人员的出所管理活动是否符合有关法律规定。

2. 在押人员出所有无相关凭证：（1）被释放的犯罪嫌疑人、被告人或者罪犯，是否具备释放证明书；（2）被释放的管制、缓刑、独立适用附加刑的罪犯，是否具备人民法院的判决书、执行通知书；（3）假释罪犯，是否具备假释裁定书、执行通知书、假释证明书；（4）暂予监外执行罪犯，是否具备暂予监外执行裁定书或者决定书；（5）交付监狱执行的罪犯，是否具备生效的刑事判决（裁定）书和执行通知书；（6）交付劳教所执行的劳教人员，是否具备劳动教养决定书和劳动教养通知书；（7）提押、押解或者转押出所的在押人员，是否具备相关凭证。

3. 出所检察的方法：（1）查阅出所人员出所登记和出所凭证；（2）与出所人员进行个别谈话，了解情况。

（二）发现违规行为的及时提出纠正意见

发现看守所在出所管理活动中有下列情形的，应当及时提出纠正意见：（1）出所人员没有出所凭证或者出所凭证不齐全的；（2）出所人员与出所凭证不符的；（3）应当释放而没有释放或者不应当释放而释放的；（4）没有看守所民警或者案件承办人提押、押解或者转押在押人员出所的；（5）判处死刑缓期 2 年执行、无期徒刑、剩余刑期在 3 个月以上有期徒刑罪犯或者被决定劳动教养人员，没有在 1 个月以内交付执行的；（6）对判处管制、宣告缓刑、裁定假释、独立适用剥夺政治权利、决定或者批准暂予监外执行的罪犯，没有及时交付执行的；（7）没有向刑满释放人员居住地公安机关送达释放通知书的；（8）其他违反出所规定的。

被判处管制、宣告缓刑、裁定假释、决定或者批准暂予监外执行的罪犯，独立适用剥夺政治权利或者刑满释放仍需执行附加剥夺政治权利的罪犯出所时，驻所检察室应当填写《监外执行罪犯出所告知表》，寄送执行地人民检察院刑事执行检察部门。

五、羁押期限检察

对公安机关、人民法院办理案件的羁押期限和办案期限的监督，犯罪嫌疑人、被告人被羁押的，由人民检察院刑事执行检察部门负责。

（一）羁押期限检察的内容及方法

羁押期限检察的内容：（1）看守所执行办案换押制度是否严

格，应当换押的是否及时督促办案机关换押；（2）看守所是否在犯罪嫌疑人、被告人的羁押期限届满前7日，向办案机关发出羁押期限即将届满通知书；（3）看守所是否在犯罪嫌疑人、被告人被超期羁押后，立即向人民检察院发出超期羁押报告书并抄送办案机关。

羁押期限检察的方法：（1）查阅看守所登记和换押手续，逐一核对在押人员诉讼环节及其羁押期限，及时记录诉讼环节及其羁押期限变更情况；（2）通过驻所检察室与看守所信息联网，对羁押期限实行动态监督；（3）提示看守所及时履行羁押期限预警职责。

（二）提出纠正意见

1. 发现看守所的羁押期限管理活动有下列情形之一的，应当依法提出纠正意见：（1）未及时督促办案机关办理换押手续的；（2）未在犯罪嫌疑人、被告人羁押期限届满前7日以内向办案机关发出羁押期限即将届满通知书的；（3）犯罪嫌疑人、被告人被超期羁押后，没有应即书面报告人民检察院并通知办案机关的；（4）收到犯罪嫌疑人、被告人及其法定代理人、近亲属或者辩护人提出的变更强制措施、羁押必要性审查、羁押期限届满要求释放或者变更强制措施的申请、申诉、控告后，没有及时转送有关办案机关或者人民检察院的；（5）其他违法情形。

2. 发现公安机关的侦查羁押期限执行情况有下列情形之一的，应当依法提出纠正意见：（1）未按规定办理换押手续的；（2）决定重新计算侦查羁押期限、经批准延长侦查羁押期限，未书面通知人民检察院和看守所的；（3）对犯罪嫌疑人进行精神病鉴定，没有书面通知人民检察院和看守所的；（4）其他违法情形。

3. 发现人民法院的审理期限执行情况有下列情形之一的，应当依法提出纠正意见：（1）在一审、二审和死刑复核阶段未按规定办理换押手续的；（2）违反《刑事诉讼法》的规定重新计算审理期限、批准延长审理期限、改变管辖、延期审理、中止审理或者发回重审的；（3）决定重新计算审理期限、批准延长审理期限、改变管辖、延期审理、中止审理、对被告人进行精神病鉴定，没有书面通知人民检察院和看守所的；（4）其他违法情形。

4. 发现侦查中违反法律规定的羁押和办案期限规定的，应当依法提出纠正违法意见，并通报侦查监督部门。

5. 发现同级或者下级公安机关、人民法院超期羁押的，应当报经本院检察长批准，向该办案机关发出纠正违法通知书。发现上级公安机关、人民法院超期羁押的，应当及时层报该办案机关的同级人民检察院，由同级人民检察院向该办案机关发出纠正违法通知书。对异地羁押的案件，发现办案机关超期羁押的，应当通报该办案机关的同级人民检察院，由其依法向办案机关发出纠正违法通知书。

6. 发出纠正违法通知书后，有关办案机关未回复意见或者继续超期羁押的，应当及时报告上一级人民检察院处理。对于造成超期羁押的直接责任人员，可以书面建议其所在单位或者有关主管机关依照法律或者有关规定予以行政或者纪律处分；对于造成超期羁押情节严重，涉嫌犯罪的，应当依法追究其刑事责任。

六、羁押必要性审查

刑事执行检察部门在刑事执行检察工作中发现不需要继续羁押的，可以提出释放犯罪嫌疑人、被告人或者变更强制措施的建议。

（一）羁押必要性审查方式

羁押必要性审查的方式：（1）对犯罪嫌疑人、被告人进行羁押必要性评估；（2）向侦查机关了解侦查取证的进展情况；（3）听取有关办案机关、案件承办人的意见；（4）听取犯罪嫌疑人、被告人及其法定代理人、近亲属、辩护人，被害人及其诉讼代理人或者其他有关人员的意见；（5）调查核实犯罪嫌疑人、被告人的身体健康状况；（6）查阅有关案卷材料，审查有关人员提供的证明不需要继续羁押犯罪嫌疑人、被告人的有关证明材料；（7）其他方式。

（二）提出释放或者变更强制措施建议

发现有下列情形之一的，可以向有关机关提出予以释放或者变更强制措施的书面建议：（1）案件证据发生重大变化，不足以证明有犯罪事实或者犯罪行为系犯罪嫌疑人、被告人所为的；（2）案件事实或者情节发生变化，犯罪嫌疑人、被告人可能被判处管制、拘役、独立适用附加刑、免予刑事处罚或者判决无罪的；（3）犯罪嫌疑人、被告人实施新的犯罪，毁灭、伪造证据，干扰证人作证，串供，对被害人、举报人、控告人实施打击报复，自杀或者逃跑等的可能性已被排除的；（4）案件事实基本查清，证据已经收集固定，符合取保候审或者监视居住条件的；（5）继续羁押犯罪嫌疑人、被告人，羁押期限将超过依法可能判处的刑期的；（6）羁押期限届满的；（7）因为案件的特殊情况或者办理案件的需要，变更强制措施更为适宜的；（8）其他不需要继续羁押犯罪嫌疑人、被告人的情形。

释放或者变更强制措施的建议书应当说明不需要继续羁押犯罪嫌疑人、被告人的理由及法律依据。

向有关办案机关提出对犯罪嫌疑人、被告人予以释放或者变更强制措施的建议的，应当要求有关办案机关在 10 日以内将处理情况通知本院。有关办案机关没有采纳人民检察院建议的，应当要求其说明理由和依据。

对本院办理的案件，经审查认为不需要继续羁押犯罪嫌疑人的，应当建议办案部门予以释放或者变更强制措施。具体程序按照前述规定办理。

七、留所服刑检察

（一）留所服刑检察的内容和方法

1. 留所服刑检察的内容：（1）看守所办理罪犯留所服刑是否符合有关规定；（2）看守所是否将未成年犯或者被决定劳教人员留所执行；（3）看守所是否将留所服刑罪犯与其他在押人员分别

关押。

2. 留所服刑检察的方法：（1）审查看守所《呈报留所服刑罪犯审批表》及相关材料；（2）向有关人员了解留所服刑罪犯的表现情况；（3）对留所服刑人员的监室实行巡视检察。

3. 派驻看守所检察室自收到看守所移送的《呈报留所服刑罪犯审批表》之日起，应当指定承办人对看守所呈报的留所服刑材料进行审查，提出审查意见，经集体讨论，派驻看守所检察室和刑事执行检察部门负责人审核，报检察长决定，签署是否同意罪犯留所服刑的意见。

检察长签署审查意见后，应当将书面审查意见及和看守所《呈报留所服刑罪犯审批表》及相关材料，一并报送上一级人民检察院决定。

（二）提出纠正意见

发现看守所代为执行刑罚的活动有下列情形之一的，应当依法提出纠正意见：（1）将被判处有期徒刑剩余刑期在3个月以上的罪犯留所服刑的；（2）将未成年罪犯留所执行刑罚的；（3）将留所服刑罪犯与犯罪嫌疑人、被告人混押、混管、混教的；（4）其他违法情形。

八、暂予监外执行检察

（一）暂予监外执行检察的内容和方法

1. 对看守所呈报暂予监外执行活动检察的内容为：（1）呈报暂予监外执行的罪犯是否符合法律规定条件；（2）呈报暂予监外执行的程序是否符合法律和有关规定。

2. 对看守所呈报暂予监外执行活动检察的方法为：（1）审查被呈报暂予监外执行罪犯的病残鉴定和病历资料；（2）列席看守所审核拟呈报罪犯暂予监外执行的会议；（3）向有关人员了解被暂予监外执行罪犯的患病及表现等情况。

（二）针对违法活动、提出纠正意见

发现看守所呈报暂予监外执行的执法活动有下列情形之一的，应当依法提出纠正意见：（1）将不符合法定条件的罪犯提请暂予监外执行的；（2）提请暂予监外执行的程序违反法律规定或者没有完备的合法手续，或者对于需要保外就医的罪犯没有省级人民政府指定医院的诊断证明和开具的证明文件的；（3）看守所提出暂予监外执行书面意见，没有同时将书面意见副本抄送人民检察院的；（4）罪犯被批准暂予监外执行后，未依法交付罪犯居住地社区矫正机构实行社区矫正的；（5）对符合暂予监外执行条件的罪犯没有依法提请暂予监外执行的；（6）发现罪犯不符合暂予监外执行条件，或者在暂予监外执行期间严重违反暂予监外执行监督管理规定，或者暂予监外执行的条件消失且刑期未满，应当收监执行而未及时收监执行或者未提出收监执行建议的；（7）人民法院决定将暂予监外执行的罪犯收监执行，并将有关法律文书送达公安机关、看守所后，看守所未及时收监执行的；（8）对不符合暂予监外执行条件的罪犯通过贿赂等非法手段被暂予监外执行以及在暂予监外执行期间脱逃的罪犯，看守所未建议人民法院将其监外执行期间、脱逃期间不计入执行刑期或者对罪犯执行刑期计算的建议违法、不当的；（9）暂予监外执行的罪犯刑期届满，未及时办理释放手续的；（10）其他违法情形。

刑事执行检察部门收到人民法院《暂予监外执行决定书》后，应当指定专人进行审查。经审查，认为人民法院暂予监外执行决定确有不当的，应当经集体讨论、检察长批准后，制作《纠正不当暂予监外执行决定意见书》，自收到《暂予监外执行决定书》副本之日起1个月内，送达人民法院。经审查，认为人民法院暂予监外执行决定得当的，承办人负责将被暂予监外执行罪犯的有关信息告知罪犯暂予监外执行地的人民检察院刑事执行检察部门。

九、教育管理活动检察

（一）教育管理活动检察的内容和方法

1. 教育管理活动检察的内容：（1）看守所的教育管理活动是否符合有关规定；（2）在押人员的合法权益是否得到保障。

2. 教育管理活动检察的方法：（1）对监区、监室、提讯室、会见室进行实地检察和巡视检察；（2）查阅在押人员登记名册、伙食账簿、会见登记和会见手续；（3）向在押人员及其亲属和监管民警了解情况，听取意见；（4）在法定节日、重大活动之前或者期间，督促看守所进行安全防范和生活卫生检查。

（二）提出纠正意见

发现看守所有下列违法情形之一的，应当提出纠正意见：（1）监管人员殴打、体罚、虐待或者变相体罚、虐待在押人员的；（2）监管人员为在押人员通风报信，私自传递信件、物品，帮助伪造、毁灭、隐匿证据或者干扰证人作证、串供的；（3）违法对在押人员使用械具或者禁闭的；（4）没有将未成年人与成年人分别关押、分别管理、分别教育的；（5）违反规定同意侦查人员将犯罪嫌疑人提出看守所讯问的；（6）收到在押犯罪嫌疑人、被告人及其法定代理人、近亲属或者辩护人的变更强制措施申请或者其他申请、申诉、控告、举报。不及时转交、转告人民检察院或者有关办案机关的；（7）应当安排辩护律师依法会见在押的犯罪嫌疑人、被告人而没有安排的；（8）违法安排辩护律师或者其他人员会见在押的犯罪嫌疑人、被告人的；（9）辩护律师会见犯罪嫌疑人、被告人时予以监听的；（10）没有及时治疗伤病在押人员的；（11）没有执行在押人员生活标准规定的；（12）没有按照规定安排在押人员劳动，存在在押人员超时间、超体力劳动情况的；（13）其他违法情形。

十、实时检察监督

派驻检察室应当按照既定方式与看守所实行监管信息共享和监

控联网，通过网络及时、全面掌握看守所执法情况和监管情况，实行看守所信息共享、动态管理和动态监督，并确保信息安全。主要监督方面包括以下3方面：（1）通过视频监控，监督监室是否存在牢头狱霸；（2）监督检查武警战士履行职责情况、是否存在脱岗问题；（3）监督提讯、会见。

（一）监督提讯

监督提讯主要有以下方面：（1）公安机关、人民检察院、人民法院工作人员提讯时必须持有提讯证或提押票；（2）提讯人员不得少于2人，严禁单人提讯；（3）提讯督管人员必须出示工作证；（4）提讯人员不得打骂、侮辱、恐吓被提讯人员；（5）提讯人员不得给被提讯人员捎带物品、传递信件等；（6）提讯人员不得以提讯为由将在押人员家属及其他非工作人员带入提讯室；（7）提讯人员询问完毕后，应立即将被提讯人员交给值班人员收押并收回提讯证或提票。

（二）监督会见

监督会见主要体现在以下方面：（1）准许会见的人员：留所服刑的罪犯；判决已发生法律效力待入狱并与未判决人员分开关押的罪犯；特殊情况经办案机关和看守所所长同意，未判决的犯罪嫌疑人和被告人可以单向视频会见；（2）会见的人员：被会见人员只限在押人员的近亲属；判决后待入狱人员可会见亲友；（3）会见的时间：每周一至周五的上午8时至11时，下午不安排会见。所有会见（规劝）的时间均为半个小时；（4）会见时必须有看守民警在场监护看管，会见中严禁谈论案情，不准使用暗语交谈，不准私下传递物品，违反规定不听制止的，立即责令停止会见和规劝。会见时，应加强对在押人员的人身检查，不许向监内外捎带任何信件、食物等；（5）会见的次数：留所服刑罪犯和已判决待入狱罪犯的会见每月只限一次；（6）律师办案会见犯罪嫌疑人，要严格依照法律规定进行，严禁带领其他人员与犯罪嫌疑人会见。

（三）向部门负责人和分管检察长报告事项

驻所检察人员在实时监督中，发现违法违规问题要及时提出纠正。发现以下情形，立即向部门负责人和分管检察长报告：（1）将移动通讯工具、危及监管安全的物品违法带进监区的；（2）工作日夜间和节假日擅自安排他人会见被监管人的；（3）工作人员向被监管人提供移动通讯工具，私自传递纸条信件、通风报信的；（4）擅自扩大会见人员范围，致使未经审判或判决、裁定生效前被监管人会见的；（5）未经看守所领导批准、未经检查直接给监区被监管人送物品的。

十一、纠正违法

对于看守所违法行为情节轻微的，检察人员可以口头提出纠正意见，并及时向派驻检察室或者刑事执行检察部门负责人报告，派驻检察室或者刑事执行检察部门应当填写《检察纠正违法情况登记表》。

发现严重违法行为，或者提出口头纠正意见后看守所在 7 日以内未予以纠正的，应当报经检察长批准，向看守所发出纠正违法通知书，同时将纠正违法通知书副本抄报上一级人民检察院并抄送看守所所属公安机关的上一级公安机关。

发出纠正违法通知书 15 日后，看守所仍未纠正或者回复意见的，应当及时向上一级人民检察院报告。对严重违法情况，派驻检察室或者刑事执行检察部门应当填写《严重违法情况登记表》，向上一级人民检察院刑事执行检察部门报送并续报检察纠正情况。

十二、事故检察

（一）事故检察的内容和方法

1. 事故检察的内容：（1）被监管人脱逃；（2）被监管人破坏监管秩序；（3）被监管人群体病疫；（4）被监管人伤残；（5）被监管人非正常死亡；（6）其他事故。

2. 事故检察的方法：（1）接到看守所被监管人脱逃、破坏监管秩序、群体病疫、伤残、死亡等事故报告，应当立即派员赴现场了解情况，并及时报告本院检察长；（2）认为可能存在违法犯罪问题的，刑事执行检察人员应当深入事故现场，调查取证：（3）与看守所共同剖析事故原因，研究对策，完善监管措施。

3. 对于看守所发生的重大事故，派驻检察室应当及时填写《重大事故登记表》报上一级人民检察院，同时对监管场所是否存在执法过错责任进行检察。

（二）被监管人死亡事件的处理

1. 看守所发生被监管人死亡事件的，派驻检察室所属的基层人民检察院应当立即口头报告上一级人民检察院，并在报告后的24小时以内填报被监管人死亡情况登记表。

2. 派驻检察室所属的基层人民检察院接到看守所发生被监管人死亡报告后，应当立即派员赶赴现场，进行下列工作：（1）了解被监管人死亡的有关情况；（2）监督监管场所对现场进行妥善保护并拍照、录像，或者根据需要自行对现场进行拍照、录像；（3）协同有关部门调取或者固定被监管人死亡前15日以内原始监控录像，封存死亡的被监管人遗物；（4）收集值班民警值班记录或者值班巡视记录；（5）调取死亡的被监管人档案；（6）参与有关部门组织的调查工作，了解调查情况；（7）根据需要对有关材料进行复印、复制；（8）收集其他有关材料。

3. 被监管人死亡的审查和调查处理工作结束后，派驻检察室所属的基层人民检察院应当建立死亡人员档案。死亡人员档案的主要内容包括：（1）被监管人死亡情况登记表；（2）调查笔录、勘验笔录、监控录像材料；（3）死亡证明书、文证审查意见、尸表检验报告或者法医鉴定书等相关资料的复印件；（4）被监管人死亡情况审查报告和调查报告；（5）相关责任人员处理情况及被追究刑事责任人员立案决定书、起诉书、判决书等相关文书的复印件；（6）纠正违法通知书、检察建议书及监管场所相关回复材料；（7）复议、复核情况材料；（8）调查处理情况综合报告；（9）其他需要归档的材料。

第二节 监外执行检察

一、监外执行检察的内容

监外执行检察主要包括以下内容：（1）对人民法院、公安机关、看守所、监狱、社区矫正机构交付执行活动是否合法实行监督；（2）对公安机关、社区矫正机构监督管理监外执行罪犯活动是否合法实行监督；（3）对人民法院、公安机关、看守所、监狱、社区矫正机构变更执行活动是否合法实行监督；（4）对监外执行活动中发生的职务犯罪案件进行侦查，开展职务犯罪预防工作；（5）其他依法应当行使的监督职责。

人民检察院开展监外执行检察工作，可以采取定期与不定期检察，全面检察与重点检察，会同有关部门联合检查等方式进行。

基层人民检察院在监外执行检察工作中，每半年至少开展一次全面检察。

二、交付执行检察

（一）交付执行检察的内容

交付执行检察的内容主要包括：（1）人民法院、公安机关、看守所、监狱、社区矫正机构等的交付执行活动是否符合有关法律规定；（2）交付执行的相关法律手续是否完备；（3）交付执行是否及时。

（二）交付执行检察的方法

1. 收到公诉部门移送的人民法院判处管制、独立适用剥夺政治权利、宣告缓刑、决定暂予监外执行的法律文书后，应当认真审查并登记，掌握人民法院交付执行的情况。

2. 通过对人民检察院派驻监狱、看守所检察机构的《监外执行罪犯出监（所）告知表》内容进行登记，掌握监狱、看守所向执行地公安机关交付执行被裁定假释、批准暂予监外执行以及刑满释放仍需执行附加剥夺政治权利的罪犯情况。

3. 向执行地公安机关、社区矫正机构了解核查监外执行罪犯的有关法律文书送达以及监外执行罪犯报到等情况。

（三）针对交付执行活动违规提出纠正意见

发现在交付执行活动中有下列情形的，应当及时提出纠正意见：（1）人民法院、监狱、看守所没有依法送达监外执行法律文书的；（2）人民法院、监狱、看守所没有依法将罪犯交付执行的；（3）人民法院、监狱、看守所没有依法告知罪犯权利义务的；（4）人民法院、监狱、看守所因交付执行不及时等原因造成监外执行罪犯漏管的；（5）公安机关、社区矫正机构没有及时接收监外执行罪犯的；（6）人民法院、公安机关、监狱、看守所、社区矫正机构在监外执行罪犯交付执行过程中侵犯罪犯合法权益的；（7）其他违反交付执行规定的。

对辖区内的监外执行罪犯，应当按照有关规定，逐一填写相应的监外执行情况检察台账，并记录有关检察情况。

三、监管活动检察

（一）监管活动检察的内容和方法

1. 监管活动检察的内容：（1）公安机关、社区矫正机构监督管理和教育帮助监外执行罪犯活动是否符合有关法律规定；（2）监外执行罪犯是否发生脱管现象；（3）监外执行罪犯的合法权益是否得到保障。

2. 监管活动检察的方法有以下几种：（1）查阅公安机关、社区矫正机构对监外执行罪犯监督管理和教育帮助的相关档案；（2）向协助公安机关、社区矫正机构监督管理和教育帮助考察监外执行罪犯的单位、基层组织和个人了解、核实有关情况；（3）与监外执行罪犯及其亲属谈话，了解情况，听取意见。

（二）针对违规行为提出纠正意见

1. 发现公安机关未依法执行或者剥夺政治权利执行期满未书

面通知本人及其所在单位、居住地基层组织等违法情形的，应当依法提出纠正意见。

2. 发现有下列情形之一的，应当依法向社区矫正机构提出纠正意见：（1）没有依法接收交付执行的社区矫正人员的；（2）违反法律规定批准社区矫正人员离开所居住的市、县，或者违反人民法院禁止令的内容批准社区矫正人员进入特定区域或者场所的；（3）没有依法监督管理而导致社区矫正人员脱管的；（4）社区矫正人员违反监督管理规定或者人民法院的禁止令，依法应予治安管理处罚，没有及时提请公安机关依法给予处罚的；（5）缓刑、假释罪犯在考验期内违反法律、行政法规或者有关缓刑、假释的监督管理规定，或者违反人民法院的禁止令，依法应当撤销缓刑、假释，没有及时向人民法院提出撤销缓刑、假释建议的；（6）对具有《刑事诉讼法》第 257 条第 1 款规定情形之一的暂予监外执行的罪犯，没有及时向决定或者批准暂予监外执行的机关提出收监执行建议的；（7）对符合法定减刑条件的社区矫正人员，没有依法及时向人民法院提出减刑建议的；（8）对社区矫正人员有殴打、体罚、虐待、侮辱人格、强迫其参加超时间或者超体力社区服务等侵犯其合法权利行为的；（9）其他违法情形。

发现人民法院对依法应当撤销缓刑、假释的罪犯没有依法、及时作出撤销缓刑、假释裁定，对不符合暂予监外执行条件的罪犯通过贿赂等非法手段被暂予监外执行以及在暂予监外执行期间脱逃的罪犯的执行刑期计算错误，或者有权决定、批准暂予监外执行的机关对依法应当收监执行的罪犯没有及时依法作出收监执行决定的，应当依法提出纠正意见。

四、收监执行检察

（一）收监执行检察的内容和方法

1. 收监执行检察的内容主要包括以下几个方面：（1）社区矫正机构撤销缓刑、假释的建议和对暂予监外执行罪犯收监执行的建议是否符合有关法律规定；（2）人民法院撤销缓刑、假释的裁定和对暂予监外执行罪犯决定收监执行的决定，以及公安机关、司法行政机关对暂予监外执行罪犯决定收监执行的决定，是否符合有关法律规定；（3）公安机关、司法行政机关、监狱的收监执行活动是否符合有关法律规定。

2. 收监执行检察的方法有以下几种：（1）查阅社区矫正机构记录缓刑、假释、暂予监外执行罪犯违法违规情况的相关材料，查阅被裁定、决定收监执行罪犯的案卷材料；（2）向与缓刑、假释、暂予监外执行罪犯监管有关的单位、基层组织和个人了解有关情况；（3）必要时可以与违法违规的缓刑、假释、暂予监外执行罪犯谈话，了解情况。

（二）针对违规行为提出纠正意见

发现在收监执行活动中有下列情形的，应当及时提出纠正意见：

1. 社区矫正机构对缓刑罪犯在考验期内违反法律、行政法规或者有关部门监督管理规定，情节严重，没有及时向人民法院提出撤销缓刑建议的；

2. 社区矫正机构对假释罪犯在考验期内违反法律、行政法规或者有关部门监督管理规定，尚未构成新的犯罪，没有及时向人民法院提出撤销假释建议的；

3. 人民法院收到有关机关对监外执行罪犯的撤销缓刑、假释、暂予监外执行的建议后，没有依法进行审查、裁定、决定的；

4. 社区矫正机构对人民法院裁定撤销缓刑、假释的罪犯，没有及时送交监狱或者看守所收监执行的；

5. 社区矫正机构对具有下列情形之一的暂予监外执行罪犯，没有及时通知监狱、看守所收监执行的：（1）未经司法行政机关批准擅自外出，应当收监执行的；（2）骗取保外就医的；（3）以自伤、自残、欺骗等手段故意拖延保外就医时间的；（4）办理保外就医后无故不就医的；（5）违反监督管理规定经教育不改的；（6）暂予监外执行条件消失且刑期未满的；（7）监狱、看守所应当将罪犯收监执行而没有收监执行的；（8）不应当收监执行而收监执行的；（9）其他违反收监执行规定的。

五、减刑检察

（一）减刑检察的内容和方法

1. 减刑检察的内容包括：（1）提请、裁定减刑社区矫正人员是否符合法律规定条件；（2）提请、裁定减刑的程序是否符合法律和有关规定；（3）对依法应当减刑的社区矫正人员是否提请、裁定减刑。

2. 减刑检察的方法包括：（1）查阅被提请、裁定减刑社区矫正人员的案卷材料；（2）向有关人员了解被提请、裁定减刑社区矫正人员的表现等情况；（3）必要时向提请、裁定减刑的机关了解有关情况。

基层人民检察院刑事执行检察部门应当将提请、裁定减刑检察活动情况，填入相关的刑事执行检察工作文书。

（二）针对违规行为提出纠正意见

人民检察院发现执行机关提请人民法院裁定减刑、假释的活动有下列情形之一的，应当依法提出纠正意见：（1）将不符合减刑、假释法定条件的罪犯，提请人民法院裁定减刑、假释的；（2）对依法应当减刑、假释的罪犯，不提请人民法院裁定减刑、假释的；（3）提请对罪犯减刑、假释违反法定程序，或者没有完备的合法手续的；（4）提请对罪犯减刑的减刑幅度、起始时间、间隔时间或者减刑后又假释的间隔时间不符合有关规定的；（5）被提请减刑、假释的罪犯被减刑后实际执行的刑期或者假释考验期不符合有关法律规定的；（6）其他违法情形。

人民检察院收到执行机关抄送的减刑、假释建议书副本后，应当逐案进行审查，发现减刑、假释建议不当或者提请减刑、假释违反法定程序的，应当在 10 日以内向审理减刑、假释案件的人民法院提出书面检察意见，同时也可以向执行机关提出书面纠正意见。

（三）审查裁定书副本的主要内容

人民检察院收到人民法院减刑、假释的裁定书副本后，应当及时进行审查。审查的内容包括：（1）被减刑、假释的罪犯是否符合法定条件，对罪犯减刑的减刑幅度、起始时间、间隔时间或者减刑后又假释的间隔时间、罪犯被减刑后实际执行的刑期或者假释考验期是否符合有关规定；（2）执行机关提请减刑、假释的程序是否合法；（3）人民法院审理、裁定减刑、假释的程序是否合法；（4）按照有关规定应当开庭审理的减刑、假释案件，人民法院是否开庭审理。

检察人员审查人民法院减刑、假释裁定，可以向罪犯所在单位和有关人员进行调查，可以向有关机关调阅有关材料。

人民检察院经审查认为同级人民法院减刑、假释的裁定不当，应当在收到裁定书副本后20日以内，报经检察长批准，向作出减刑、假释裁定的人民法院提出书面纠正意见。

基层人民检察院发现人民法院减刑、假释裁定不当的，应当向作出减刑、假释裁定的人民法院的同级人民检察院报告。

六、终止执行检察

（一）终止执行检察的内容和方法

1. 终止执行检察的内容：（1）终止执行的罪犯是否符合法律规定条件；（2）终止执行的程序是否合法，是否具备相关手续。

2. 终止执行检察的方法：（1）查阅刑事判决（裁定）书等法律文书中所确定的监外执行罪犯的刑期、考验期；（2）了解公安机关、社区矫正机构对终止执行罪犯的释放、解除等情况；（3）与刑期、考验期届满的罪犯谈话，了解情况，听取意见。

（二）针对违规行为提出纠正意见

发现在终止执行活动中有下列情形的，应当及时提出纠正意见：

1. 社区矫正机构对执行期满的管制罪犯，没有按期宣布解除并发给《解除管制通知书》的。

2. 公安机关对执行期满的剥夺政治权利罪犯，没有按期向其本人和所在单位、居住地群众宣布恢复其政治权利的。

3. 社区矫正机构对考验期满的缓刑、假释罪犯没有按期予以公开宣告的。

4. 社区矫正机构对刑期届满的暂予监外执行罪犯没有通报监狱的；监狱对刑期届满的暂予监外执行罪犯没有办理释放手续的。

5. 公安机关、社区矫正机构对死亡的监外执行罪犯，没有及时向原判人民法院或者原关押监狱、看守所通报的。

6. 公安机关、人民法院、监狱、看守所、社区矫正机构对刑期、考验期限未满的罪犯提前释放、解除、宣告的。

7. 其他违反终止执行规定的。

七、纠正违法和检察建议

对于人民法院、公安机关、看守所、监狱、社区矫正机构等的交付执行活动、刑罚执行活动以及其他有关执行刑事判决、裁定活动中违法行为情节轻微的，检察人员可以口头提出纠正意见。

发现严重违法行为或者提出口头纠正意见后，人民法院、公安机关、看守所、监狱、社区矫正机构在 7 日以内未予以纠正的，应当报经检察长批准，发出《纠正违法通知书》，同时将《纠正违法通知书》副本抄报上一级人民检察院并抄送所属的上一级人民法院、公安机关、司法行政机关。

人民检察院发出《纠正违法通知书》15 日后，人民法院、公安机关、看守所、监狱、社区矫正机构仍未纠正或者回复意见的，应当及时向上一级人民检察院报告。

发现对于监外执行罪犯的交付执行、监督管理活动中存在执法不规范、管理不严格等可能导致执法不公等苗头性、倾向性问题的，应当报经本院检察长批准，向有关单位提出检察建议。

第三节　强制医疗执行监督

一、强制医疗监督的主要内容

强制医疗监督主要包括以下内容：（1）对强制医疗交付执行活动的监督；（2）对强制医疗决定可能错误的检察处理；（3）强制医疗执行活动监督；（4）对有关强制医疗控告举报申诉的检察处理；（5）解除强制医疗活动监督。

二、针对违规行为提出纠正意见

1. 发现交付执行机关未及时交付执行等违法情形的，应当依法提出纠正意见。

2. 在强制医疗执行监督中发现被强制医疗的人不符合强制医疗条件或者需要依法追究刑事责任，人民法院作出的强制医疗决定可能错误的，应当在 5 日以内报经检察长批准，将有关材料转交作出强制医疗决定的人民法院的同级人民检察院。收到材料的人民检察院公诉部门应当在 20 日以内进行审查，并将审查情况和处理意见反馈负责强制医疗执行监督的人民检察院。

3. 发现强制医疗机构有下列情形之一的，应当依法提出纠正意见：（1）对被决定强制医疗的人应当收治而拒绝收治的；（2）收治的法律文书及其他手续不完备的；（3）没有依照法律、行政法规等规定对被决定强制医疗的人实施必要的医疗的；（4）殴打、体罚、虐待或者变相体罚、虐待被强制医疗的人，违反规定对被强制医疗的人使用械具、约束措施，以及其他侵犯被强制医疗的人合法权利的；（5）没有依照规定定期对被强制医疗的人进行诊断评估的；（6）对于被强制医疗的人不需要继续强制医疗的，没有及时提出解除意见报请决定强制医疗的人民法院批准的；（7）对被强制医疗的人及其近亲属、法定代理人提出的解除强制医疗的申请没有及时进行审查处理，或者没有及时转送决定强制医疗的人民法院的；（8）人民法院作出解除强制医疗决定后，不立即办理解除手续的；（9）其他违法情形。

4. 对于强制医疗机构违法行为情节轻微的，检察人员可以口头提出纠正意见；发现严重违法行为，或者提出口头纠正意见后强制医疗机构在 7 日以内未予以纠正的，应当报经检察长批准，向强制医疗机构发出《纠正违法通知书》，同时将《纠正违法通知书》副本抄报上一级人民检察院并抄送强制医疗机构所属的上一级公安机关。

人民检察院发出《纠正违法通知书》15 日后，强制医疗机构仍未纠正或者回复意见的，应当及时向上一级人民检察院报告。

5. 对于被强制医疗的人及其近亲属、法定代理人的控告、举报和申诉，应当受理并及时审查处理。对控告人、举报人、申诉人要求回复处理结果的，刑事执行检察部门应当在 15 日以内将调查处理情况书面反馈控告人、举报人、申诉人。

刑事执行检察部门审查不服强制医疗决定的申诉，认为原决定正确、申诉理由不成立的，可以直接将审查结果答复申诉人；认为原决定可能错误，需要复查的，应当移送作出强制医疗决定的人民法院的同级人民检察院公诉部门办理。

6. 刑事执行检察部门收到被强制医疗的人及其近亲属、法定代理人解除强制医疗决定的申请后，应当及时转交强制医疗机构审查，并监督强制医疗机构是否及时审查、审查处理活动是否合法。

7. 发现人民法院解除强制医疗的决定不当的，应当依法向人民法院提出纠正意见。

8. 发现公安机关对涉案精神病人采取临时保护性约束措施时有体罚、虐待等违法情形的，应当提出纠正意见。

第四节　指定居所监视居住执行活动监督

一、针对违法情形提出纠正意见

刑事执行检察部门依法对指定居所监视居住的执行活动是否

合法实行监督。发现下列违法情形的，应当及时提出纠正意见：
（1）在执行指定居所监视居住后 24 小时以内没有通知被监视居住人的家属的；（2）在羁押场所、专门的办案场所执行监视居住的；（3）为被监视居住人通风报信、私自传递信件、物品的；（4）对被监视居住人刑讯逼供、体罚、虐待或者变相体罚、虐待的；（5）有其他侵犯被监视居住人合法权利或者其他违法行为的。

二、受理控告和申诉

被监视居住人及其法定代理人、近亲属或者辩护人对于公安机关、检察院侦查部门或者侦查人员存在上述违法情形提出控告的，控告申诉检察部门应当受理并及时移送刑事执行检察部门处理。

第五节　案件办理

一、查办职务犯罪案件

（一）查办职务犯罪案件的主体

刑事执行检察部门负责查办刑罚执行和监所活动中发生的贪污贿赂、渎职侵权职务犯罪案件。

在刑罚执行和监管活动中发现的应当由人民检察院直接立案侦查的案件线索，由刑事执行检察部门负责初查。

对于重大、复杂的案件线索，刑事执行检察部门可以商请侦查部门协助初查；必要时也可以报检察长批准后，移送侦查部门初查，刑事执行检察部门予以配合。

（二）备案

1. 刑事执行检察部门查办的发生在刑罚执行和监管活动中的职务犯罪案件，一律层报最高人民检察院刑事执行检察厅备案审查。

2. 刑事执行检察部门查办职务犯罪案件在下列诉讼阶段应当报上一级人民检察院刑事执行检察部门备案：（1）立案侦查的；

（2）侦查终结的；（3）作撤案、起诉或者不起诉处理的；（4）法院作出一审和二审判决、裁定的。

3. 在每个诉讼阶段，备案材料应上报下列法律文书：（1）立案侦查阶段，上报提请立案报告、立案决定书；（2）侦查终结阶段，上报侦查终结报告、撤案决定书、移送起诉意见书、移送不起诉意见书；（3）起诉阶段，上报起诉书、不起诉决定书；（4）判决阶段，上报判决书、裁定书。

4. 刑事执行检察部门承办的案件，应当在决定立案侦查之日起 3 日以内，填写立案备案登记表，连同提请立案报告和立案决定书，一并报送上一级人民检察院刑事执行检察部门备案。

5. 刑事执行检察部门承办的拟作撤案处理的案件，应当将拟撤销案件意见书，以及人民监督员的表决意见，连同本案全部案卷材料，在法定期限届满 7 日之前报上一级人民检察院刑事执行检察部门审查。

6. 接到上级人民检察院刑事执行检察部门的纠正意见后，应当在 10 日以内将执行情况向上级人民检察院刑事执行检察部门报告。

二、办理罪犯又犯罪案件

刑事执行检察部门负责公安机关侦查的留所服刑罪犯又犯罪案件的审查逮捕、审查起诉和出庭支持公诉，以及立案监督、侦查监督、审判监督等工作。

发现罪犯在判决宣告前还有其他罪行没有判决的，应当分情形作出处理：（1）适宜于服刑地人民法院审理的，刑事执行检察部门办理；（2）适宜于原审地或者犯罪地人民法院审理的，转交当地人民检察院办理；（3）属于职务犯罪的，交由原提起公诉的人民检察院办理。

第六节　受理控告、举报和申诉

一、受理审查控告、举报

派驻检察室应当受理在押的被监管人及其法定代理人、近亲属向人民检察院提出的控告、举报和申诉，根据反映的情况，及时审查处理，并填写《控告、举报和申诉登记表》。

辩护人、诉讼代理人认为看守所及其工作人员有阻碍其依法行使诉讼权利的行为，向人民检察院申诉或者控告的，刑事执行检察部门应当接收并依法办理；控告申诉检察部门收到申诉或者控告的，应当及时移送刑事执行检察部门办理。

派驻检察室应当在看守所设立检察官信箱，接收控告、举报和申诉材料。信箱应当每周开启。派驻检察人员应当每月定期接待在押被监管人的近亲属、监护人来访，受理控告、举报和申诉，提供法律咨询。

派驻检察室对在押被监管人向检察机关提交的自首、检举和揭发犯罪线索等材料，及时审查处理，并填写《控告、举报和申诉登记表》，并检察兑现政策情况。

二、答复控告人、举报人

派驻检察室办理控告、举报案件，对控告人、举报人要求回复处理结果的，应当将调查核实情况反馈控告人、举报人。

刑事执行检察部门审查刑事申诉，认为原判决、裁定正确，申诉理由不成立的，应当将审查结果答复申诉人并做好息诉工作；认为原判决、裁定有错误可能，需要立案复查的，应当移送控告申诉检察部门办理。

第七节 刑事判决、裁定执行情况监督

一、监督违法情形

1. 人民法院判决被告人无罪，免予刑事处罚，判处管制，宣告缓刑，单处罚金或者剥夺政治权利，被告人被羁押的，刑事执行检察部门应当监督被告人是否被立即释放。发现被告人没有被立即释放的，应当立即向人民法院或者看守所提出纠正意见。

2. 发现人民法院、公安机关、看守所的交付执行活动有下列违法情形之一的，应当依法提出纠正意见：

（1）交付执行的第一审人民法院没有在判决、裁定生效 10 日以内将判决书、裁定书、人民检察院的起诉书副本、自诉状复印件、执行通知书、结案登记表等法律文书送达公安机关、监狱或者其他执行机关的；

（2）对被判处死刑缓期 2 年执行、无期徒刑或者有期徒刑余刑在 3 个月以上的罪犯，公安机关、看守所自接到人民法院执行通知书等法律文书后 30 日以内，没有将成年罪犯送交监狱执行刑罚，或者没有将未成年罪犯送交未成年犯管教所执行刑罚的；

（3）对需要收押执行刑罚而判决、裁定生效前未被羁押的罪犯，第一审人民法院没有及时将罪犯收押送交公安机关，并将判决书、裁定书、执行通知书等法律文书送达公安机关的；

（4）公安机关对需要收押执行刑罚但下落不明的罪犯，在收到人民法院的判决书、裁定书、执行通知书等法律文书后，没有及时抓捕、通缉的；

（5）对被判处管制、宣告缓刑或者人民法院决定暂予监外执行的罪犯，在判决、裁定生效后或者收到人民法院暂予监外执行决定后，未依法交付罪犯居住地社区矫正机构执行，或者对被单处剥夺政治权利的罪犯，在判决、裁定生效后，未依法交付罪犯居住地公安机关执行的；

（6）其他违法情形。

3. 刑事执行检察部门发现监狱、看守所对服刑期满或者依法应当予以释放的人员没有按期释放，对被裁定假释的罪犯依法应当交付罪犯居住地社区矫正机构实行社区矫正而不交付，对主刑执行完毕仍然需要执行附加剥夺政治权利的罪犯依法应当交付罪犯居住地公安机关执行而不交付，或者对服刑期未满又无合法释放根据的罪犯予以释放等违法行为的，应当依法提出纠正意见。

4. 刑事执行检察部门依法对人民法院执行罚金刑、没收财产刑以及执行生效判决、裁定中没收违法所得及其他涉案财产的活动进行监督，发现人民法院有依法应当执行而不执行，执行不当，罚没的财物未及时上缴国库，或者执行活动中其他违法情形的，应当依法提出纠正意见。

二、监督纠正意见的落实情况

1. 提出口头纠正意见后被监督单位7日以内未予纠正且不说明理由的，应当报经本院检察长批准，及时发出《纠正违法通知书》。发出《纠正违法通知书》后15日以内，被监督单位仍未纠正或者回复意见的，应当及时向上一级人民检察院报告。

2. 派驻检察室或者刑事执行检察部门发现刑罚执行和监管活动中存在执法不规范等可能导致执法不公和重大事故等苗头性、倾向性问题的，应当提出口头或者书面纠正意见；被监督单位在7日以内未予纠正或者制定整改措施，且不说明理由的，报经本院检察长批准，向有关单位提出检察建议。

3. 被监督单位对人民检察院的纠正意见、检察建议提出异议的，人民检察院应当复议，并在7日以内作出复议决定。被监督单位对复议结论仍然提出异议的，由上一级人民检察院复核，上一级人民检察院应当在7日以内作出复核决定。

刑事执行检察工作流程图

刑事执行检察工作汇总图

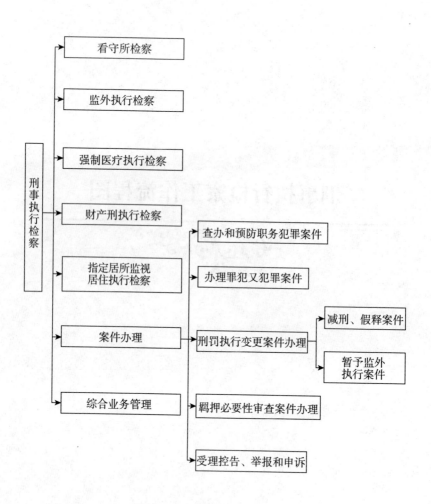

看守所检察工作汇总图

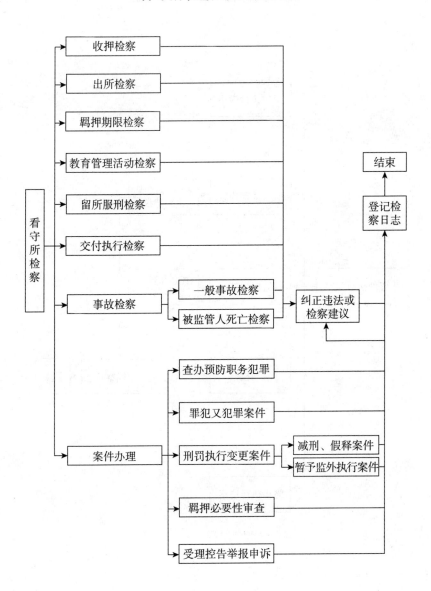

监外执行检察工作汇总图

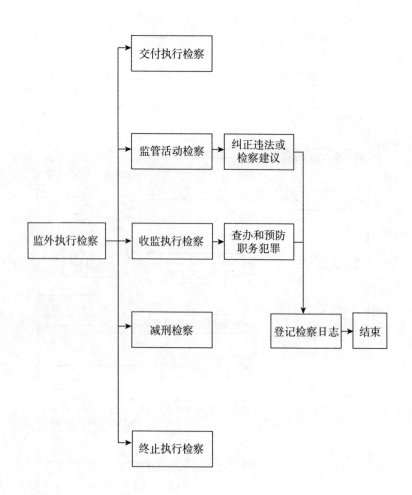

第六章　控告申诉检察工作
操作规程及流程图

基层人民检察院控告申诉检察部门主要职责是：（1）受理单位和公民的报案、举报、控告和刑事申诉；（2）对举报线索进行统一管理和分流，对检察机关管辖的性质不明，难以归口处理的举报线索进行初查；（3）依法查办检察机关管辖的刑事申诉案件，督促检察有关部门查办结果；（4）承办检察机关的刑事赔偿案件；（5）承办刑事被害人救助工作。

第一节　信访工作

一、管辖

人民检察院依法管辖涉检、诉讼监督以及其他属于人民检察院管辖的其他控告、申诉等事项。

（一）涉检事项

1. 不服人民检察院刑事处理决定的；

2. 反映人民检察院在处理群众举报线索中久拖不决，未查处、未答复的；

3. 反映人民检察院违法违规办案或者检察人员违法违纪的；

4. 人民检察院为赔偿义务机关，请求人民检察院进行国家赔偿的。

（二）诉讼监督事项

1. 不服公安机关刑事处理决定，反映公安机关侦查活动有违法情况，要求人民检察院实行法律监督，依法属于人民检察院管辖的；

2. 不服人民法院生效判决、裁定、调解书，以及人民法院赔偿委员会作出的国家赔偿决定，反映审判人员在审判程序中存在违法行为，以及反映人民法院刑罚执行、民事执行和行政执行活动存在违法情形，要求人民检察院实行法律监督，依法属于人民检察院管辖的。

（三）依法属于人民检察院管辖的其他控告、申诉

人民检察院除依法管辖上述控告、申诉外，依法处理下列信访事项：

1. 反映国家工作人员职务犯罪的举报；

2. 反映刑事案件判决、裁定的执行和监狱、看守所、劳动教养机关的活动存在违法行为的控告；

3. 加强、改进检察工作和队伍建设的建议和意见。

二、接待

（一）接待以走访和书信形式提出的信访

1. 信访人采用走访形式提出信访事项的，应当填写《来访登记表》；来访人不能书面表达，负责接待的检察人员应当代为填写。

对涉检信访案件应当制作接谈笔录。接谈笔录应当载明来访人的姓名或者名称、单位、住址和来访事项的主要内容，经宣读或者交来访人阅读无误后，由来访人和接待人员签名或盖章。

多人采用走访形式提出同一信访事项的，应当要求信访人推选代表，代表人数不超过 5 人。

接谈在信访接待室进行，必要时可以录音、录像。

2. 信访人采用书信形式提出信访事项的，负责处理来信的检察人员应当及时拆阅，并做好登记工作。对信访人采用电子邮件、电话、传真等形式提出的信访事项，应当参照前述规定办理。

3. 对采用走访形式报案、控告、举报的信访人，应当由 2 名以上检察人员接待，问明情况，并制作笔录，经核对无误后，由报案人、控告人、举报人签名、捺指印，必要时可以录音、录像；对报案人、控告人、举报人提供的有关证据材料、物品等应当登记，制作接受证据（物品）清单，并由报案人、控告人、举报人签名，必要时予以拍照，并妥善保管。

接受报案、控告、举报的检察人员，应当告知报案人、控告人、举报人须对其报案、控告、举报内容的真实性负责，不得捏造、歪曲事实，不得诬告陷害、诽谤他人，以及诬告陷害、诽谤他人应负的法律责任。

（二）接待报案自首

对投案自首的，应当由 2 名以上检察人员接待，并制作自首笔录，必要时可以通知有关机关或者部门共同接待。接待时应了解自首人的基本情况、主要犯罪事实、犯罪动机、自首原因，并告知其必须如实供述自己的罪行、在等候处理期间不得串供和毁灭证据。

自首笔录应当由自首人签名、捺指印，必要时可以录音、录像。有检举、揭发事项时，应当另行制作笔录。

对自首人提供的有关证据材料、物品等应当登记，制作接收证据（物品）清单，并由自首人签名，必要时予以拍照，并妥善保管。

对属于人民检察院管辖的，应当及时将自首材料移交有管辖权的人民检察院或者部门审查处理；对不属于人民检察院管辖，而又必须采取紧急措施的，应当先采取紧急措施，然后再移送主管机关处理。

（三）当场处理控告或申诉

负责接待的检察人员应当认真审查来访登记表和接谈笔录，准确甄别控告、申诉的性质和类别，当场处理。

1. 对不涉及民商事、行政、刑事等诉讼权利救济的普通信访事项，根据"属地管理、分级负责，谁主管、谁负责"原则，应当告知控告人、申诉人向主管机关反映，或者将控告、申诉材料转送主管机关并告知控告人、申诉人，同时做好解释说明和教育疏导工作。

2. 对涉及民商事、行政、刑事等诉讼权利救济，依法可以通过法律程序解决的控告、申诉，属于本院管辖的，应当按照相关规定移送本院有关部门办理；属于其他人民检察院管辖的，告知控告人、申诉人向有管辖权的人民检察院提出，或者将控告、申诉材料转送有管辖权的人民检察院并告知控告人、申诉人。

对属于本院正在法律程序中办理的案件，当事人等诉讼参与人提出控告或者申诉，但法律未规定相应救济途径的，接收材料后应当及时移送本院案件承办部门，承办部门应当继续依法按程序办理，并做好当事人等诉讼参与人的解释说明工作。

对涉及民商事、行政、刑事等诉讼权利救济，依法可以通过法律程序解决的控告、申诉，属于公安机关、人民法院以及其他机关管辖的，应当告知控告人、申诉人向有管辖权的机关反映，或者将控告、申诉材料转送有管辖权的机关并告知控告人、申诉人，同时做好解释说明和教育疏导工作。

3. 具有下列情形之一的，应当告知控告人、申诉人向公安机关提出：（1）当事人和辩护人、诉讼代理人、利害关系人认为公安机关及其工作人员有《刑事诉讼法》第 115 条规定的行为，未向办理案件的公安机关申诉或者控告，或者办理案件的公安机关在规定的时间内尚未作出处理决定，直接向人民检察院申诉的；（2）被害人及其法定代理人、近亲属认为公安机关对其控告应当立案侦查而不立案侦查，向人民检察院提出，而公安机关尚未对刑事控告或报案作出不予立案决定的；（3）控告人、申诉人对公安机关正在办理的刑事案件，对有关办案程序提出复议、复核，应当由公安机关处理的；（4）对公安机关作出的行政处罚、行政许可、行政强制措施等决定不服，要求公安机关复议的；（5）对公安机关作出的火灾、交通事故认定及委托鉴定等不服，要求公安机关复核或者重新鉴定的；（6）因公安机关及其工作人员违法行使职权，造成损害，依法要求国家赔偿的；（7）控告公安民警违纪的；（8）其他属于公安机关职权范围的事项。

4. 具有下列情形之一的，应当告知控告人、申诉人向人民法院提出：（1）当事人和辩护人、诉讼代理人、利害关系人认为人民法院及其工作人员有《刑事诉讼法》第115条规定的行为，未向办理案件的人民法院申诉或者控告，或者办理案件的人民法院在规定的时间内尚未作出处理决定，直接向人民检察院申诉的；（2）当事人不服人民法院已经发生法律效力的民事判决、裁定和调解书，未向人民法院申请再审，或者人民法院在法定期限内正在对民事再审申请进行审查，以《民事诉讼法》第209条第1款的规定为由直接向人民检察院申请监督的；（3）当事人认为民事审判程序中审判人员存在违法行为或者民事执行活动存在违法情形，未依照法律规定提出异议、申请复议或者提起诉讼，且无正当理由，或者人民法院已经受理异议、复议申请，在法定期限内正在审查处理，直接向人民检察院申请监督的；（4）控告法官违纪的；（5）其他属于人民法院职权范围的事项。

（四）告知信访人员依法有序信访

接待人员应当告知信访人依照国家有关规定到指定地点反映诉求，做到依法有序信访。

对于信访人的下列行为，应当录音录像，通知司法警察协助维护信访接待的秩序和安全，同时进行劝阻、批评或者教育；对于司法警察参与劝阻、批评或者教育无效的，应当联系公安机关依法处理：（1）在人民检察院办公场所周围非法聚集，围堵、冲击人民检察院，拦截公务车辆，堵塞、阻断交通，影响正常办公秩序的；（2）携带危险物品、管制器具的；（3）侮辱、殴打、威胁检察人员，或者非法限制检察人员人身自由的；（4）在信访接待场所滞留、滋事，故意破坏信访接待场所设施，或者将生活不能自理的人弃留在信访接待场所的；（5）煽动、串联、胁迫、以财物诱使、幕后操纵他人信访或者以信访为名借机敛财的；（6）其他严重扰乱信访工作秩序的行为。

三、受理

1. 控告、申诉符合下列条件的，应当受理：（1）属于人民检察院受理案件范围；（2）本院具有管辖权；（3）控告人、申诉人具备法律规定的主体资格；（4）控告、申诉材料符合受理要求；（5）控告人、申诉人提出了明确请求和所依据的事实、证据与理由；（6）不具有法律和相关规定不予受理的情形。

2. 控告、申诉材料不齐备的，可以采取当面、书面或者网络告知等形式，要求控告人、申诉人限期补齐，并一次性明确告知应当补齐的全部材料。接收时间从控告人、申诉人补齐相关材料之日起计算。

3. 对属于本院管辖的控告、申诉，能够当场答复是否受理的，应当当场书面答复。不能当场答复的，应当在规定期限内书面答复，但是控告人、申诉人的姓名（名称）、住址不清的除外。对不予受理的，应当阐明法律依据和理由。

4. 控告申诉检察部门负责审查受理申请民事、行政诉讼监督的事项，对符合受理条件的，应当在决定受理之日起3日以内向申请人送达《受理通知书》，同时移送本院民事行政检察部门办理。

5. 对于性质不明难以归口，群众多次举报未查处和检察长交办的举报线索，控告申诉检察部门应当依法进行初查、定性后转本院主管部门或其他主管机关。

四、分流

信访事项受理后，信访接待人员应当填写《控告、举报、申诉首办流程登记表》，经部门负责人审核，分管检察长批准，在7日以内按照管辖和部门职能移送本院有关部门办理。信访事项涉及多个部门工作的，上报检察长，明确相关部门牵头办理。

（一）移送督察室处理的信访事项

下列信访事项移送督察室处理：（1）人大代表和政协委员的有关议案、提案、建议和批评；（2）人大代表和政协委员转交的具体案件。

（二）移送政治处处理的信访事项

下列信访事项移送政治处处理：（1）反映本院在检察政治工作中弄虚作假，违反有关规定的；（2）反映本院检察人员学历、履历、年龄等涉及干部管理方面问题的；（3）反映本院检察人员在干部任职、使用等方面受到不公正对待，或者要求落实有关干部待遇的。

（三）移送侦查监督部门处理的信访事项

下列信访事项移送侦查监督部门处理：（1）不服本院批准逮捕的；（2）对本院办理的审查逮捕案件，请求追捕犯罪嫌疑人的；（3）不服本院以需要补充侦查或者没有逮捕必要为由作出的不批准逮捕决定的；（4）不服公安机关或者本院的不立案或者立案决定，请求进行监督的。

（四）移送公诉部门处理的信访事项

下列信访事项移送公诉部门处理：（1）对本院办理的审查起诉案件，请求追诉犯罪嫌疑人的；（2）认为本院提起公诉的案件确有错误的。

（五）移送反贪污贿赂部门处理的信访事项

下列信访事项移送反贪污贿赂部门处理：（1）举报本院管辖的贪污贿赂等犯罪线索的；（2）涉及本院正在审查或者侦查的贪污贿赂案件的；（3）涉及本院反贪污贿赂部门正在参办的案件的。

（六）移送渎职侵权检察部门处理的信访事项

下列信访事项移送渎职侵权检察部门处理：（1）举报本院管辖的国家机关工作人员渎职侵权等犯罪线索的；（2）涉及本院渎职侵权检察部门正在审查或者侦查的案件的；（3）涉及本院渎职侵权检察部门正在参办的案件的。

（七）移送刑事执行检察部门处理的信访事项

下列信访事项移送刑事执行检察部门处理：（1）反映人民法

院审理案件超期羁押的；（2）反映侦查机关侦查案件超期羁押的；（3）举报监管人员虐待被监管人，私放在押人员，失职致使在押人员脱逃，监管人员利用职务之便实施贪污、受贿、挪用公款等职务犯罪的；（4）控告监管人员在刑罚执行或者监管活动中其他违法犯罪行为的；（5）辩护人、诉讼代理人认为看守所及其工作人员有阻碍其依法行使诉讼权利的行为，向人民检察院申诉或者控告的；（6）被监视居住人及其法定代理人、近亲属或者辩护人对于公安机关、本院侦查部门或者侦查人员在指定居所监视居住执行活动中存在违法情形提出控告的。

（八）移送其他部门处理的信访事项

1. 对不服同级人民法院已经发生法律效力的民事、行政判决或者裁定，请求抗诉的信访事项移送民事行政检察部门处理。

2. 反映本院办理案件超过规定的羁押期限或者办案期限的信访事项，移送案件管理部门处理。

3. 对检察工作中具体适用法律提出询问、质疑和建议的信访事项移送法律政策研究部门处理。

4. 下列信访事项移送纪检监察部门处理：（1）控告检察人员违法违纪的；（2）反映人民检察院违法违纪的；（3）检察人员不服党政纪处分，提出申诉的。

五、办理

（一）控告申诉检察部门受理的信访事项

控告申诉检察部门应当依法办理下列信访事项：（1）当事人及其法定代理人、近亲属不服本院不批准逮捕决定、不起诉决定、撤销案件决定的；（2）当事人及其法定代理人、近亲属不服人民法院已经发生法律效力的刑事判决、裁定，请求抗诉的；（3）请求本院作为赔偿义务机关进行刑事赔偿的；（4）刑事被害人及其近亲属提出救助申请的。

（二）控告申诉检察部门受理的阻碍行使诉讼权利的行为

辩护人、诉讼代理人认为公安机关、人民检察院、人民法院及其工作人员具有下列阻碍其依法行使诉讼权利的行为之一，向检察院申诉或者控告的，控告申诉检察部门应当在受理后 10 日以内进行审查，并将处理情况书面答复提出申诉或者控告的辩护人、诉讼代理人，相关办案部门应当予以配合：

1. 对辩护人、诉讼代理人提出的回避要求不予受理或者对不予回避决定不服的复议申请不予受理的；

2. 未依法告知犯罪嫌疑人、被告人有权委托辩护人的；

3. 未转达在押的或者被监视居住的犯罪嫌疑人、被告人委托辩护人的要求的；

4. 应当通知而不通知法律援助机构为符合条件的犯罪嫌疑人、被告人或者被申请强制医疗的人指派律师提供辩护或者法律援助的；

5. 在规定时间内不受理、不答复辩护人提出的变更强制措施申请或者解除强制措施要求的；

6. 未依法告知辩护律师犯罪嫌疑人涉嫌的罪名和案件有关情况的；

7. 违法限制辩护律师同在押、被监视居住的犯罪嫌疑人、被告人会见和通信的；

8. 违法不允许辩护律师查阅、摘抄、复制本案的案卷材料的；

9. 违法限制辩护律师收集、核实有关证据材料的；

10. 没有正当理由不同意辩护律师提出的收集、调取证据或者通知证人出庭作证的申请，或者不答复、不说明理由的；

11. 未依法提交证明犯罪嫌疑人、被告人无罪或者罪轻的证据材料的；

12. 未依法听取辩护人、诉讼代理人的意见的；

13. 未依法将开庭的时间、地点及时通知辩护人、诉讼代理人的；

14. 未依法向辩护人、诉讼代理人及时送达本案的法律文书或者及时告知案件移送情况的；

15. 阻碍辩护人、诉讼代理人在法庭审理过程中依法行使诉讼权利的；

16. 其他阻碍辩护人、诉讼代理人依法行使诉讼权利的。

（三）对本案办理案件中违法行为控告的处理

对本院办理案件中的违法行为的控告，控告申诉检察部门应当及时审查办理。认为本院办理案件中存在的违法情形属实的，应当报请检察长决定予以纠正；认为不存在控告反映的违法行为的，应当报请检察长批准后，书面提出答复意见及其理由，答复控告人、申诉人。

（四）信访事项处理要求

办理信访事项，应当听取信访人陈述事实和理由，必要时可以要求信访人、有关组织和个人说明情况，需要进一步核实情况的，可以向其他组织和人员调查了解。

办理信访事项，经调查核实，应当由承办人提出办理意见，经部门负责人审核后，报分管检察长审批，依法作出处理，并答复信访人：（1）事实清楚，符合法律政策规定的，应当支持；（2）信访人提出的建议和意见，有利于改进工作的，应当研究论证并予以采纳；（3）缺乏事实根据或者不符合法律政策规定的，不予支持，并向信访人做好解释疏导工作。

（五）办理信访事项、控告申诉的期限

首办责任部门应当在收到控告申诉检察部门转送的信访事项之日起60日内办结；情况复杂，逾期不能办结的，报经分管检察长批准后，可适当延长办理期限，并通知控告申诉检察部门。延长期限不得超过30日。法律、法规另有规定的，从其规定。

对当事人和辩护人、诉讼代理人、利害关系人反映司法机关及其工作人员有《刑事诉讼法》第115条规定的行为，不服其他司法机关处理的申诉，首办责任部门应当在收到案件材料之日起15日内提出审查意见。对《刑事诉讼法》第115条第1款第3至5项的申诉，经审查认为需要侦查机关说明理由的，应当要求侦查机关说明理由，并在收到理由说明后 15 日内提出审查意见。控告申诉检察部门应当在收到审查意见后 5 日内书面答复控告人、申诉人。

对要求本院实行刑事审判活动监督，刑事判决、裁定监督，羁押和办案期限监督，看守所执法活动监督，刑事判决、裁定执行监督，强制医疗执行监督的控告或者申诉，不服本院诉讼终结的刑事处理决定的申诉，首办责任部门应当在收到控告、申诉材料之日起 1 个月以内将办理进度情况书面告知控告申诉检察部门，3 个月以内或者立案后 3 个月以内书面回复办理结果。

对申请民事、行政诉讼监督的事项，民事行政检察部门应当在 3 个月以内审查终结作出决定，并书面告知控告申诉检察部门。

首办责任部门应当在规定期限内办理案件，并向控告申诉检察部门书面回复办理结果。书面回复文书应当包括下列内容：（1）控告、申诉或者举报事项；（2）办理的过程；（3）认定的事实和证据；（4）处理情况和法律依据；（5）执法办案风险评估情况等。

（六）信访事项办理情况的答复

信访事项办理结果的答复由承办该信访事项的控告申诉检察部门负责，除因个人信息不详等情况无法答复的以外，应当填写《来信来访答复意见书》，书面答复信访人，但有特别规定的除外。

对不属人民检察院管辖的信件，从接到之日起 1 个月内移送直接责任归属机关或单位。

重大、复杂、疑难信访事项的答复应当由首办责任部门和控告申诉检察部门共同负责，必要时可以举行公开听证，通过答询、辩论、评议、合议等方式，辨明事实，分清责任，做好化解矛盾、教育疏导工作。

信访人对人民检察院处理意见不服的，可以依照有关规定提出复查请求。人民检察院收到复查请求后应当进行审查，符合立案复查规定的应当立案复查；不符合立案复查规定的应当书面答复信访人。

（七）信访事项的记录及催办

1. 控告申诉检察部门应当建立信访事项数据库，指定专人将信访人的基本情况、信访事项的主要内容以及办理情况等逐项录入计算机。

2. 控告申诉检察部门对移送本院有关部门办理的信访事项，应当每月清理1次。对即将到期的应当发催办函进行催办的；超过1个月未办结的，应当报分管检察长，并向有关部门负责人通报。

（八）应向检察长汇报的事项

下列重大信访信息，控告申诉检察部门应当及时向检察长汇报：（1）受理信访事项的综合和分类数据；（2）群众反映强烈的突出问题；（3）越级访、集体访、告急访等重大紧急信访事项；（4）转送、催办和督办情况；（5）重大信访事项办结后，有关问题的整改落实情况。

六、检察长和业务部门负责人接待

每周二上午，检察长（副检察长）和业务部门负责人在信访接待室接待人民群众来访。控告申诉检察部门负责向社会公布时间和地点，填写检察长接待来访登记表，报送检察长批阅。

检察长和业务部门负责人接待来访群众，可以根据需要，实行预约接待，也可以开展带案下访、联合接访等活动。

控告申诉检察部门应当填写检察长接待来信登记表，将重要的来信报送检察长阅批。控告申诉检察部门负责建立检察长接待群众来访、阅批群众来信工作台账，做好记录、登记、交办和催办工作，对批示执行情况加强督促检查，办理结果要及时报告检察长。

七、办理上级人民检察院交办的信访事项

控告申诉检察部门负责管理上级人民检察院控告申诉检察部门交办的信访事项。对于上级人民检察院交办的信访事项，承办人应当提出办理意见，经部门负责人审核后，报分管检察长审批。

对上级人民检察院交办的信访事项应当及时办理，一般应当在3个月以内办结；情况复杂，确需延长办结期限的，需经分管检察长批准，延长期限不得超过3个月。延期办理的，应当向上级人民检察院书面报告进展情况，并说明理由。

对于上级人民检察院交办的信访事项，承办部门应当将办理情况和结果报分管检察长审批后，制作《交办信访事项处理情况报告》，连同有关材料移送控告申诉检察部门，由控告申诉检察部门以本院名义报上一级人民检察院控告申诉检察部门。

《交办信访事项处理情况报告》应当包括下列内容：（1）信访事项的来源；（2）信访人反映的主要问题；（3）办理的过程；（4）认定的事实和证据；（5）处理情况和法律依据；（6）开展化解矛盾、教育疏导工作及相关善后工作的情况等。

基层人民检察院应当每季度向上一级人民检察院报告转交信访事项的办理情况。

第二节　举报工作

人民检察院依法受理国家工作人员贪污贿赂犯罪，国家机关工作人员渎职犯罪以及利用职权实施的非法拘禁、刑讯逼供、报复陷害、非法搜查等侵犯公民人身权利和民主权利犯罪的举报。

一、举报线索的受理

举报中心统一受理举报和犯罪嫌疑人投案自首。

（一）受理以走访形式提出的初次举报

对以走访形式提出初次举报的以及职务犯罪嫌疑人投案自首的，举报中心应当指派2名以上工作人员专门接待，问明情况，并制作笔录，经核对无误后，由举报人、自首人签名、捺指印，必要时，经举报人、自首人同意，可以录音、录像；对举报人、自首人提供的有关证据材料、物品等应当登记，制作接受证据（物品）清单，并由举报人、自首人签名，必要时予以拍照，并妥善保管。

举报人提出预约接待要求的，经举报中心负责人批准，人民检察院可以指派 2 名以上工作人员在约定的时间到举报人认为合适的地方接谈。对采用集体走访形式举报同一职务犯罪行为的，应当要求举报人推选代表，代表人数一般不超过 5 人。

（二）受理采用信函形式的举报

对采用信函形式举报的，工作人员应当在专门场所进行拆阅。启封时，应当保持邮票、邮戳、邮编、地址和信封内材料的完整。对采用传真形式举报的，参照前述规定办理。

（三）受理采用网站或电话形式的举报

1. 对通过"12309"举报网站或者人民检察院门户网站进行举报的，工作人员应当及时下载举报内容并导入举报线索处理系统。举报内容应当保持原始状态，不得作任何文字处理。

举报中心应当指定专人负责受理网上举报，严格管理举报网站服务器的用户名和密码，并适时更换。利用检察专线网处理举报线索的计算机应当与互联网实行物理隔离。

2. 对采用电话形式举报的，工作人员应当准确、完整地记录举报人的姓名、地址、电话和举报内容。举报人不愿提供姓名等个人信息的，应当尊重举报人的意愿。

（四）告知举报人享有的权利及补充材料的义务

1. 接待举报的工作人员应当告知举报人如实举报，依照法律规定，不得故意捏造事实、伪造证据、诬告陷害他人；应当告知举报人享有以下权利：

（1）申请回避。举报人发现举报中心的工作人员有法定回避情形的，有权申请其回避。（2）查询结果。举报人在举报后一定期限内没得到答复时，有权向受理举报的人民检察院询问，要求给予答复。（3）申诉复议。举报人对人民检察院对其举报事实作出不予立案决定后，有权就该不立案决定向上一级人民检察院提出申诉。举报人是受害人的，可以向作出该不立案决定的人民检察院申请复议。（4）请求保护。举报人举报后，如果人身、财产安全受到威胁，有权请求人民检察院予以保护。（5）获得奖励。举报人举报后，对符合奖励条件的，有权根据规定请求精神、物质奖励。（6）法律法规规定的其他权利。

2. 实名举报人提供的举报材料内容不清的，举报中心应当在接到举报材料后 7 日以内与举报人联系，建议举报人补充有关材料。

（五）需采取紧急措施的情形

反映被举报人有下列情形之一，必须采取紧急措施的，举报中心工作人员应当在接收举报后立即提出处理意见并层报检察长审批：（1）正在预备犯罪、实行犯罪或者在犯罪后即时被发觉的；（2）企图自杀或者逃跑的；（3）有毁灭、伪造证据或者串供可能的；（4）其他需要采取紧急措施的。

二、举报线索的管理

举报中心负责统一管理举报线索。本院检察长、其他部门或者人员接收的职务犯罪案件线索，应当自收到之日起 7 日以内移送举报中心。侦查部门自行发现的案件线索和有关机关或者部门移送人民检察院审查是否立案的案件线索，由侦查部门审查。

（一）管辖范围及要案线索备案

举报中心管理科级及科级以下国家工作人员职务犯罪线索以及上级人民检察院举报中心交办的举报线索。

对于直接受理的县、处级干部的要案线索一律报省级人民检察院举报中心备案，其中涉嫌犯罪数额特别巨大或者犯罪后果特别严重的，层报最高人民检察院举报中心备案；厅、局级以上干部的要案线索一律报最高人民检察院举报中心备案。

要案线索的备案，应当逐件填写要案线索备案表。备案应当在受理后 7 日以内办理；情况紧急的，应当在备案之前及时报告。

（二）举报线索分类管理

举报中心应当建立举报线索数据库，指定专人将举报人和被举报人的基本情况、举报线索的主要内容以及办理情况等逐项录入专用计算机。

多次举报的举报线索，有新的举报内容的，应当在案卡中补充完善，及时移送有关部门；没有新的举报内容的，应当在案卡中记录举报时间，标明举报次数，每月将重复举报情况通报有关部门。

举报中心应当每半年清理一次举报线索，对线索的查办和反馈情况进行分析，查找存在问题，及时改进工作，完善管理制度。

举报中心应当定期对举报线索进行分类统计，综合分析群众反映强烈的突出问题以及群众举报的特点和规律，提出工作意见和建议，向上级人民检察院举报中心和本院检察长报告。

（三）举报中心应采取的保密措施

举报中心应当采取下列保密措施：（1）举报线索由专人录入专用计算机，加密码严格管理，未经检察长批准，其他工作人员不得查看。（2）举报材料应当放置于保密场所，保密场所应当配备保密设施。未经许可，无关人员不得进入保密场所。（3）向检察长报送举报线索时，应当将相关材料用机要袋密封，并填写机要编号，由检察长亲自拆封。（4）严禁泄露举报内容以及举报人姓名、住址、电话等个人信息，严禁将举报材料转给被举报人或者被举报单位。（5）调查核实情况时，严禁出示举报线索原件或者复印件；除侦查工作需要外，严禁对匿名举报线索材料进行笔迹鉴定。（6）其他应当采取的保密措施。

三、举报线索的审查处理

（一）举报中心接收线索后的处理

举报中心对接收的举报线索，根据举报线索的不同情况和管辖规定，自收到举报线索之日起7日内分别作出处理：

1. 属于本院管辖的，依法受理并分别移送本院有关部门办理；属于人民检察院管辖但不属于本院管辖的，移送有管辖权的人民检察院办理。

2. 不属于人民检察院管辖的，移送有管辖权的机关处理，并且通知举报人、自首人；不属于人民检察院管辖又必须采取紧急措施的，应当先采取紧急措施，然后移送主管机关。

3. 属于性质不明难以归口的，应当进行必要的调查核实，查明情况后 3 日以内移送有管辖权的机关或者部门办理。

（二）侦查部门处理举报线索

1. 侦查部门收到举报中心移送的举报线索，应当在 3 个月以内将处理情况回复举报中心；基层人民检察院接到上级人民检察院移送的举报材料后，应当在 3 个月以内将处理情况回复上级人民检察院举报中心。

2. 侦查部门应当在规定时间内书面回复查办结果。回复文书应当包括下列内容：（1）举报人反映的主要问题；（2）查办的过程；（3）作出结论的事实依据和法律依据。

举报中心收到回复文书后应当及时审查，认为处理不当的，提出处理意见报检察长审批。

（三）举报线索移送后的管理、监督

举报中心对移送侦查部门的举报线索，应当加强管理、监督和跟踪。举报中心对移送本院有关部门举报线索，可以采取实地督办、网络督办、电话督办、情况通报等方式进行督办。

（四）上级院交办线索的处理

1. 举报中心接到上级人民检察院交办的举报线索后，应当在 3 日以内提出处理意见，报检察长审批。

2. 对上级人民检察院交办的举报线索，承办人民检察院应当在 3 个月以内办结。情况复杂、确需延长办理期限的，经检察长批准，可以延长 3 个月。延期办理的，由举报中心向上级人民检察院举报中心报告进展情况，并说明延期理由。法律另有规定的，从其规定。

3. 办案部门应当在规定期限内办理上级人民检察院交办的举报线索，并向举报中心书面回复办理结果。回复办理结果应当包括举报事项、办理过程、认定的事实和证据、处理情况和法律依据以及执法办案风险评估情况等。举报中心应当制作交办案件查处情况报告，以本院名义报上一级人民检察院举报中心审查。

4. 交办案件查处情况报告应当包括下列内容：（1）案件来源；（2）举报人、被举报人的基本情况及反映的主要问题；（3）查办过程；（4）认定的事实和证据；（5）处理情况和法律依据；（6）实名举报的答复情况。

（五）举报中心初核

举报中心对性质不明难以归口、检察长批交的举报线索应当进行初核。对群众多次举报未查处的举报线索，可以要求侦查部门说明理由，认为理由不充分的，可以提出处理意见，报请检察长决定。

1. 对举报线索进行初核，应当经举报中心负责人审核后，报检察长批准。初核一般应当在2个月以内终结；案情复杂或者有其他特殊情况需要延长初核期限的，应当经检察长批准，但最长不得超过3个月。

2. 初核终结后，承办人员应当制作《初核终结报告》，根据初核查明的事实和证据，区分不同情形提出处理意见，经举报中心负责人审核后，报检察长决定：

（1）认为举报的犯罪事实属于检察机关管辖的，移送有管辖权的人民检察院处理；属于本院管辖的，移送本院侦查部门办理。

（2）认为举报的事实不属于检察机关管辖的，移送有管辖权的机关处理。

（3）认为举报所涉犯罪事实不存在，或者具有《刑事诉讼法》第15条规定的情形之一，不需要追究刑事责任的，终结初核并答复举报人。需要追究纪律责任的，移送纪检监察机关或者有关单位处理。

3. 在作出初核结论10日以内，承办人员应当填写《举报线索初核情况备案表》，经举报中心负责人批准后，报上一级人民检察院举报中心备案。

四、不立案举报线索审查

举报人不服侦查部门的不立案决定向人民检察院反映，具有下列情形之一的，举报中心应当对不立案举报线索进行审查，但依照规定属于侦查部门和侦查监督部门办理的除外：（1）举报中心移送到侦查部门，经侦查部门初查后决定不予立案的；（2）领导机关或者本院领导批示由举报中心审查的。

审查不立案举报线索的范围应当仅限于原举报内容。对审查期间举报人提供的新的职务犯罪线索，举报中心应当及时移送有管辖权的人民检察院侦查部门审查办理。

审查期间，举报人对不立案决定不服申请复议的，控告申诉检察部门应当受理，并根据事实和法律进行审查，可以要求举报人提供有关材料。认为需要侦查部门说明不立案理由的，应当及时将案件移送侦查监督部门办理。举报人申请复议，不影响对不立案举报线索的审查。但承办人认为需要中止审查的，经举报中心负责人批准，可以中止审查。中止审查后，举报人对复议结果不服的理由成立，继续审查有必要的，不立案举报线索审查应当继续进行。

不立案举报线索审查终结后，应当制作审查报告，提出处理意见。

举报中心审查不立案举报线索，应当自收到侦查部门决定不予立案回复文书之日起1个月以内办结；情况复杂，期满不能办结的，经举报中心负责人批准，可以延长2个月。

举报中心审查不立案举报线索，应当在办结后7日以内向上一级人民检察院举报中心备案。对侦查部门重新作出立案决定的，举报中心应当将审查报告、立案决定书等相关文书，在立案后10日以内报上一级人民检察院举报中心备案。

举报中心认为由上一级人民检察院举报中心审查不立案举报线索更为适宜的，应当提请上一级人民检察院举报中心审查。

五、举报答复

实名举报应当逐件答复。除联络方式不详无法联络的以外，应当将处理情况和办理结果及时答复举报人。

对采用走访形式举报的，应当当场答复是否受理；不能当场答复的，应当自接待举报人之日起15日以内答复。

答复可以采取口头、书面或者其他适当的方式。口头答复的，应当制作答复笔录，载明答复的时间、地点、参加人及答复内容、举报人对答复的意见等；书面答复的，应当制作答复函；邮寄答复函时不得使用有人民检察院字样的信封；通过网络联系、答复举报人时，应当核对密码，答复时不得涉及举报具体内容。

举报中心和侦查部门共同负责做好实名举报答复工作。

六、举报失实的澄清

经查证举报失实，具有下列情形之一并且被举报人提出澄清要求或者虽未提出澄清要求，但本院认为有必要予以澄清的，在征求被举报人同意后，应当报请检察长批准，由侦查部门以适当方式澄清事实：（1）造成较大社会影响的；（2）因举报失实影响被举报人正常工作、生产、生活的。

举报失实澄清应当在初查终结后1个月以内进行。举报中心开展举报线索不立案审查或者复议的，应当在审查或者复议结论作出后10个工作日以内进行。侦查监督部门开展不立案监督的，应当在监督程序完成后10个工作日以内进行。

举报失实澄清应当在被举报人单位、居住地所在社区、承办案件的人民检察院或者被举报人同意的其他地点进行。

举报失实澄清可以采取以下方式：（1）向被举报人所在单位、上级主管部门通报；（2）在一定范围内召开澄清通报会；（3）被举报人接受的其他澄清方式。

七、责任追究

举报中心在举报线索管理工作中，发现检察人员有违法违纪行为的，应当提出建议，连同有关材料移送本院纪检监察部门处理。

具有下列情形之一，对直接负责的主管人员和其他直接责任人员，依照检察人员纪律处分条例等有关规定给予纪律处分；构成犯罪的，依法追究刑事责任：（1）利用举报线索进行敲诈勒索、索贿受贿的；（2）滥用职权，擅自处理举报线索的；（3）徇私舞弊、玩忽职守，造成重大损失的；（4）为压制、迫害、打击报复举报人提供便利的；（5）私存、扣压、隐匿或者遗失举报线索的；（6）违反举报人保护规定，故意泄露举报人姓名、地址、电话或者举报内容等，或者将举报材料转给被举报人、被举报单位的，或者应当制定举报人保护预案、采取保护措施而未制定或者采取，导致举报人受打击报复的；（7）故意拖延，查处举报线索超出规定期限，造成严重后果的；（8）隐瞒、谎报、未按规定期限上报重大举报信息，造成严重后果的。

八、举报保护和举报奖励

人民检察院应当依法保护举报人及其近亲属的安全和合法权益。举报线索经查证属实，被举报人构成犯罪的，应当对积极提供举报线索、协助侦破案件有功的举报人给予一定的精神及物质奖励。

第三节　刑事申诉检察工作

一、管辖

（一）控告申诉检察部门管辖的刑事申诉

控告申诉检察部门管辖下列刑事申诉：（1）不服本院因犯罪嫌疑人没有犯罪事实，或者符合《刑事诉讼法》第15条规定情形之一而作出的不批准逮捕决定的申诉；（2）不服本院不起诉决定的申诉；（3）不服本院撤销案件决定的申诉；（4）不服本院其他诉讼终结的刑事处理决定的申诉；（5）不服同级人民法院已经发生法律效力的刑事判决、裁定的申诉。

（二）不属控告申诉检察部门管辖的申诉

对不服本院下列处理决定的申诉，不属于控告申诉检察部门管辖，应当分别由本院相关职能部门办理：（1）不服本院因事实不清、证据不足，需要补充侦查而作出的不批准逮捕决定的；（2）不服本院因虽有证据证明有犯罪事实，但是不可能判处犯罪嫌疑人徒刑以上刑罚，或者可能判处徒刑以上刑罚，但是不逮捕不致发生社会危险性而作出的不批准逮捕决定的；（3）不服本院因应当逮捕的犯罪嫌疑人患有严重疾病、生活不能自理，或者是怀孕、正在哺乳自己婴儿的妇女，或者系生活不能自理的人的唯一扶养人而作出的不批准逮捕决定的；（4）不服本院作出的不立案决定的；（5）不服本院作出的附条件不起诉决定的；（6）不服本院作出的查封、扣押、冻结涉案款物决定的；（7）不服本院对上述决定作出的复议、复核、复查决定的。

二、受理

1. 对符合下列条件的刑事申诉，应当受理，本规程另有规定的除外：（1）符合上述管辖规定；（2）申诉人是原案的当事人及其法定代理人、近亲属；（3）申诉材料齐备。

申诉人委托律师代理申诉，且符合上述条件的，应当受理。

2. 刑事申诉由控告申诉检察部门统一负责接收。控告申诉检察部门对接收的刑事申诉应当在 7 日以内分别情况予以处理：（1）属于本院管辖，并符合受理条件的，移送本院相关部门办理；（2）属于人民检察院管辖但是不属于本院管辖的，应当告知申诉人向有管辖权的人民检察院提出，或者将申诉材料移送有管辖权的人民检察院处理。移送申诉材料的，应当告知申诉人；（3）不属于人民检察院管辖的，应当告知申诉人向有关机关反映。

三、审查

1. 对符合受理条件的刑事申诉，控告申诉检察部门应当指定承办人员审查，并分别情况予以处理：（1）经审查，认为符合立案复查条件的，应当制作刑事申诉提请立案复查报告，提出立案复查意见；（2）经审查，认为不符合立案复查条件的，可以提出审查结案意见。对调卷审查的，应当制作刑事申诉审查报告。

2. 对符合下列条件之一的刑事申诉，应当经部门负责人或者检察长批准后立案复查：（1）原处理决定、判决、裁定有错误可能的；（2）被害人、被不起诉人对不起诉决定不服，在收到不起诉决定书后7日以内提出申诉的；（3）上级人民检察院或者本院检察长交办的。

3. 对不服本院诉讼终结的刑事处理决定的申诉，经两级人民检察院立案复查且采取公开审查形式复查终结，申诉人没有提出新的充足理由的，不再立案复查。对不服人民法院已经发生法律效力的刑事判决、裁定的申诉，经两级人民检察院办理且省级人民检察院已经复查的，如果没有新的事实、证据和理由，不再立案复查，但是原审被告人可能被宣告无罪或者判决、裁定有其他重大错误可能的除外。

4. 对不符合立案复查条件的刑事申诉，经部门负责人或者检察长批准，可以审查结案。

5. 审查结案的案件，应当将审查结果告知申诉人。对调卷审查的，可以制作刑事申诉审查结果通知书，并在10日以内送达申诉人。

6. 审查刑事申诉，应当在受理后2个月以内作出审查结案或者立案复查的决定。调卷审查的，自卷宗调取齐备之日起计算审查期限。重大、疑难、复杂案件，经部门负责人或者检察长批准，可以适当延长审查期限。

四、复查

（一）复查基本要求

复查刑事申诉案件应当由 2 名以上检察人员进行，原案承办人员和原复查申诉案件承办人员不再参与办理。复查应当全面审查申诉材料和全部案卷，并制作阅卷笔录。经审查，具有下列情形之一，认为需要调查核实的，应当拟定调查提纲进行补充调查：（1）原案事实不清、证据不足的；（2）申诉人提供了新的事实、证据或者证据线索的；（3）有其他问题需要调查核实的。

对与案件有关的勘验、检查、辨认、侦查实验等笔录和鉴定意见，认为需要复核的，可以进行复核，也可以对专门问题进行鉴定或者补充鉴定。

可以询问原案当事人、证人和其他有关人员；对原判决、裁定确有错误，认为需要提请抗诉、提出抗诉的刑事申诉案件，应当询问或者讯问原审被告人；应当听取申诉人意见，核实相关问题；可以听取原案承办部门、原复查部门或者原承办人员意见，全面了解原案办理情况。

办理案件过程中进行的询问、讯问等调查活动，应当制作调查笔录。调查笔录应当经被调查人确认无误后签名或者捺指印。调查人员也应当在调查笔录上签名。

（二）复查终结

承办人员应当制作刑事申诉复查终结报告，提出处理意见，经部门集体讨论后报请检察长决定；重大、疑难、复杂案件，报请检察长或者检察委员会决定。经检察委员会决定的案件，应当将检察委员会决定事项通知书及讨论记录附卷。

复查终结后，《刑事申诉复查决定书》应当公开宣布，制作宣布笔录，送达申诉人，做好善后息诉工作。

（三）复查期限

复查刑事申诉案件，应当在立案后 3 个月以内办结。案件重大、疑难、复杂的，最长不得超过 6 个月。

对上级人民检察院交办的刑事申诉案件，基层人民检察院应当在收到交办文书后 10 日以内立案复查，复查期限适用前述规定。逾期不能办结的，应当向交办的上级人民检察院书面说明情况。

（四）刑事申诉案件办理时违纪违法情形的处理

办理刑事申诉案件中发现原案办理过程中存在执法瑕疵等问题的，可以向原办案部门提出检察建议或者整改意见；办理刑事申诉案件中发现原案办理过程中有贪污贿赂、渎职等违法违纪行为的，应当移送有关部门处理；发现原案遗漏罪行、遗漏同案犯罪嫌疑人的，应当移送有关部门处理。

刑事申诉案件办理终结后，应当结合刑事申诉检察职能协助有关部门做好善后息诉工作。

办理刑事申诉案件中严重不负责任，未能发现原案办理过程中存在的重大执法过错或者拒不依法纠正原案错误，造成严重后果的，应当依照规定追究相关人员责任。

五、不服本院诉讼终结刑事处理决定申诉案件的复查

（一）期限要求

被害人不服不起诉决定，在收到不起诉决定书后 7 日以内申诉的，控告申诉检察部门应当将申诉材料连同案卷一并报送上一级人民检察院；在收到不起诉决定书 7 日以后提出申诉的，由控告申诉检察部门审查后决定是否立案复查。

被不起诉人不服不起诉决定，在收到不起诉决定书后 7 日以内提出申诉的，由控告申诉检察部门立案复查；在收到不起诉决定书 7 日以后提出申诉的，由控告申诉检察部门审查后决定是否立案复查。

（二）复查后的处理

1. 对不服本院不起诉决定的申诉复查后，应当分别作出如下处理：（1）不起诉决定正确的，予以维持；（2）不起诉决定认定

的事实或者适用法律错误，需要变更的，应当变更不起诉决定；（3）不起诉决定认定的事实或者适用法律错误，应当对被不起诉人提起公诉的，应当撤销不起诉决定，将案件移送本院有关部门向人民法院提起公诉。

2. 对不服不批准逮捕决定的申诉复查后，应当分别作出如下处理：（1）不批准逮捕决定正确的，予以维持；（2）不批准逮捕决定正确，但是需要依法追究刑事责任的，应当维持不批准逮捕决定，将案件移送本院有关部门依法办理；（3）不批准逮捕决定错误，需要依法批准逮捕的，应当撤销不批准逮捕决定，将案件移送本院有关部门依法办理。

3. 对不服撤销案件决定的申诉复查后，应当分别作出如下处理：（1）撤销案件决定正确的，予以维持；（2）撤销案件决定正确，但是所认定的部分事实或者适用法律错误的，应当纠正原撤销案件决定书中错误的部分，维持原撤销案件决定；（3）撤销案件决定错误，需要依法追究刑事责任的，应当撤销原撤销案件决定，将案件移送本院有关部门重新立案侦查。

对不服本院诉讼终结的刑事处理决定复查后，认为应当维持原决定的，报请检察长决定；认为应当改变原决定的，报请检察长或者检察委员会决定。

复查后，应当制作刑事申诉复查决定书，并在10日以内送达申诉人、原案当事人，同时抄送有关部门。刑事申诉复查决定书应当公开宣布，并制作宣布笔录。

基层人民检察院对上级人民检察院的复查决定应当执行，并将执行情况书面报告上级人民检察院。基层人民检察院对上级人民检察院的复查决定有异议的，应当在执行的同时向上级人民检察院报告。

六、不服同级人民法院已经发生法律效力刑事判决、裁定申诉案件的复查

（一）抗诉的条件

控告申诉检察部门对不服同级人民法院已经发生法律效力的刑

事判决、裁定的申诉复查后，认为具有下列情形之一，需要抗诉的，应当提出意见，经检察长或者检察委员会决定后，提请上一级人民检察院抗诉：（1）有新的证据证明原判决、裁定认定的事实确有错误，可能影响定罪量刑的；（2）据以定罪量刑的证据不确实、不充分的；（3）据以定罪量刑的证据依法应当予以排除的；（4）据以定罪量刑的主要证据之间存在矛盾的；（5）原判决、裁定的主要事实依据被依法变更或者撤销的；（6）认定罪名错误且明显影响量刑的；（7）违反法律关于追诉时效期限的规定的；（8）量刑明显不当的；（9）违反法律规定的诉讼程序，可能影响公正审判的；（10）审判人员在审理案件的时候有贪污受贿、徇私舞弊、枉法裁判行为的。

提请上一级人民检察院抗诉的案件，应当制作提请抗诉报告书，连同案卷报送上一级人民检察院。

（二）复查后的处理

经复查认为人民法院已经发生法律效力的刑事判决、裁定确有错误，符合上述规定的情形，需要人民法院通过再审方式纠正的，控告申诉检察部门可以提出意见，经本院检察委员会决定后，向同级人民法院提出再审检察建议。

对不适宜由同级人民法院再审纠正，或者再审检察建议未被人民法院采纳的，可以按照审判监督程序向人民法院提出抗诉。

控告申诉检察部门办理按照审判监督程序抗诉的案件，认为需要对原审被告人采取逮捕措施的，应当提出意见，移送侦查监督部门审查决定；认为需要对原审被告人采取取保候审、监视居住措施的，应当提出意见，报请检察长决定。

对不服人民法院已经发生法律效力的刑事判决、裁定的申诉复查后，不论是否决定提请抗诉或者提出再审检察建议，均应制作刑事申诉复查通知书，并在10日以内送达申诉人。经复查向上一级人民检察院提请抗诉的，应当在上一级人民检察院作出是否抗诉的决定后制作刑事申诉复查通知书。

对同级人民法院依据本院再审检察建议决定再审的刑事申诉案

件，人民法院开庭审理时，由控告申诉检察部门派员出席法庭，并对人民法院再审活动实施法律监督。

对按照审判监督程序提出抗诉的刑事申诉案件，人民法院经重新审理作出的判决、裁定，由派员出席再审法庭的控告申诉检察部门审查并提出意见。经审查认为人民法院作出的判决裁定仍然确有错误，需要提出抗诉的，应当报请检察长或者检察委员会决定，向上一级人民法院提请抗诉。

七、备案审查

控告申诉检察部门应当在刑事申诉案件复查结案后 10 日以内，将刑事申诉复查终结报告、刑事申诉复查决定书或者刑事申诉复查通知书、讨论案件记录等材料的复印件或者电子文档报上一级人民检察院控告申诉检察部门备案。

上级人民检察院控告申诉检察部门指令基层人民检察院重新办理的案件，基层人民检察院应当重新立案复查。

八、中止办理和终止办理

（一）中止办理

对具有下列情形之一的刑事申诉案件，经部门负责人或者检察长批准，可以中止办理：（1）人民法院对原判决、裁定调卷审查的；（2）无法与申诉人及其代理人取得联系的；（3）申诉的自然人死亡，需要等待其他申诉权利人表明是否继续申诉的；（4）申诉的法人或者其他组织终止，尚未确定权利义务承受人的；（5）由于其他原因，致使案件在较长时间内无法继续办理的。

决定中止办理的案件，应当制作刑事申诉中止审查通知书，通知申诉人；确实无法通知的，应当记录在案。

中止办理的事由消除后，经部门负责人或者检察长批准，应当恢复办理。中止办理的期间不计入办理期限。

（二）终止办理

对具有下列情形之一的刑事申诉案件，经检察长批准，应当终止办理：（1）本院因同一案件事实对撤销案件的犯罪嫌疑人重新立案侦查的，对不批准逮捕的犯罪嫌疑人重新作出批准逮捕决定的，或者对不起诉案件的被不起诉人重新起诉的；（2）本院接到人民法院受理被害人对被不起诉人起诉的通知的；（3）人民法院对原判决、裁定决定再审的；（4）申诉人自愿撤回申诉，且不损害国家利益、社会公共利益或者他人合法权益的；（5）申诉的自然人死亡，没有其他申诉权利人或者申诉权利人明确表示放弃申诉的，但是有证据证明原案被告人是无罪的除外；（6）申诉的法人或者其他组织终止，没有权利义务承受人或者权利义务承受人明确表示放弃申诉的，有证据证明原案被告人是无罪的除外；（7）案件中止办理后超过6个月仍不能恢复办理的；（8）其他应当终止办理的情形。

决定终止办理的案件，应当制作刑事申诉终止审查通知书，通知申诉人；确实无法通知的，应当记录在案。终止办理的事由消除后，申诉人再次提出申诉，符合刑事申诉受理条件的，应当予以受理。

九、公开审查

人民检察院可以采取公开审查的形式复查不服检察机关处理决定的刑事申诉案件。公开审查可以采取公开听证、公开示证、公开论证和公开答复等多种形式。同一案件可以采用一种公开形式，也可以多种公开形式并用。

（一）公开审查的启动

人民检察院征得申诉人同意，可以主动提起公开审查，也可以根据申诉人及其委托代理人的申请，决定进行公开审查。

（二）公开审查的例外

对于案件事实、适用法律存在较大争议，或者有较大社会影响等刑事申诉案件，人民检察院可以适用公开审查程序，但下列情形除外：（1）案件涉及国家秘密、商业秘密或者个人隐私的；（2）申诉人不愿意进行公开审查的；（3）未成年人犯罪的；（4）具有其他不适合进行公开审查情形的。

（三）公开审查的案件类型

人民检察院对于下列刑事申诉案件可以召开听证会，对涉案事实和证据进行公开陈述、示证和辩论，充分听取听证员的意见，依法公正处理案件：（1）案情重大复杂疑难的；（2）采用其他公开审查形式难以解决的；（3）其他有必要召开听证会的。

（四）公开审查的基本要求

公开审查活动应当在人民检察院进行。为了方便申诉人及其他参加人，也可以在人民检察院指定的场所进行。公开审查活动由承办案件的人民检察院组织并指定主持人。

人民检察院进行公开审查活动应当根据案件具体情况，邀请与案件没有利害关系的人大代表、政协委员、人民监督员、特约检察员、专家咨询委员、人民调解员或者申诉人所在单位、居住地的居民委员会、村民委员会人员以及专家、学者等其他社会人士参加。

参加公开审查活动的人员包括：案件承办人、书记员、受邀人员、申诉人及其委托代理人、原案其他当事人及其委托代理人。经人民检察院许可的其他人员，也可以参加公开审查活动。

人民检察院拟进行公开审查的，复查案件承办人应当填写《提请公开审查审批表》，经部门负责人审核，报分管检察长批准。

（五）公开审查的准备工作

进行公开审查活动前，应当做好下列准备工作：

1. 确定参加公开审查活动的受邀人员，将公开审查举行的时间、地点以及案件基本情况，在活动举行7日之前告知受邀人员，并为其熟悉案情提供便利。

2. 将公开审查举行的时间、地点和受邀人员在活动举行7日之前通知申诉人及其他参加人。对未委托代理人的申诉人，告知其可以委托代理人。

3. 通知原案承办人或者原复查案件承办人，并为其重新熟悉案情提供便利。

4. 制定公开审查方案。

（六）公开审查听证会

听证会应当在刑事申诉案件立案后、复查决定作出前举行。听证会应当邀请听证员，参加听证会的听证员为 3 人以上的单数。

听证会应当按照下列程序举行：

1. 主持人宣布听证会开始；宣布听证员和其他参加人员名单、申诉人及其委托代理人享有的权利和承担的义务、听证会纪律。

2. 主持人介绍案件基本情况以及听证会的议题。

3. 申诉人、原案其他当事人及其委托代理人陈述事实、理由和依据。

4. 原案承办人、原复查案件承办人阐述原处理决定、原复查决定认定的事实和法律依据，并出示相关证据。复查案件承办人出示补充调查获取的相关证据。

5. 申诉人、原案其他当事人及其委托代理人与案件承办人经主持人许可，可以相互发问或者作补充发言。对有争议的问题，可以进行辩论。

6. 听证员可以向案件承办人、申诉人、原案其他当事人提问，就案件的事实和证据发表意见。

7. 主持人宣布休会，听证员对案件进行评议。听证员根据听证的事实、证据，发表对案件的处理意见并进行表决，形成听证评议意见。听证评议意见应当是听证员多数人的意见。

8. 由听证员代表宣布听证评议意见。

9. 申诉人、原案其他当事人及其委托代理人最后陈述意见。

10. 主持人宣布听证会结束。

听证记录经参加听证会的人员审阅后分别签名或者盖章。听证记录应当附卷。

复查案件承办人应当根据已经查明的案件事实和证据，结合听证评议意见，依法提出对案件的处理意见。经部门集体讨论，负责人审核后，报分管检察长决定。案件的处理意见与听证评议意见不一致时，应当提交检察委员会讨论。

（七）其他情形

人民检察院采取除公开听证以外的公开示证、公开论证和公开答复等形式公开审查刑事申诉案件的，可以参照公开听证的程序进行。采取其他形式公开审查刑事申诉案件的，可以根据案件具体情况，简化程序，注重实效。

申诉人对案件事实和证据存在重大误解的刑事申诉案件，人民检察院可以进行公开示证，通过展示相关证据，消除申诉人的疑虑。

适用法律有争议的疑难刑事申诉案件，人民检察院可以进行公开论证，解决相关争议，以正确适用法律。

刑事申诉案件作出决定后，人民检察院可以进行公开答复，做好解释、说明和教育工作，预防和化解社会矛盾。

公开审查刑事申诉案件应当在规定的办案期限内进行。

在公开审查刑事申诉案件过程中，出现致使公开审查无法进行的情形的，可以中止公开审查。中止公开审查的原因消失后，人民检察院可以根据案件情况决定是否恢复公开审查活动。

根据《人民检察院办理不起诉案件公开审查规则》举行过公开审查的，同一案件复查申诉时可以不再举行公开听证。

《人民检察院信访工作规定》举行过信访听证的，同一案件复查申诉时可以不再举行公开听证。

第四节　国家赔偿工作

一、立案

（一）赔偿申请材料

赔偿请求人提出赔偿申请的，控告申诉检察部门应当受理，并接收下列材料：（1）刑事赔偿申请书；（2）赔偿请求人和代理人的身份证明材料；（3）证明原案强制措施的法律文书；（4）证明原案处理情况的法律文书；（5）证明侵权行为造成损害及其程度的法律文书或者其他材料；（6）赔偿请求人提供的其他相关材料。

赔偿请求人或者其代理人当面递交申请书或者其他申请材料的，控告申诉检察部门应当当面出具加盖本院专用印章并注明收讫日期的《接收赔偿申请材料清单》。

申请材料不齐全的，应当当场或者在5日内一次性明确告知赔偿请求人需要补充的全部相关材料。

收到赔偿申请后，控告申诉检察部门应当填写《受理赔偿申请登记表》。

（二）立案条件

符合下列各项条件的赔偿申请，应当立案：（1）依照《国家赔偿法》第17条第1项、第2项规定请求人身自由权赔偿的，已决定撤销案件、不起诉或者判决宣告无罪终止追究刑事责任；依照《国家赔偿法》第17条第4项、第5项规定请求生命健康权赔偿的，有伤情、死亡证明；依照《国家赔偿法》第18条第1项规定请求财产权赔偿的，刑事诉讼程序已经终结，但已查明该财产确与案件无关的除外；（2）本院为赔偿义务机关；（3）赔偿请求人符合《国家赔偿法》第6条规定的条件；（4）在《国家赔偿法》第39条规定的请求赔偿时效内；（5）请求赔偿的材料齐备。

对符合立案条件的赔偿申请，应当经控告申诉检察部门负责人批准立案，并在收到赔偿申请之日起5日内，将《刑事赔偿立案通知书》送达赔偿请求人。

（三）不符合立案条件申请的处理

对不符合立案条件的赔偿申请，应当分别下列不同情况予以处理：（1）尚未决定撤销案件、不起诉或者判决宣告无罪终止追究刑事责任而请求人身自由权赔偿的，没有伤情、死亡证明而请求生命健康权赔偿的，刑事诉讼程序尚未终结而请求财产权赔偿的，告知赔偿请求人不符合立案条件，可在具备立案条件后再申请赔偿；（2）不属于人民检察院赔偿的，告知赔偿请求人向负有赔偿义务的机关提出；（3）本院不负有赔偿义务的，告知赔偿请求人向负有赔偿义务的人民检察院提出，或者移送负有赔偿义务的人民检察院，并通知赔偿请求人；（4）赔偿请求人不具备《国家赔偿法》第6条规定条件的，告知赔偿请求人；（5）对赔偿请求已过法定时效的，告知赔偿请求人已经丧失请求赔偿权。

对上列情况，均应当填写《审查刑事赔偿申请通知书》，并说明理由，在收到赔偿申请之日起5日内送达赔偿请求人。

当事人、其他直接利害关系人或者其近亲属认为人民检察院扣押、冻结、保管、处理涉案款物侵犯自身合法权益或者有违法情形，向人民检察院投诉，并在刑事诉讼程序终结后又申请刑事赔偿的，尚未办结的投诉程序应当终止，负责办理投诉的部门应当将相关材料移交被请求赔偿的人民检察院国家赔偿工作办公室，依照刑事赔偿程序办理。

二、审查决定

对已经立案的赔偿案件，控告申诉检察部门应当全面审查案件材料，必要时可以调取有关的案卷材料，也可以向原案件承办部门和承办人员等调查、核实有关情况，收集有关证据。原案件承办部门和承办人员应当协助、配合。

对请求生命健康权赔偿的案件，人民检察院对是否存在违法侵权行为尚未处理认定的，控告申诉检察部门应当在立案后3日内将相关材料移送本院纪检监察部门和渎职侵权检察部门，纪检监察部门和渎职侵权检察部门应当在30日内提出处理认定意见，移送控告申诉检察部门。

审查赔偿案件，应当查明以下事项：（1）是否存在《国家赔偿法》规定的损害行为和损害结果；（2）损害是否为检察机关及其工作人员行使职权造成；（3）侵权的起止时间和造成损害的程度；（4）是否属于《国家赔偿法》第19条规定的国家不承担赔偿责任的情形；（5）其他需要查明的事项。

审查赔偿案件，应当充分听取赔偿请求人的意见，并制作笔录。对存在《国家赔偿法》规定的侵权损害事实，依法应当予以赔偿的，可以与赔偿请求人就赔偿方式、赔偿项目和赔偿数额，依照国家赔偿法有关规定进行协商，并制作笔录。与赔偿请求人进行协商，应当坚持自愿、合法原则。禁止胁迫赔偿请求人放弃赔偿申请，禁止违反《国家赔偿法》的规定进行协商。

对审查终结的赔偿案件，承办人员应当制作《赔偿案件审查终结报告》，载明原案处理情况、赔偿请求人意见和协商情况，提出是否予以赔偿以及赔偿的方式、项目和数额等具体处理意见，经部门集体讨论、负责人审核后，报检察长决定。重大、复杂案件，由检察长提交检察委员会审议决定。

审查赔偿案件，应当根据下列情形分别作出决定：（1）请求赔偿的侵权事项事实清楚，应当予以赔偿的，依法作出赔偿的决定；（2）请求赔偿的侵权事项事实不存在，或者不属于国家赔偿范围的，依法作出不予赔偿的决定。

人民检察院应当自收到赔偿申请之日起 2 个月内，作出是否赔偿的决定，制作《刑事赔偿决定书》，并自作出决定之日起 10 日内送达赔偿请求人。与赔偿请求人协商的，不论协商后是否达成一致意见，均应当制作《刑事赔偿决定书》。决定不予赔偿的，应当在《刑事赔偿决定书》中载明不予赔偿的理由。

送达刑事赔偿决定书，应当向赔偿请求人说明法律依据和事实证据情况，并告知赔偿请求人如对赔偿决定有异议，可以自收到决定书之日起 30 日内向上一级人民检察院申请复议；如对赔偿决定没有异议，要求依照刑事赔偿决定书支付赔偿金的，应当提出支付赔偿金申请。

三、执行

赔偿请求人凭生效的《刑事赔偿决定书》、《刑事赔偿复议决定书》或者《人民法院赔偿委员会决定书》，向负有赔偿义务的人民检察院申请支付赔偿金。

支付赔偿金申请采取书面形式。赔偿请求人书写申请书确有困难的，可以委托他人代书；也可以口头申请，由负有赔偿义务的人民检察院记入笔录，并由赔偿请求人签名或者盖章。

负有赔偿义务的人民检察院应当自收到赔偿请求人支付赔偿金申请之日起 7 日内，依照预算管理权限向有关的财政部门提出支付申请。向赔偿请求人支付赔偿金，依照国务院制定的国家赔偿费用管理有关规定办理。

对有《国家赔偿法》第 17 条规定的情形之一，致人精神损害的，负有赔偿义务的人民检察院应当在侵权行为影响的范围内，为受害人消除影响，恢复名誉，赔礼道歉；造成严重后果的，应当支付相应的精神损害抚慰金。

四、其他规定

人民检察院在办理刑事赔偿案件时，发现检察机关原刑事案件处理决定确有错误，影响赔偿请求人依法取得赔偿的，应当由控告申诉检察部门立案复查，提出审查处理意见，报检察长或者检察委员会决定。刑事复查案件应当在 30 日内办结；办理刑事复查案件和刑事赔偿案件的合计时间不得超过法定赔偿办案期限。

人民检察院在办理本院为赔偿义务机关的案件时，改变原决定、可能导致不予赔偿的，应当报请上一级人民检察院批准。

人民检察院在办理本院为赔偿义务机关的案件时或者作出赔偿决定以后，对于撤销案件、不起诉案件或者人民法院宣告无罪的案件，重新立案侦查、提起公诉、提出抗诉的，应当报请上一级人民检察院批准，正在办理的刑事赔偿案件应当中止办理。经人民法院终审判决有罪的，正在办理的刑事赔偿案件应当终结；已作出赔偿决定的，应当由作出赔偿决定的机关予以撤销，已支付的赔偿金应当追缴。

《刑事赔偿决定书》、《重新审查意见书》应当加盖人民检察院院印，并于 10 日内报上一级人民检察院备案。

人民检察院赔偿后，根据《国家赔偿法》第 31 条的规定，应当向有下列情形之一的检察人员追偿部分或者全部赔偿费用：（1）刑讯逼供或者殴打、虐待等或者唆使、放纵他人殴打、虐待等造成公民身体伤害或者死亡的；（2）违法使用武器、警械造成公民身体伤害或者死亡的；（3）在处理案件中有贪污受贿、徇私舞弊、枉法追诉行为的。

对有前述规定情形的责任人员，人民检察院应当依照有关规定给予处分；构成犯罪的，应当依法追究刑事责任。

人民检察院办理国家赔偿案件，不得向赔偿请求人或者赔偿义务机关收取任何费用。

第五节　刑事被害人救助工作

刑事被害人救助是指人民检察院对检察诉讼环节的刑事案件，在刑事被害人遭受犯罪行为侵害，无法及时获得有效赔偿的情况下，由国家给予适当经济资助，帮助刑事被害人或其近亲属缓解经济困难、舒解精神痛苦的抚慰性救助制度。

控告申诉检察部门是开展刑事被害人救助工作的主管部门，相关部门应当积极配合，共同做好救助工作。刑事被害人救助以一次性为原则，以解决刑事被害人及其近亲属生活面临的急迫困难、维持最低生活需求为原则。救助金额以人民检察院决定给予救助时，案件管辖地上一年在岗职工月平均工资为基准，一般在 12 个月总额之内，最多不超过 36 个月总额，最低不少于 1000 元。

一、救助范围

1. 对同时具备下列条件的刑事被害人或其近亲属，可以进行救助：（1）刑事被害人权益被侵害的事实已基本查清；（2）刑事被害人或其近亲属因他人犯罪行为遭受重大损失；（3）刑事被害人积极配合司法机关审查案件，保障诉讼顺利进行；（4）加害人或其他赔偿责任人未履行赔偿责任，或虽已部分履行，但不足以支付必要的紧急救助费用；（5）刑事被害人或其近亲属因不符合其他社会保险、救助条件，无法及时得到相关赔偿或救助；（6）刑事被害人或其近亲属生活、医疗救治等陷入严重困境。

2. 对符合上述规定，并具有下列情形之一的刑事被害人或其近亲属，应当重点进行救助：（1）因严重暴力犯罪造成严重伤残的刑事被害人；（2）刑事被害人因遭受严重暴力犯罪侵害已经死亡，与其共同生活或者依靠其收入作为重要生活来源的近亲属；（3）因过失犯罪或不负刑事责任的人实施的犯罪行为导致严重伤残或死亡的，生活特别困难的刑事被害人或其近亲属。

3. 刑事被害人或其近亲属有下列情形之一的，应当不予救助：（1）因参与违法犯罪活动，导致本人生活特别困难的；（2）参与政府明令禁止的非法组织活动的；（3）不配合本院调查，隐瞒家庭财产、经济收入状况或提供虚假材料的；（4）在刑事案件中具有重大过错的；（5）无理上访，拒不停访息诉的；（6）已经获得过一次性刑事被害人救助的；（7）救助申请已由其他机关受理的；（8）刑事被害人与加害人具有亲属关系或事实婚姻，救助可能使加害人受益的；（9）法律法规规定的其他情形。

二、提起方式

人民检察院正在办理的案件中，办案部门认为需要救助的，应当告知刑事被害人或其近亲属（以下简称"申请人"）可以申请救助，根据需要送达《刑事被害人救助申请书》，连同有关材料移送控告申诉检察部门。

申请人应当提交以下材料：（1）《刑事被害人救助申请书》；（2）被害人或其近亲属居民身份证、户籍证明等有效身份证明；（3）因犯罪遭受损害的证明材料；（4）户籍地街道办事处（乡镇人民政府）、居委会（村委会）等出具的刑事被害人及其近家属的经济状况或享受最低生活保障救济的证明；（5）医疗诊断结论及费用证明；（6）申请人不是被害人本人的，应提供与被害人的关系证明材料；（7）其他与申请救助事项有关的证明材料。

申请人向办案部门提出救助申请的，办案部门应当在3日内将申请材料移送控告申诉检察部门，并告知申请人。因证据不足而不批准逮捕或者不起诉案件中的刑事被害人，自接到不批准逮捕通知书、不起诉决定书之日起 10 日内，提出救助申请的，由控告申诉检察部门办理。

救助申请一般采用书面形式；特殊情况下，也可以口头申请。接受口头申请的案件承办人应当记录申请情况，经宣读无误后，由申请人签名或盖章。

被害人或其近亲属不能提供有效证明材料、申请材料不齐全或者不符合条件的，案件承办人应在收到救助材料当日，告知申请人补正；必要时，可以由承办部门收集上述相应的证明材料。

三、审查与报批

1. 收到申请人提交的《刑事被害人救助申请书》及相关材料后，控告申诉检察部门应当指定专人对申请人的身份及提供的材料等进行程序性审查，填写《受理刑事被害人救助登记表》，经部门负责人批准后作出是否受理申请的决定。是否受理申请的决定应在收到救助申请之日起 24 小时内作出，决定不予受理的，应当制作《刑事被害人救助申请不予受理告知书》，及时告知申请人，做好安抚稳定工作。

2. 决定受理申请救助后，承办人应当及时对申请人的生活状况、被害人的过错程度、受损害程度等方面进行核查，向公安机关、街道办事处等部门了解申请人是否获得赔偿、救助等情况，并填写《刑事被害人救助事项审批表》，提出是否予以救助、救助方式、救助金额等意见。

确定救助金额时，应综合考虑刑事不法行为给申请人造成的实际损失、被害人对案件发生的过错程度、刑事案件侵害人及其他赔偿义务人实际民事赔偿情况、申请人丧失劳动能力程度、家庭经济状况、维持当地基本生活水平所必需的最低支出及其生活实际困难等因素。

核查的期限一般不超过 5 日，如确有特殊情况，经部门负责人批准可予以适当延长。

3. 对于符合救助条件的，由承办人层报部门负责人审核、分管检察长批准，必要时提请检察委员会讨论决定。对于不符合救助条件的，可由分管检察长作出不予救助的决定。

4. 决定给予救助的，应当制作《提请审批救助意见书》，提出救助意见和金额，在 3 日内报同级党委政法委和财政部门审批。

《提请审批救助意见书》应当包括以下内容：（1）被害人及其近亲属基本情况；（2）案件事实及处理情况；（3）申请救助的理由及请求；（4）核查情况及给予救助的理由；（5）救助意见及金额。

四、救助资金发放与监管

财政部门核拨救助金后，控告申诉检察部门应当制作《刑事被害人救助资金发放登记表》，载明救助金额，通知申请人亲自到场签名领取。申请人确因特殊情况不能到场的，可由代理人提交申请人的授权委托书领取。救助金自核拨至承办案件的人民检察院之日起 5 日内一次性发放到被救助人。

人民检察院决定或经审批决定不给予救助的，应当制作《不符合刑事被害人救助条件通知书》，说明理由，并在作出决定后 24 小时内送达申请人。

控告申诉检察部门应当建立健全刑事被害人救助工作档案制度和台账制度，如实填报《刑事被害人救助案件情况月报表》，并在救助完成后 10 日内报上级人民检察院控告申诉检察部门备案。

实施救助后，纪检监察部门应当对申请人进行回访，填写《刑事被害人接受救助跟踪反馈表》，了解其实际情况，考察救助效果。

在救助执行过程中发现下列情形的，对救助金进行追偿和扣减：（1）救助金发放后，发现申请人采用虚构、隐瞒、伪造等手段骗取救助金的，给予批评教育；已骗领的救助金，应予追偿。拒不返还，情节严重构成犯罪的，依法追究刑事责任。（2）申请人已从犯罪嫌疑人、被告人处获得赔偿或已通过民事诉讼、保险公司等途径获得赔偿的，已获得的救助金应当予以返还。

人民检察院给予刑事被害人救助的案件移送法院时，应当随案移送《刑事被害人救助资金发放登记表》。

对于未纳入救助范围，或者实施救助后仍陷于生活困难的刑事被害人或其近亲属，人民检察院可报请或者协调当地党委、政府将其纳入其他政府救助、社会救助、民间互助范围，使其基本生活得到保障。

人民检察院每年应当将该财政年度刑事被害人救助资金发放情况报送同级党委政法委及财政部门，并接受审计部门审计。

控告申诉检察工作流程图

来信处理流程图

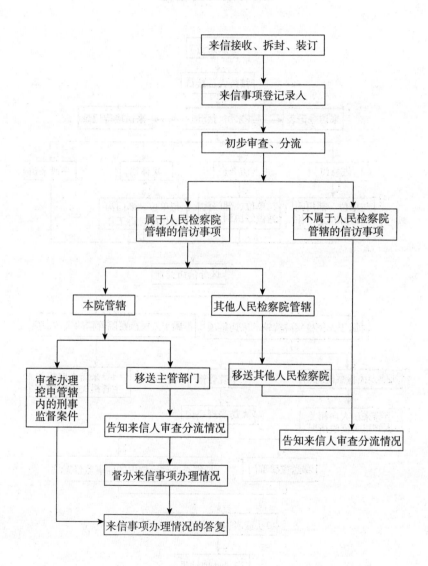

来访接待流程图

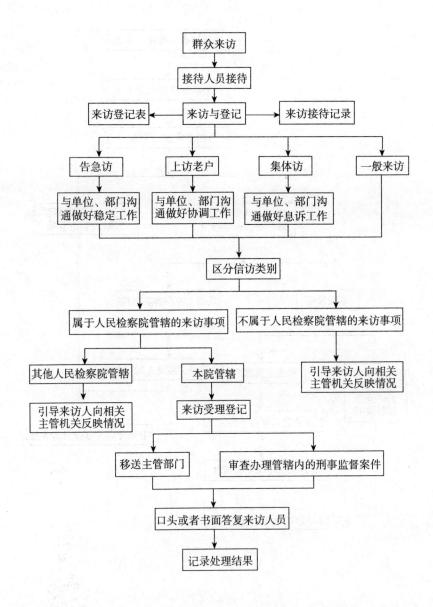

举报线索管理流程图

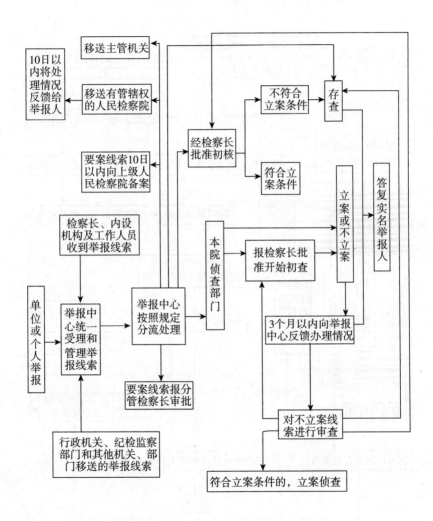

刑事申诉工作流程图

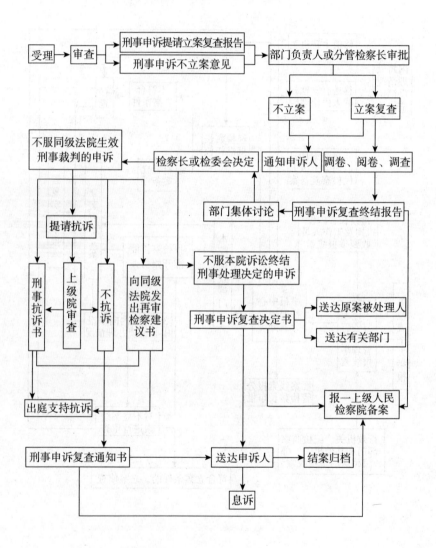

国家赔偿工作流程图

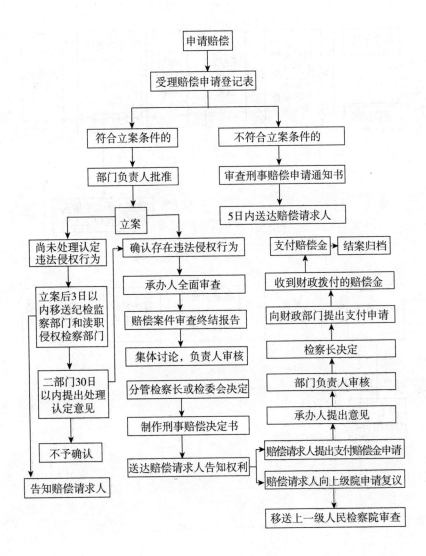

刑事被害人救助工作流程图

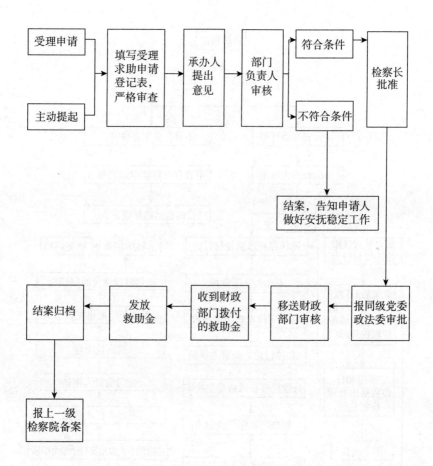

第七章 民事行政检察工作
操作规程及流程图

民事行政检察工作的任务是依法履行法律赋予检察机关的监督职责，通过抗诉、再审检察建议、检察建议等监督方式，对包括裁判结果、审判程序和执行活动在内的民事诉讼活动、行政诉讼活动实行全面监督。

第一节 管　辖

一、民事诉讼监督案件的来源

民事诉讼监督案件的来源主要有以下方面：（1）当事人向人民检察院申请监督；（2）当事人以外的公民、法人和其他组织向人民检察院控告、举报；（3）人民检察院依职权发现。

二、申请检察建议或抗诉的情形

有下列情形之一的，当事人可以向人民检察院申请检察建议或者抗诉：（1）人民法院驳回再审申请的；（2）人民法院逾期未对再审申请作出裁定的；（3）再审判决、裁定有明显错误的。

人民检察院对当事人的申请应当在3个月内进行审查，作出提出或者不予提出检察建议或者抗诉的决定。当事人不得再次向人民检察院申请检察建议或者抗诉。

三、不予受理的情形

有下列情形之一的申诉，人民检察院不予受理：（1）判决、裁定、调解书尚未发生法律效力的；（2）已经发生法律效力的解除婚姻关系或者收养关系的判决、调解书，但对财产分割部分不服的除外；（3）判决、裁定、调解书是人民法院根据人民检察院的抗诉或者再审检察建议再审后作出的；（4）人民检察院已经审查终结作出决定的；（5）当事人未向人民法院申请再审或者申请再审超过法律规定的期限的；（6）人民法院正在法定期限内对再审申请进行审查的；（7）人民法院已经裁定再审且尚未审结的；（8）其他不属于人民检察院受理的情形。

四、特殊受理情形

对人民法院作出的一审判决、裁定，当事人依法可以上诉但未提出上诉，而向人民检察院申请监督的，人民检察院不予受理，但有下列情形之一的除外：（1）据以作出原判决、裁定的法律文书被撤销或者变更的；（2）审判人员有贪污受贿、徇私舞弊、枉法裁判等严重违法行为的；（3）人民法院送达法律文书违反法律规定，影响当事人行使上诉权的；（4）当事人因自然灾害等不可抗力无法行使上诉权的；（5）当事人因人身自由被剥夺、限制，或者因严重疾病等客观原因不能行使上诉权的；（6）有证据证明他人以暴力、胁迫、欺诈等方式阻止当事人行使上诉权的；（7）因其他不可归责于当事人的原因没有提出上诉的。

五、对审判人员违法行为受理的例外

当事人认为审判程序中审判人员存在违法行为或者执行活动存在违法情形，向人民检察院申请监督，有下列情形之一的，人民检察院不予受理：（1）法律规定可以提出异议、申请复议或者提起诉讼，当事人没有提出异议、申请复议或者提起诉讼的，但有正当理由的除外；（2）当事人提出异议或者申请复议后，人民法院已经受理并正在审查处理的，但超过法定期间未作出处理的除外；（3）其他不应受理的情形。

六、应监督的民事行政案件

具有下列情形之一的民事行政案件，人民检察院应当依职权进行监督：（1）损害国家利益或者社会公共利益的；（2）审判、执行人员有贪污受贿、徇私舞弊、枉法裁判等行为的；（3）依照有关规定需要人民检察院跟进监督的。

第二节　受　　理

当事人向人民检察院申请监督，应当提交监督申请书、身份证明、相关法律文书及证据材料。提交证据材料的，应当附证据清单。申请监督材料不齐备的，控告申诉检察部门应当要求申请人限期补齐，并明确告知应补齐的全部材料。申请人逾期未补齐的，视为撤回监督申请。

一、监督申请的处理

控告申诉检察部门对监督申请，应当根据以下情形作出处理：（1）符合受理条件的，应当作出受理决定；（2）属于人民检察院受理案件范围但不属于本院管辖的，应当告知申请人向有管辖权的人民检察院申请监督；（3）不属于人民检察院受理案件范围的，应当告知申请人向有关机关反映；（4）不符合受理条件，且申请人不撤回监督申请的，可以决定不予受理。

二、办理期限和要求

控告申诉检察部门应当在决定受理之日起3日内制作《受理通知书》，发送申请人，并告知其权利义务。需要通知其他当事人的，应当将《受理通知书》和监督申请书副本发送其他当事人，并告知其权利义务。其他当事人可以在收到监督申请书副本之日起15日内提出书面意见，不提出意见的不影响人民检察院对案件的审查。

控告申诉检察部门应当在决定受理之日起3日内将案件材料移送

民事行政检察部门，同时将《受理通知书》抄送本院案件管理部门。

依职权发现的民事诉讼监督案件，民事行政检察部门应当到案件管理部门登记受理。案件管理部门接收案件材料后，应当在3日内登记并将案件材料和案件登记表移送民事检察部门；案件材料不符合规定的，应当要求补齐。案件管理部门登记受理后，需要通知当事人的，民事行政检察部门应当制作《受理通知书》，并在3日内发送当事人。

对于上级人民检察院交办的案件，基层人民检察院应当依法办理，作出决定前应当报上级人民检察院审核同意。对于上级人民检察院转办的案件，基层人民检察院自行处理。

第三节　审　　查

民事行政检察部门负责对受理后的民事行政诉讼监督案件进行审查。民事行政检察部门应当指定承办人，围绕申请人的申请监督请求以及发现的其他情形，对人民法院民事行政诉讼活动是否合法进行审查。

一、审查基本要求

审查案件，应当告知当事人有申请回避的权利，并告知办理案件的检察人员、书记员等的姓名、法律职务；应当听取当事人意见，必要时可以听证或者调查核实有关情况；可以依照有关规定调阅人民法院的诉讼卷宗。通过拷贝电子卷、查阅、复制、摘录等方式能够满足办案需要的，可以不调阅诉讼卷宗。

二、调查核实措施

经部门负责人或者检察长批准，由检察人员2人以上进行，或者委托外地人民检察院进行，可以采取以下调查核实措施：（1）查询、调取、复制相关证据材料；（2）询问当事人或者案外人；（3）咨询专业人员、相关部门或者行业协会等对专门问题的意见；（4）委托鉴定、评估、审计；（5）勘验物证、现场；（6）查明案件事实所需要采取的其他措施。

调查核实，不得采取限制人身自由和查封、扣押、冻结财产等强制性措施。调查笔录经被调查人校阅后，由调查人、被调查人签名或者盖章。被调查人拒绝签名盖章的，应当记明情况。

第四节　听　　证

人民检察院审查民事行政诉讼监督案件，认为确有必要的，可以组织有关当事人听证。

一、听证参与人员及场所

根据案件具体情况，可以邀请与案件没有利害关系的人大代表、政协委员、人民监督员、特约检察员、专家咨询委员、人民调解员或者当事人所在单位、居住地的居民委员会委员以及专家、学者等其他社会人士参加听证。

听证应当在人民检察院专门听证场所内进行。人民检察院应当在听证3日前通知参加听证的当事人，并告知听证的时间、地点。参加听证的当事人和其他相关人员应当按时参加听证，当事人无正当理由缺席或者未经许可中途退席的，不影响听证程序的进行。

二、听证内容、顺序及记录

听证应当围绕民事诉讼监督案件中的事实认定和法律适用等问题进行。对当事人提交的证据材料和人民检察院调查取得的证据，应当充分听取各方当事人的意见。

听证应当按照下列顺序进行：（1）申请人陈述申请监督请求、事实和理由；（2）其他当事人发表意见；（3）申请人和其他当事人提交新证据的，应当出示并予以说明；（4）出示人民检察院调查取得的证据；（5）案件各方当事人陈述对听证中所出示证据的意见；（6）申请人和其他当事人发表最后意见。

听证应当由书记员制作笔录,经当事人校阅后,由当事人签名或者盖章。拒绝签名盖章的,应当记明情况。

参加听证的人员应当服从听证主持人指挥。对违反听证秩序的,人民检察院可以予以训诫,责令退出听证场所;对哄闹、冲击听证场所,侮辱、诽谤、威胁、殴打检察人员等严重扰乱听证秩序的,依法追究责任。

第五节　审查终结

一、审查终结报告

承办人审查终结后,应当制作审查终结报告。审查终结报告应当全面、客观、公正地叙述案件事实,依据法律提出处理建议。

承办人通过审查监督申请书等材料即可以认定案件事实的,可以直接制作审查终结报告,提出处理建议。

民事行政检察部门应当将案件处理结果书面告知控告申诉检察部门;人民检察院受理民事行政案件,应当在3个月内审查终结并作出决定。

二、案件处理意见

案件应当经集体讨论,参加集体讨论的人员应当对案件事实、适用法律、处理建议等发表明确意见并说明理由。集体讨论意见应当在全面、客观地归纳讨论意见的基础上形成。集体讨论形成的处理意见,由民事行政检察部门负责人提出审核意见后报检察长批准。检察长认为有必要的,可以提请检察委员会讨论决定。

三、审查终结案件的处理

人民检察院对审查终结的案件,应当区分情况作出下列决定:(1)提出再审检察建议;(2)提请抗诉;(3)提出检察建议;(4)终结审查;(5)不支持监督申请。

四、中止审查的情形

有下列情形之一的，人民检察院可以中止审查：（1）人民法院已经受理审查的；（2）无法与申诉人及其代理人取得联系的；（3）申诉的自然人死亡，需要等待继承人表明是否继承申诉的；（4）申诉的法人或其他组织终止，尚未确定权利义务承受人的；（5）本案必须以另一案的审理结果为依据，而另一案尚未审结的；（6）其他应当中止审查的情形。

中止审查的，应当制作《中止审查决定书》，并发送当事人。中止审查的原因消除后，应当恢复审查。

五、终结审查的情形

有下列情形之一的，人民检察院应当终结审查：（1）人民法院已经裁定再审的；（2）申诉人撤回申诉或者当事人达成和解协议，且不损害国家利益、社会公共利益或者第三人合法权益的；（3）申诉的自然人死亡，没有继承人或者继承人放弃申诉的；（4）申诉的法人或者其他组织终止，没有权利义务承受人或权利义务承受人放弃申诉的；（5）申诉人无正当理由逾期不提交证据，致使审查无法继续进行的；（6）其他应当终结审查的情形。

终结审查的，应当制作《终止审查决定书》，需要通知当事人的，发送当事人。

决定中止和恢复审查、决定终结审查，民事行政检察部门应当在作出决定之日起3日内到本院案件管理部门登记。

第六节　再审检察建议和提请抗诉

一、向同级人民法院提出再审检察建议的情形

人民检察院发现同级人民法院已经发生法律效力的民事判决、裁定有下列情形之一的，可以向同级人民法院提出再审检察建议，并报上级人民检察院备案：（1）有新的证据，足以推翻原判决、

裁定的；（2）原判决、裁定认定的基本事实缺乏证据证明的；（3）原判决、裁定认定事实的主要证据是伪造的；（4）原判决、裁定认定事实的主要证据未经质证的；（5）对审理案件需要的主要证据，当事人因客观原因不能自行收集，书面申请人民法院调查收集，人民法院未调查收集的；（6）审判组织的组成不合法或者依法应当回避的审判人员没有回避的；（7）无诉讼行为能力人未经法定代理人代为诉讼或者应当参加诉讼的当事人，因不能归责于本人或者其诉讼代理人的事由，未参加诉讼的；（8）违反法律规定，剥夺当事人辩论权利的；（9）未经传票传唤，缺席判决的；（10）原判决、裁定遗漏或者超出诉讼请求的；（11）据以作出原判决、裁定的法律文书被撤销或者变更的。

二、向上级人民检察院抗诉的情形

1. 人民检察院发现可以向同级人民法院提出再审检察建议的民事案件有下列情形之一的，应当提请上一级人民检察院抗诉：（1）判决、裁定是经同级人民法院再审后作出的；（2）判决、裁定是经同级人民法院审判委员会讨论作出的；（3）其他不适宜由同级人民法院再审纠正的。

2. 人民检察院发现同级人民法院已经发生法律效力的民事判决、裁定具有下列情形之一的，应当提请上一级人民检察院抗诉：（1）原判决、裁定适用法律确有错误的；（2）审判人员在审理该案件时有贪污受贿、徇私舞弊、枉法裁判行为的。

3. 人民检察院对同级人民法院已经发生法律效力的行政判决、裁定，发现有下列情形之一的，可以向同级人民法院提出再审检察建议，并报上级人民检察院备案；也可以提请上级人民检察院向同级人民法院提出抗诉：（1）不予立案或者驳回起诉确有错误的；（2）有新的证据，足以推翻原判决、裁定的；（3）原判决、裁定认定事实的主要证据不足、未经质证或者系伪造的；（4）原判决、裁定适用法律、法规确有错误的；（5）违反法律规定的诉讼程序，可能影响公正审判的；（6）原判决、裁定遗漏诉讼请求的；（7）据以作出原判决、裁定的法律文书被撤销或者变更的；（8）审判人员在审理该案件时有贪污受贿、徇私舞弊、枉法裁判行为的。

4. 人民检察院发现民事、行政调解书损害国家利益、社会公共利益的，可以向同级人民法院提出再审检察建议，也可以提请上一级人民检察院抗诉。

三、制作法律文书、出庭支持再审和抗诉

人民检察院提出再审检察建议，应当经本院检察委员会决定，制作《再审检察建议书》，在决定提出再审检察建议之日起 15 日内将《再审检察建议书》连同案件卷宗移送同级人民法院，并制作决定提出再审检察建议的通知书，发送当事人。

人民检察院提请抗诉，应当制作《提请抗诉报告书》，在决定提请抗诉之日起 15 日内将《提请抗诉报告书》连同案件卷宗报送上一级人民检察院，并制作决定提请抗诉的通知书，发送当事人。

人民检察院认为当事人的监督申请不符合提出再审检察建议或者提请抗诉条件的，应当作出不支持监督申请的决定，并在决定之日起 15 日内制作《不支持监督申请决定书》，发送当事人。

人民检察院认为当事人申请监督的审判程序中审判人员违法行为不存在或者不构成的，或者当事人申请监督的人民法院执行活动不存在违法情形的，应当作出不支持监督申请的决定，并在决定之日起 15 日内制作《不支持监督申请决定书》，发送申请人。

人民检察院提出再审检察建议的案件，人民法院再审时，人民检察院应当派员出席法庭。受理抗诉的人民法院将抗诉案件交下级人民法院再审的，提出抗诉的人民检察院可以指令再审人民法院的同级人民检察院派员出庭。

第七节　检察建议和支持起诉

一、检察建议

（一）向同级人民法院提出检察建议的情形

1. 人民检察院发现同级人民法院民事行政审判程序中有下列

情形之一的，应当向同级人民法院提出检察建议：（1）判决、裁定确有错误，但不适用再审程序纠正的；（2）调解违反自愿原则或者调解协议的内容违反法律的；（3）符合法律规定的起诉和受理条件，应当立案而不立案的；（4）审理案件适用审判程序错误的；（5）保全和先予执行违反法律规定的；（6）支付令违反法律规定的；（7）诉讼中止或者诉讼终结违反法律规定的；（8）违反法定审理期限的；（9）对当事人采取罚款、拘留等妨害民事诉讼的强制措施违反法律规定的；（10）违反法律规定送达的；（11）审判人员接受当事人及其委托代理人请客送礼或者违反规定会见当事人及其委托代理人的；（12）审判人员实施或者指使、支持、授意他人实施妨害民事诉讼行为，尚未构成犯罪的；（13）其他违反法律规定的情形。

2. 人民检察院依照上述规定提出检察建议的，或者经检察委员会决定，对人民法院执行活动提出检察建议的，应当制作《检察建议书》，在决定提出检察建议之日起15日内将《检察建议书》连同案件卷宗移送同级人民法院，并制作决定提出检察建议的《通知书》，发送申请人。

（二）其他提出检察建议的情形

1. 人民检察院对审判监督程序以外的其他审判程序中审判人员的违法行为，有权向同级人民法院提出检察建议。

2. 有下列情形之一的，人民检察院可以提出改进工作的检察建议：（1）人民法院对民事行政诉讼中同类问题适用法律不一致的；（2）人民法院在多起案件中适用法律存在同类错误的；（3）人民法院在多起案件中有相同违法行为的；（4）有关单位的工作制度、管理方法、工作程序违法或者不当，需要改正、改进的。

3. 有下列情形之一的，人民检察院应当按照有关规定跟进监督或者提请上级人民检察院监督：（1）人民法院审理民事行政抗诉案件作出的判决、裁定、调解书仍符合提请抗诉条件的；（2）人民法院对人民检察院提出的检察建议未在规定的期限内作出处理并书面回复的；（3）人民法院对检察建议的处理结果错误的。

4. 人民法院对人民检察院监督行为提出建议的，人民检察院应当在 1 个月内将处理结果书面回复人民法院。人民法院对回复意见有异议，并通过上一级人民法院向上一级人民检察院提出的，上一级人民检察院认为人民法院建议正确的，应当要求基层人民检察院及时纠正。

5. 民事检察部门在履行职责过程中，发现涉嫌犯罪的行为，应当及时将犯罪线索及相关材料移送本院相关职能部门。

（三）监督的撤回

人民检察院认为当事人申请监督的审判程序中审判人员违法行为不存在或者不构成的，或者当事人申请监督的人民法院执行活动不存在违法情形的，应当作出不支持监督申请的决定，并在决定之日起 15 日内制作《不支持监督申请决定书》，发送申请人。

人民检察院向人民法院或者有关机关提出监督意见后，发现监督意见确有错误或者有其他情形确需撤回的，应当经检察长批准或者检察委员会决定予以撤回。

上级人民检察院发现基层人民检察院监督错误或者不当，指令基层人民检察院撤回的，基层人民检察院应当执行。

二、支持起诉

人民检察院对损害国家、集体或者个人民事权益的行为，可以支持受损害的单位或者个人向人民法院起诉。在支持权益受到侵害的单位或个人到法院立案后，就案件的基本事实、法律适用和处理意见向法院发出《支持起诉意见书》。派员出庭支持起诉，宣读支持起诉意见书，发表最后陈述意见，配合法院进行调解。

民事行政检察部门收到法院的判决书或调解书后，应当对以下内容进行审查：（1）本院的支持起诉意见是否被采纳；（2）不被采纳的理由；（3）判决书是否错误、调解是否违法；（4）是否对判决书、调解书提请抗诉；（5）对判决书、调解书的执行情况进行跟踪和监督。

民事行政检察工作流程图

民事行政检察工作流程图

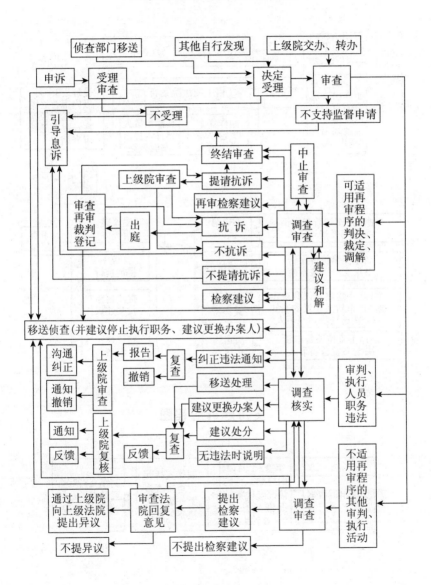

抗诉、再审检察建议案件办理流程图

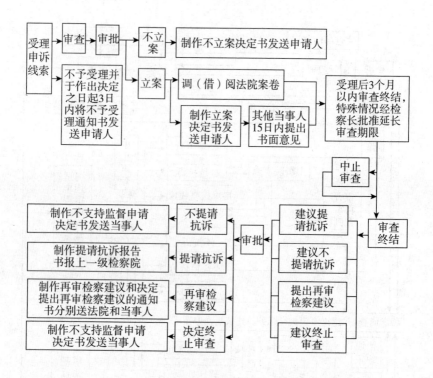

支持起诉流程图

第八章　法律政策研究工作
操作规程及流程图

基层人民检察院法律政策研究室的主要职责包括以下几项：（1）组织协调本院检察调研工作；（2）对本院检察工作中具体应用法律和执行政策问题进行调查研究，向本院领导和有关部门提出意见、建议；（3）围绕检察实践中遇到的新情况、新问题开展专题调研，为领导机关和本院领导提供决策参考意见；（4）参与组织有关法律执行情况专项检查工作；（5）承办本院检察委员会日常工作，对提交检察委员会讨论的事项和案件材料是否符合要求进行程序性审查；对提交讨论的案件进行实体性审查，提出法律参考意见；对检察委员会讨论决定事项进行督办；承担检察委员会会务工作，起草会议纪要；（6）负责起草经本院检察委员会讨论适用法律的疑难问题向上级检察院的请示报告；（7）负责本院专家咨询委员会日常工作；（8）负责检察理论研究工作和检察官协会工作；（9）编辑检察业务内部刊物，收集、整理法律、检察业务资料；（10）负责其他应当由基层人民检察院法律政策研究室承办的事项。

第一节　检察理论研究工作

一、相关部门及人员职责

分管检察长主抓检察理论研究工作，向检察长、院党组负责并报告工作。法律政策研究室负责全院检察理论研究的组织、调研文章的收集、统计、报送、考评、奖励工作，定期召开专题研讨会。

全院干警负有撰写调研稿件的义务。兼职调研员负责本部门调研稿件的登记、报送工作。各部门负责人抓好本科室的调研工作，并负责本部门干警撰写调研稿件的把关、修改工作。题材难度较大的稿件或全院性工作经验材料的撰写工作由研究室协助进行。

二、登记

各部门撰写并投稿的调研稿件电子版要及时报研究室登记。各部门被采用的稿件（或刊物）复印件要及时送交研究室留存、登记。

三、考评

研究室定期对各部门调研稿件撰写和采用刊发情况进行汇总，通过督查室向全院公布。年终会同政治处进行考评，并按照检察长督办令的相关规定进行奖励。

根据各部门全体人员所承担的分值任务总和，考核该部门调研工作。

第二节　检察委员会工作

一、检察委员会审议议题的范围

检察委员会审议议题的范围包括：（1）审议在检察工作中贯彻执行国家法律、政策的重大问题；（2）审议贯彻执行本级人民代表大会及其常务委员会决议，拟提交本级人民代表大会及其常务委员会的工作报告、专项工作报告和议案；（3）审议贯彻执行上级人民检察院工作部署、决定的重大问题，总结检察工作经验，研究检察工作中的新情况、新问题；（4）审议重大专项工作和重大业务工作部署；（5）经检察长决定，审议有重大社会影响或者重大意见分歧的案件，以及根据法律及其他规定应当提请检察委员会决定的案件；（6）经检察长决定，审议按照有关规定向上一级人民检察院请示的重大事项，提请抗诉的刑事案件和民事、行政案件，以及应当提请上一级人民检察院复议的事项或者案件；（7）决定本级人民捡察院检察长、公安机关负责人的回避；（8）审议检察长认为需要提请检察委员会审议的其他议题。

二、检察委员会会议的举行

检察委员会会议一般每半个月举行 1 次；必要时可以临时召开会议。检察委员会会议由检察长主持召开。检察长因特殊事由可以委托副检察长主持会议。检察委员会会议必须有检察委员会全体委员的过半数出席，方能举行。检察委员会举行会议，检察委员会委员应当出席。检察委员会委员因特殊原因不能出席的，应当向检察长或者受委托主持会议的副检察长请假，并通知检察委员会办公室。

检察委员会在审议有关议题时，经检察长决定，未担任检察委员会委员的院领导和内设机构负责人可以列席会议。出席、列席检察委员会会议的人员，对检察委员会会议讨论的情况和内容应当保密。检察委员会在讨论决定案件时，检察委员会委员具有法律规定的应当回避的情形的，应当申请回避并由检察长决定；本人没有申请回避的，检察长应当决定其回避。检察长的回避由本院检察委员会决定。

三、检察委员会议题的提请

承办部门提请检察委员会审议事项或者案件，应当符合检察委员会审议议题的范围。检察委员会委员提出议题的，经检察长同意后可以提请检察委员会审议。

承办部门提请检察委员会审议事项或者案件，由承办检察官提出办理意见，承办部门讨论，部门主要负责人签署明确意见，经分管检察长审核后报检察长决定。提请检察委员会审议的重大事项，承办部门应当深入调查研究，充分听取本院内设机构的意见，必要时可以征求有关部门的意见。

提出议题采用书面形式，详细说明或者报告有关问题，附有关法律文书和法律、法规、司法解释等文件，并符合下列内容和格式要求：

1. 提请检察委员会审议报告、司法解释、规范性文件或者其他事项，应当有文件草案及起草情况说明。起草情况说明的主要内容包括：事项缘由及背景、文件起草过程、征求意见情况、对有关问题的研究意见及理由。必要时，对文件的主要条文应当逐条说明。

2. 提请检察委员会审议案件，应当有书面报告，报告的主要内容包括：提请讨论决定的问题，案件来源，当事人、其他诉讼参与人的基本情况，诉讼过程，案件事实和证据，分歧意见或者诉争要点，承办部门工作情况、审查意见及法律依据，其他有关部门或者专家意见。

对主要问题存在分歧意见的，承办部门应当予以说明。

四、检察委员会会议的准备

检察长决定将议题提请检察委员会审议的，检察委员会办公室应当对议题进行登记、审查，主要审查以下内容：（1）议题范围是否属于《人民检察院检察委员会议事和工作规则》第 3 条规定的事项和案件；（2）承办部门提请审议的程序、议题报告或者相关材料是否符合《人民检察院检察委员会议题标准（试行）》规定的相关要求。

检察委员会办公室经审核认为议题报告符合提交检察委员会审议要求的，承办部门应当按照标准格式印制材料；认为议题报告不符合规定或者欠缺有关材料的，应当提出意见并退回承办部门修改、补充。

认为承办部门的议题和提请审议的程序不符合有关规定、书面报告或者说明的内容和形式不符合规定或者欠缺有关材料的，应当提出意见后由承办部门修改、补充。必要时，对议题的有关法律问题可以提出研究意见。

检察委员会办公室提出检察委员会会议议程建议，连同承办部门的报告报请检察长决定。检察委员会会议议程确定后，检察委员会办公室一般应当在会议举行3日以前，将拟审议的议题、举行会议的时间和地点通知检察委员会委员、列席会议的人员和有关承办部门，并分送会议相关材料。检察委员会办公室在通知检察委员会委员参加会议以后，应当及时统计能够出席会议的委员人数，能够出席的委员人数不过全体委员半数的，及时报请检察长或者受委托主持会议的副检察长决定推迟会议。

检察委员会办公室对提交检察委员会审议的事项和案件应提出法律咨询意见。法律咨询意见应当观点鲜明、论据充分、简明扼要。法律咨询意见经分管专职委员或者分管副检察长审核后，提交检察委员会审议时参考。

五、议题的审议

出席检察委员会会议的人员在接到会议通知和会议相关材料后，应当认真研究，准时出席会议。

检察委员会办公室应当在会议开始前，统计到会委员人数，将出席、请假委员的情况报告会议主持人。

检察委员会审议议题，按照以下程序进行：（1）承办部门、承办人员汇报；（2）检察委员会委员提问、讨论；（3）会议主持人发表个人意见、总结讨论情况；（4）表决并作出决定。

检察委员会审议议题，应当全面听取承办部门承办人员的汇报。承办部门汇报后，检察委员会委员可以就相关问题提问，承办部门应当进行说明。

承办部门汇报后，在主持人的组织下，检察委员会委员应当对议题发表意见。发表意见一般按照以下顺序进行：（1）检察委员会专职委员发表意见；（2）未担任院领导职务的委员发表意见；（3）担任院领导职务的委员发表意见。

必要时，会议主持人可以在委员讨论后、总结前请有关列席人员发表意见。发言应当围绕会议审议的议题进行，重点就审议的主要问题和内容发表明确的意见，并提出理由和依据。

经委员提议或者会议主持人决定，对于审议中的议题，如果认为不需要检察委员会作出决定的，可以责成承办部门处理；认为需要进一步研究的，可以责成承办部门补充进行相关工作后，再提请检察委员会审议。

会议主持人在委员发言结束后可以发表个人意见，并对审议的情况进行总结，委员意见分歧较大的，会议主持人可以决定暂不作出决定，另行审议。

检察委员会表决议题，可以采用口头方式或者举手方式，按照少数服从多数的原则，由检察委员会全体委员的过半数通过。少数委员的意见可以保留并记录在卷。必要时，在会议结束后可以就审议的事项和案件征求未出席会议的委员的意见。表决结果由会议主持人当场宣布。

受委托主持会议的副检察长应当在会后将会议审议的情况和表决意见及时报告检察长。检察长同意的，决定方可执行。检察长不同意多数检察委员会委员意见的，对案件可以提请上一级人民检察院决定；对事项可以报请上一级人民检察院或者本级人民代表大会常务委员会决定。报请本级人民代表大会常务委员会决定的，应当同时抄报上一级人民检察院。

六、会议记录和会议纪要

检察委员会审议、决定的情况和检察委员会委员在检察委员会会议上的发言，由检察委员会办公室工作人员记录存档。

会议记录应当清楚、全面、翔实，内容包括：（1）会议召开的时间、地点、议题、主持人、出席委员、缺席委员、列席人员、承办人、记录人；（2）承办部门汇报内容；（3）承办部门负责人意见和补充说明；（4）检察委员会委员发言及意见；（5）列席人员的发言；（6）会议主持人的意见及审议情况总结；（7）会议决议。

检察委员会的会议记录，未经检察长批准不得查阅、抄录、复制。

检察委员会审议议题，检察委员会办公室应于检察委员会会议结束后3个工作日内制作会议纪要，报分管专职委员或者分管副检察长审核后，呈请检察长或者受委托主持会议的副检察长审批。会议纪要涉密的，应当标明密级。会议纪要印发各位委员并同时报上一级人民检察院检察委员会办公室备案。

七、检察委员会决定的执行和督办

对于检察委员会的决定，承办部门应当及时执行。检察委员会办公室应当根据会议纪要的决定内容，及时制作《人民检察院检察委员会决定事项通知书》，报分管专职委员或者分管副检察长审核后，呈请检察长或者受委托主持会议的副检察长审批。检察委员会决定事项通知书以本院名义印发本院有关的内设机构执行。

检察委员会原则通过的议题，承办部门应当根据审议意见进行补充、修改，必要时应当与有关方面进行沟通、协调，并向检察委员会办公室书面说明采纳意见情况和补充修改情况。不采纳重要意见的，应当提出书面报告，经分管检察长审核后向检察长报告。

承办部门应当向检察委员会办公室通报检察委员会决定的执行情况，并在决定执行完毕后5日内填写《检察委员会决定事项执行情况反馈表》，由部门负责人签字后，连同反映执行情况的相关材料，交检察委员会办公室存档备查。

承办部门因特殊原因不能及时执行检察委员会决定的，应当提出书面报告，说明有关情况和理由，经分管检察长审核后报检察长决定。

检察委员会办公室应当及时了解承办部门执行检察委员会决定的情况，必要时经分管专职委员或者分管副检察长批准，应当进行督办。检察委员会办公室应当严格执行检察委员会决定执行情况定期报告制度，每半年向检察长和检察委员会报告一次。

对于检察委员会审议通过的规范性文件，承办部门应当定期检查执行情况，对执行中存在的问题进行调查研究，并适时提出修改、完善的意见。对擅自改变检察委员会决定或者故意拖延、拒不执行检察委员会决定的，应当按照有关规定追究主要责任人员的法律、纪律责任。

八、上级人民检察院检察委员会决定

对于上级人民检察院检察委员会的决定，有关的基层人民检察院应当及时执行。基层人民检察院因特殊原因不能及时执行上级人民检察院检察委员会决定的，应当向上级人民检察院相关部门提出书面报告，说明有关情况和理由。基层人民检察院对上一级人民检察院检察委员会的决定有不同意见的，可以请求复议。对上一级检察委员会复议作出的决定，基层人民检察院应当执行。

第三节　人民监督员案件监督工作

一、人民监督员监督案件的范围

人民监督员对人民检察办理直接受理立案侦查案件的下列情形实施监督：（1）应当立案而不立案或者不应当立案而立案的；（2）超期羁押的或者检察机关延长羁押期限决定不正确的；（3）违法搜查、扣押、冻结或者违法处理扣押、冻结款物的；（4）拟撤销案件的；（5）拟不起诉的；（6）应当给予刑事赔偿而不依法予以赔偿的；（7）检察人员在办案中有徇私舞弊、贪赃枉法、刑讯逼供、暴力取证的；（8）犯罪嫌疑人不服逮捕决定的；（9）采取指定居所监视居住强制措施违法的；（10）阻碍律师或其他诉讼参与人依法行使诉讼权利的；（11）应当退还取保候审保证金而不退还的。

二、人民监督员监督程序的启动

人民检察院承办的拟撤销、拟不起诉的案件，承办部门应当在提出拟处理决定起3日以内将拟处理决定、主要证据目录、相关法律规定等材料通过本院人民监督员办公室报送上一级人民检察院，并做好接受监督的准备。

人民监督员认为人民检察院办理直接受理立案侦查案件具有拟撤销案件、拟不起诉以外的情形，要求启动人民监督员监督程序的，人民监督员办公室应当进行审查，并在 3 日以内提出拟办意见报检察长批准。不属于本院管辖的，移送有管辖权的人民检察院按有关规定办理；属于本院管辖的，按照下列分工移送有关部门办理：（1）应当立案而不立案或者不应当立案而立案的，由侦查监督部门承办。（2）办案中超期羁押的，由刑事执行检察部门承办；延长羁押期限不当的，由侦查监督部门承办。（3）违法搜查、扣押、冻结的，根据诉讼阶段分别由侦查监督、公诉、控申部门会同案件管理部门承办。（4）涉案款物处理不当的，由涉案款物处理部门会同案件管理部门承办。（5）应当给予刑事赔偿而不依法予以赔偿的，由赔偿工作部门承办。（6）检察人员在办案中有徇私舞弊、贪赃枉法、刑讯逼供、暴力取证等违法违纪情形的，由纪检监察部门承办。（7）采取指定居所监视居住强制措施违法的，由刑事执行检察部门承办。（8）阻碍律师或其他诉讼参与人依法行使诉讼权利的，由控申部门承办。（9）应当退还取保候审保证金而不退还的，由控申部门会同案件管理部门承办。

相关部门应当在收到人民监督员办公室移送的相关材料之日起 30 日内将拟处理意见、主要证据目录、相关法律规定等材料通过人民监督员办公室报送上一级人民检察院，并做好接受监督的准备。人民监督员办公室收到案件承办部门移送的有关案件材料后，应当及时审查。对于材料不齐备的，应当要求承办部门补充移送。对于材料齐备的，应当报送上一级人民检察院人民监督员办公室。

参加案件监督的人民监督员确定后，人民监督员办公室应当及时通知案件承办部门，并告知监督案件的时间和地点。

三、案件监督工作

案件监督工作应当依照下列步骤进行：（1）人民监督员办公室向人民监督员提交拟处理决定（意见）书及充分的有关案件事实、证据和法律适用等材料；（2）案件承办人向人民监督员全面客观地介绍案件事实、证据认定、法律适用以及对案件处理的不同观点和意见，说明拟处理决定（意见）的理由和依据；（3）案件承办人回答人民监督员提出的问题；（4）人民监督员进行评议和表决。

必要时，案件承办人可以向人民监督员出示相关案件材料，或者播放讯问犯罪嫌疑人录音录像等相关视听资料。

人民监督员进行评议和表决，案件承办人和其他工作人员应当回避。人民检察院应当根据案件诉讼程序、办案期限等实际情况，及时组织人民监督员进行监督，不得因人民监督员的监督而超过法定办案期限；犯罪嫌疑人在押的，不得因人民监督员的监督而超期羁押。

四、人民监督员表决意见的审查

人民监督员办公室收到上一级人民检察院人民监督员办公室移送的人民监督员评议情况和表决意见后，应当及时上报检察长，对人民监督员的表决意见进行审查。

检察长不同意人民监督员表决意见的，应当提交检察委员会讨论决定。检察委员会应当根据案件事实和法律规定，全面审查、认真研究人民监督员的评议和表决意见，依法作出决定。

五、告知和复议

人民监督员办公室应当在检察长或者检察委员作出处理决定的2日内，通过上一级人民检察院人民监督员办公室告知参加监督的人民监督员。检察委员会的决定与人民监督员表决意见不一致的，应当向参加监督的人民监督员作出必要的说明。

人民检察院处理决定未采纳多数人民监督员评议表决意见，经反馈说明后，多数人民监督员仍有异议的，可以提请人民检察院复议一次。

六、备案

人民监督员办公室应当在检察长或者检察委员会作出决定后7日内，将已监督的案件有关情况报上一级人民检察院人民监督员办公室备案。

法律政策研究工作流程图

检察委员会审议工作流程图

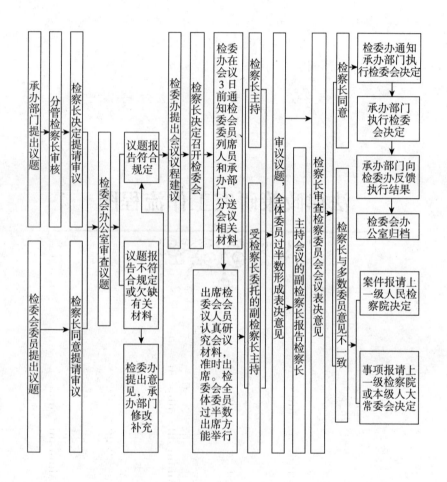

人民监督员案件监督工作流程图

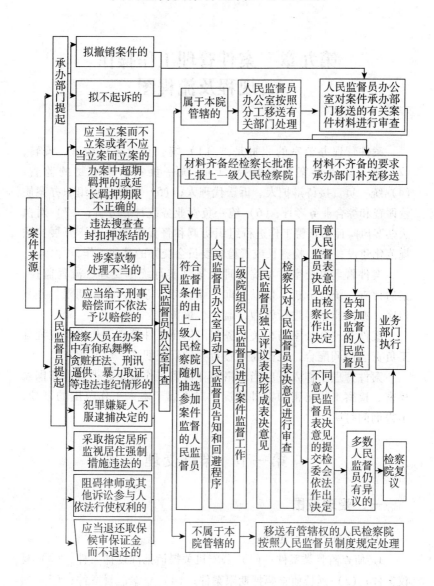

第九章 案件管理工作操作规程及流程图

案件管理办公室的职责是：（1）统一负责案件受理、流转；（2）统一负责办案流程监控；（3）统一负责涉案财物的监管；（4）统一负责接待辩护人、诉讼代理人；（5）统一负责组织办案质量评查和综合业务考评；（6）统一负责业务统计、分析；（7）对执法办案风险评估预警工作进行组织协调和督促检查；（8）开展执法规范化建设；（9）检察长或者检察委员会交办的其他工作。

案件管理办公室对本院办理的案件实行统一受理、流程监控、案后评查、统计分析、信息查询、综合考评等，对办案期限、办案程序、办案质量等进行管理、监督、预警。

案件管理办公室与相关业务部门依照案件管理工作操作规程分工负责、协调配合，规范高效履行案件管理职责。

案件管理工作人员应当严格遵守保密工作规定，严禁泄露国家秘密、检察工作秘密和案件情况，对不属于本人工作范围的事项，不得询问打听。

第一节 案件受理

一、受理范围

案件受理的范围包括：

1. 侦查监督类案件：（1）公安机关提请批准逮捕案件；（2）复议案件；（3）延长侦查羁押期限案件；（4）立案监督案件；（5）侦查活动监督案件。

2. 公诉类案件：（1）审查起诉案件；（2）申请强制医疗案件；（3）申请没收非法所得再审案件。

3. 直接受理侦查的案件自立案始纳入案件管理范围，包括以下案件：（1）本院直接立案侦查的职务犯罪案件；（2）上级人民检察院交办、转办的由本院立案侦查的职务犯罪案件。

4. 侦查监督部门、公诉部门、未成年人刑事检察部门、刑事执行检察部门办理的刑事诉讼监督案件，自监督始纳入案件管理范围。

5. 其他案件，经检察长批准由案件管理办公室管理。

二、受理程序

对于侦查机关移送的审查逮捕、审查起诉、延长侦查羁押期限、申请强制医疗、申请没收违法所得等案件，由案件管理办公室统一受理；对于人民检察院管辖的其他案件，需要由案件管理办公室受理的，经检察长批准后，由案件管理办公室受理。

案件管理办公室受理案件时，应当接收案卷材料，并立即审查下列内容：（1）依据移送的法律文书载明的内容确定案件是否属于本院管辖；（2）案卷材料是否齐备、规范，是否符合有关规定的要求；（3）移送的款项或者物品与移送清单是否相符；（4）犯罪嫌疑人是否在案以及采取强制措施的情况。

案件管理办公室对接收的案卷材料审查后，认为具备受理条件的，录入相关案卡信息后，填写《受理案件登记表》、《接收案件通知书》、《案件材料移送清单》，并立即将案卷材料移送办案部门办理。经审查，认为案卷材料不齐备的，及时要求移送案件的单位补送相关材料，对于案卷装订不符合要求的，要求移送案件的单位重新装订后移送。不符合受理条件的，案件管理办公室填写《不予受理案件通知书》，连同案卷退回移送单位。

侦查机关送达的执行情况回执和人民法院送达的判决书、裁定书等法律文书，由案件管理部门负责接收。案件管理部门应当及时登记，并及时移送相关办案部门。

第二节　办案流程管理

一、案件的登记、期限和审查

案件管理办公室对受理登记的案件，自受理之日起，对办案程序进行跟踪、预警和监控。

案件管理办公室对正在办理的侦查监督类案件在法定期限届满2日前，其他案件在法定期限届满5日前进行预警提示。

审查批捕案件办结后、审查起诉案件退回补充侦查、报送上一级人民检察院、移交其他检察院审查起诉的，案件管理办公室审核移送材料是否规范、齐备。符合移送条件的，案件管理办公室统一负责通知公安机关取卷或报送上一级人民检察院及移送他院。认为材料不符合要求的，及时通知办案部门补送、更正。

二、违法违规行为的处理

案件管理办公室在履行监管职责过程中，发现违反法律规定和执法办案规则等行为时，应当向相关办案部门或有关人员了解情况。在核实相关情况后，对于情节轻微的，可以向办案部门或者办案人员进行口头提示。发现本院办案部门或者办案人员有下列情形之一的，应当及时提出纠正意见：（1）查封、扣押、冻结、保管、处理涉案财物不符合有关法律和规定的；（2）法律文书使用不当或者有明显错漏的；（3）超过法定的办案期限仍未办结案件的；（4）侵害当事人、辩护人、诉讼代理人的诉讼权利的；（5）未依法对立案、侦查、审查逮捕、公诉、审判等诉讼活动以及执行活动中的违法行为履行法律监督职责的；（6）其他违法办理案件的情形。

案件管理办公室，对于情节较重的，应当向办案部门发送《案件流程监控通知书》，提示办案部门及时查明情况并予以纠正；情节严重的，应当向办案部门发送《案件流程监控通知书》，并向检察长报告。

相关办案部门接到《案件流程监控通知书》后 10 日内，应当将查明的情况书面回复案件管理办公室。

第三节　涉案财物管理

一、涉案财物的接收

案件管理办公室指定专门人员，负责有关涉案财物的接收、管理和相关信息的录入工作。

（一）依据不同情况分别处理

人民检察院办案部门查封、扣押、冻结涉案财物及其孳息后，应当及时按照下列情形分别办理，至迟不得超过 3 日，法律和有关规定另有规定的除外：（1）将扣押的款项存入唯一合规账户；（2）将扣押的物品和相关权利证书、支付凭证以及具有一定特征能够证明案情的现金等，送案件管理办公室入库保管；（3）将查封、扣押、冻结涉案财物的清单和扣押款项存入唯一合规账户的存款凭证等，送案件管理办公室登记。

案件管理办公室应当对存款凭证复印保存，并将原件送计划财务装备部门。

扣押的款项或者物品因特殊原因不能按时存入唯一合规账户或者送案件管理部门保管的，经检察长批准，可以由办案部门暂时保管，在原因消除后及时存入或者移交，但应当将扣押清单和相关权利证书、支付凭证等依照相关规定的期限送案件管理办公室登记、保管。

（二）审查涉案财物和清单的要求

案件管理办公室接收本院办案部门移送的涉案财物或者清单时，应当审查是否符合下列要求：

1. 有立案决定书和相应的查封、扣押、冻结法律文书以及查封、扣押清单，并填写规范、完整，符合相关要求；

2. 移送的财物与清单相符；

3. 移送的扣押物品清单，已经依照《人民检察院刑事诉讼规则（试行）》有关扣押的规定注明扣押财物的主要特征；

4. 移送的外币、金银珠宝、文物、名贵字画以及其他不易辨别真伪的贵重物品，已经依照《人民检察院刑事诉讼规则（试行）》有关扣押的规定予以密封，检察人员、见证人和被扣押物品持有人在密封材料上签名或者盖章，经过鉴定的，附有鉴定意见复印件；

5. 移送的存折、信用卡、有价证券等支付凭证和具有一定特征能够证明案情的现金，已经依照《人民检察院刑事诉讼规则（试行）》有关扣押的规定予以密封，注明特征、编号、种类、面值、张数、金额等，检察人员、见证人和被扣押物品持有人在密封材料上签名或者盖章；

6. 移送的查封清单，已经依照《人民检察院刑事诉讼规则（试行）》有关查封的规定注明相关财物的详细地址和相关特征，检察人员、见证人和持有人签名或者盖章，注明已经拍照或者录像及其权利证书是否已被扣押，注明财物被查封后由办案部门保管或者交持有人或者其近亲属保管，注明查封决定书副本已送达相关的财物登记、管理部门等。

（三）不移送案件管理办公室保管的涉案财物

办案部门查封、扣押的下列涉案财物不移送案件管理办公室保管，由办案部门拍照或者录像后妥善管理或者及时按照有关规定处理：

1. 查封的不动产和置于该不动产上不宜移动的设施等财物，以及涉案的车辆、船舶、航空器和大型机械、设备等财物，及时依照《人民检察院刑事诉讼规则（试行）》有关查封、扣押的规定扣押相关权利证书，将查封决定书副本送达有关登记、管理部门，并告知其在查封期间禁止办理抵押、转让、出售等权属关系变更、转移登记手续；

2. 珍贵文物、珍贵动物及其制品、珍稀植物及其制品，按照国家有关规定移送主管机关；

3. 毒品、淫秽物品等违禁品，及时移送有关主管机关，或者根据办案需要严格封存，不得擅自使用或者扩散；

4. 爆炸性、易燃性、放射性、毒害性、腐蚀性等危险品，及时移送有关部门或者根据办案需要委托有关主管机关妥善保管；

5. 易损毁、灭失、变质等不宜长期保存的物品，易贬值的汽车、船艇等物品，经权利人同意或者申请，并经检察长批准，可以及时委托有关部门先行变卖、拍卖，所得款项存入唯一合规账户。先行变卖、拍卖应当做到公开、公平。

办案部门依照前述规定不将涉案财物移送案件管理办公室保管的，应当将查封、扣押清单以及相关权利证书、支付凭证等依照相关规定移送案件管理部门登记、保管。

（四）其他办案机关移送的涉案财物的处理

案件管理办公室接收其他办案机关随案移送的涉案财物的，参照接收人民检察院办案部门移送涉案财物的规定进行审查和办理。

对移送的物品、权利证书、支付凭证以及具备一定特征能够证明案情的现金，案件管理办公室审查后认为符合要求的，予以接收并入库保管。

对移送的涉案款项，由其他办案机关存入检察机关指定的唯一合规账户，案件管理办公室对转账凭证进行登记并联系计划财务装备部门进行核对。

其他办案机关直接移送现金的，案件管理办公室既可以告知其存入指定的唯一合规账户，也可以联系计划财务装备部门清点、接收并及时存入唯一合规账户。计划财务装备部门应当在收到款项后3日以内将收款凭证复印件送案件管理部门登记。

对于其他办案机关移送审查起诉时随案移送的有关实物，案件管理办公室经商公诉部门后，认为属于不宜移送的，可以依照《刑事诉讼法》第234条第1款、第2款的规定，只接收清单、照片或者其他证明文件。必要时，案件管理办公室可以会同公诉部门与其他办案机关相关部门进行沟通协商，确定不随案移送的实物。

（五）密封的涉案财物的处理

案件管理办公室接收密封的涉案财物，一般不进行拆封。移送部门或者案件管理办公室认为有必要拆封的，由移送人员和接收人员共同启封、检查、重新密封，并对全过程进行录像。根据《人民检察院刑事诉讼规则（试行）》有关扣押的规定应当予以密封的涉案财物，启封、检查、重新密封时应当依照规定有见证人、持有人或者单位负责人等在场并签名或者盖章。

案件管理部门对于接收的涉案财物、清单及其他相关材料，认为符合条件的，应当及时在移送清单上签字并制作入库清单，办理入库手续。认为不符合条件的，应当将原因告知移送单位，由移送单位及时补送相关材料，或者按照有关规定进行补正或者作出合理解释。

二、涉案财物的保管

案件管理部门对收到的物品应当建账设卡，一案一账，一物一卡（码）。对于贵重物品和细小物品，根据物品种类实行分袋、分件、分箱设卡和保管。案件管理部门应当定期对涉案物品进行检查，确保账实相符。

涉案物品专用保管场所应当符合下列防火、防盗、防潮、防尘等要求：（1）安装防盗门窗、铁柜和报警器、监视器；（2）配备必要的储物格、箱、袋等设备设施；（3）配备必要的除湿、调温、密封、防霉变、防腐烂等设备设施；（4）配备必要的计量、鉴定、辨认等设备设施；（5）需要存放电子存储介质类物品的，应当配备防磁柜；（6）其他必要的设备设施。

办案部门人员需要查看、临时调用涉案财物的，应当经办案部门负责人批准；需要移送、处理涉案财物的，应当经检察长批准。案件管理部门对于审批手续齐全的，应当办理查看、出库手续并认真登记。对于密封的涉案财物，在查看、出库、归还时需要拆封的，应当遵守启封、检查、重新密封涉案财物的要求。

三、涉案财物的处理

人民检察院作出撤销案件决定、不起诉决定或者收到人民法院作出的生效判决、裁定后，应当在 30 日以内对涉案财物作出处理。情况特殊的，经检察长批准，可以延长 30 日。

处理由案件管理办公室保管的涉案财物，办案部门应当持经检察长批准的相关文书或者报告，到案件管理办公室办理出库手续；处理存入唯一合规账户的涉案款项，办案部门应当持经检察长批准的相关文书或者报告，经案件管理办公室办理出库手续后，到计划财务装备部门办理提现或者转账手续。案件管理办公室或者计划财务装备部门对于符合审批手续的，应当及时办理。

四、涉案财物工作监督

（一）涉案财物监督基本规定

案件管理办公室可以通过受案审查、流程监控、案件质量评查、检察业务考评等途径，对本院和下级人民检察院的涉案财物工作进行监督管理。发现违法违规问题的，应当依照有关规定督促相关部门依法及时处理。案件管理办公室会同纪检监察部门对本院查封、扣押、冻结涉案款物情况进行定期检查，每年至少检查 1 次。

（二）应予监督的违规行为

案件管理办公室在涉案财物管理工作中，发现办案部门或者办案人员有下列情形之一的，可以进行口头提示；对于违规情节较重的，应当发送案件流程监控通知书；认为需要追究纪律或者法律责任的，应当移送本院纪检监察部门处理或者向检察长报告：

1. 查封、扣押、冻结的涉案财物与清单存在不一致，不能作出合理解释或者说明的；

2. 查封、扣押、冻结涉案财物时，未按照有关规定进行密封、签名或者盖章，影响案件办理的；

3. 查封、扣押、冻结涉案财物后，未及时存入唯一合规账户、办理入库保管手续，或者未及时向案件管理部门登记，不能作出合理解释或者说明的；

4. 在立案之前采取查封、扣押、冻结措施的，或者未依照有关规定开具法律文书而采取查封、扣押、冻结措施的；

5. 对明知与案件无关的财物采取查封、扣押、冻结措施的，或者对经查明确实与案件无关的财物仍不解除查封、扣押、冻结或者不予退还的，或者应当将被查封、扣押、冻结的财物返还被害人而不返还的；

6. 违反有关规定，在诉讼程序依法终结之前将涉案财物上缴国库或者作其他处理的；

7. 在诉讼程序依法终结之后，未按照有关规定及时、依法处理涉案财物，经督促后仍不及时、依法处理的；

8. 因不负责任造成查封、扣押、冻结的涉案财物丢失、损毁或者泄密的；

9. 贪污、挪用、截留、私分、调换、违反规定使用查封、扣押、冻结的涉案财物的；

10. 其他违反法律和有关规定的情形。人民检察院办案部门收到案件管理部门的流程监控通知书后，应当在 10 日以内将核查情况书面回复案件管理部门。

案件管理部门发现办案部门有上述情形，认为有必要的，可以根据案件办理所处的诉讼环节，告知侦查监督、公诉、控告检察或者刑事申诉检察等部门。

第四节　案件质量评查和统计信息管理

一、案件质量评查

案件管理办公室在本院办案质量检查领导小组的领导下负责组织对本院办结案件进行质量评查。案件质量评查工作采取重点案件评查、特定类型案件评查、随机抽查等方式进行。案件质量评查工作在检察长的领导下，可以抽调本院业务部门骨干参加。

案件质量评查应重点审查执法程序、事实认定、证据采信、案件定性、法律适用、文书制作、对人身强制措施适用、扣押、冻结款物管理以及案卷质量等方面存在的问题。

案件质量评查应当对案件办理情况作出客观评价。案件管理办公室对案件评查后，应当逐案填写《案件评查表》，形成《案件评查报告》。对有质量问题的案件，要查明存在的具体问题。

二、统计信息管理

案件承办部门或者案件管理部门依据办案进展情况，全面、准确、及时地填录案件登记卡。案件登记卡填录完成后，由本院案件管理部门审核汇总。

案件登记卡项目填录以法律文书和内部工作文书为依据。没有上述依据的项目内容，由案件承办人员负责提供相关材料。

案卡登记实行逐人登记、统一编号。具体内容应严格按照案件登记卡填录管理有关规定填写。

案件管理部门负责审核本院填录的案件登记卡，发现统计异常情况和填录不规范问题，应当及时与业务部门沟通核实，更正案件登记卡内容。业务部门应当全面核实所反馈的统计报表，重点核实统计异常情况。核实完成后，填写《案件登记卡、统计报表审签表》，由部门负责人签字，连同已核实的统计报表，送交本院案件管理办公室。案件管理办公室根据本院各部门的核实意见，更正案件登记卡内容，重新生成统计报表，审核完毕后，及时报送上一级人民检察院。

案件管理办公室每月定期完成全院案件办理信息的汇总，形成统计数据报表，按照上级院的要求报送。

案件管理办公室应及时对全院案件办理数据进行综合分析、专题分析，对执法办案情况进行研判通报，为院领导决策及业务部门提供参考、服务。

第五节　接待辩护人和诉讼代理人

一、基本要求

辩护人、诉讼代理人向人民检察院提出有关申请、要求或者提交有关书面材料的，案件管理办公室应当接收并及时移送相关办案部门或者与相关办案部门协调、联系，具体业务由办案部门负责办理，另有规定的除外。

辩护人接受委托后告知人民检察院或者法律援助机构指派律师后通知人民检察院的，人民检察院案件管理办公室应当及时登记辩护人的相关信息，并将有关情况和材料及时通知、移交相关办案部门。

人民检察院案件管理办公室对办理业务的辩护人，应当查验其律师执业证书、律师事务所证明和授权委托书或者法律援助公函。对其他辩护人、诉讼代理人，应当查验其身份证明和授权委托书。

二、保障阅卷权

自案件移送审查起诉之日起，人民检察院应当允许辩护律师查阅、摘抄、复制本案的案卷材料。案卷材料包括案件的诉讼文书和证据材料。

辩护律师或者经过许可的其他辩护人到人民检察院查阅、摘抄、复制本案的案卷材料，由案件管理办公室及时安排阅卷。查阅、摘抄、复制案卷材料，应当在人民检察院案件管理办公室进行。必要时，人民检察院可以派员在场协助。辩护人复制案卷材料可以采取复印、拍照等方式，人民检察院只收取必需的工本费用。对于承办法律援助案件的辩护律师复制必要的案卷材料的费用，人民检察院应当根据具体情况予以减收或者免收。

经人民检察院许可，诉讼代理人查阅、摘抄、复制本案的案卷材料的，参照辩护律师查阅、摘抄、复制本案的案卷材料的规定办理。

三、听取、收集、提取证据的意见

经人民检察院许可，诉讼代理人查阅、摘抄、复制本案的案卷材料的，参照辩护律师查阅、摘抄、复制本案的案卷材料的规定办理。

案件移送审查逮捕或者审查起诉后，辩护人认为在侦查期间公安机关收集的证明犯罪嫌疑人无罪或者罪轻的证据材料未提交，申请人民检察院向公安机关调取的，案件管理办公室应当及时登记，并将申请材料送侦查监督部门或者公诉部门办理。经审查，认为辩护人申请调取的证据已收集并且与案件事实有联系的，应当予以调取；认为辩护人申请调取的证据未收集或者与案件事实没有联系的，应当决定不予调取并向辩护人说明理由。公安机关移送相关证据材料的，人民检察院应当在3日以内告知辩护人。人民检察院办理直接立案侦查的案件，按照前述规定办理。

案件移送审查起诉后，辩护律师依据《刑事诉讼法》第41条第1款的规定申请人民检察院收集、调取证据的，案件管理办公室应当及时将申请材料移送公诉部门办理。人民检察院认为需要收集、调取证据的，应当决定收集、调取并制作笔录附卷；决定不予收集、调取的，应当书面说明理由。人民检察院根据辩护律师的申请收集、调取证据时，辩护律师可以在场。

辩护律师向被害人或者其近亲属、被害人提供的证人收集与本案有关的材料，向人民检察院提出申请的，参照辩护律师申请人民检察院收集、调取证据的规定办理。人民检察院应当在7日以内作出是否许可的决定，通知辩护律师。没有许可的，应当书面说明理由。

律师担任诉讼代理人，需要申请人民检察院收集、调取证据的，参照辩护律师申请人民检察院收集、调取证据的规定办理。

在人民检察院侦查、审查逮捕、审查起诉过程中，辩护人提出要求听取其意见的，案件管理办公室应当及时联系侦查部门、侦查监督部门或者公诉部门对听取意见作出安排。辩护人提出书面意见的，案件管理办公室应当及时移送侦查部门、侦查监督部门或者公诉部门。

四、听取有关强制措施意见

犯罪嫌疑人及其法定代理人、近亲属或者辩护人认为人民检察院采取强制措施法定期限届满，要求解除强制措施的，由人民检察院侦查部门或者公诉部门审查后报请检察长决定。人民检察院应当在收到申请后 3 日以内作出决定。经审查，认为法定期限届满的，应当决定解除或者依法变更强制措施，并通知公安机关执行；认为未满法定期限的，书面答复申请人。

对于被羁押的犯罪嫌疑人解除或者变更强制措施的，侦查部门或者公诉部门应当及时通报本院刑事执行检察部门和案件管理办公室。案件管理办公室应及时将相关文书录入案件管理系统备案。

犯罪嫌疑人及其法定代理人、近亲属或者辩护人向人民检察院提出变更强制措施申请的，由人民检察院侦查部门或者公诉部门审查后报请检察长决定。人民检察院应当在收到申请后 3 日内作出决定。经审查同意变更强制措施的，在作出决定的同时通知公安机关执行；不同意变更强制措施的，应当书面告知申请人，并说明不同意的理由。对于被羁押的犯罪嫌疑人变更强制措施的，侦查部门或者公诉部门应当及时录入统一业务应用系统。

案件管理工作流程图

案件管理工作汇总图

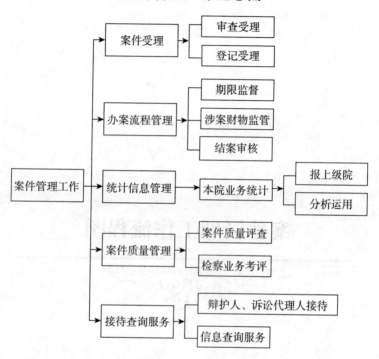

办案流程管理流程图

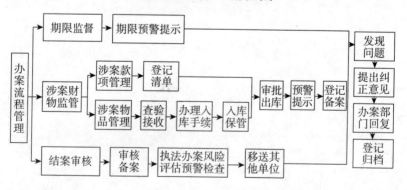

案件受理流程图

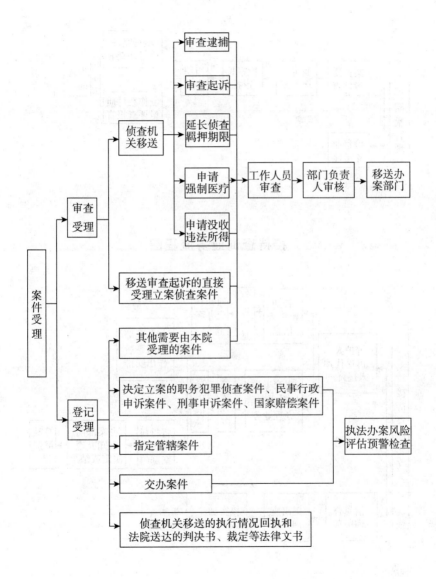

案件质量管理流程图

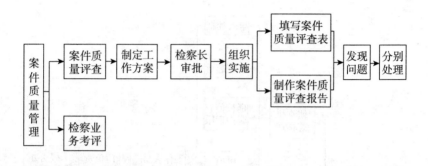

接待查询业务流程图

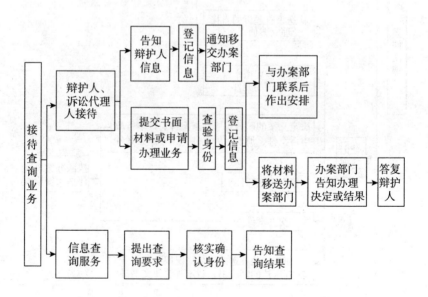

第十章　职务犯罪预防工作
操作规程及流程图

职务犯罪预防部门的主要职责是：（1）研究、制定预防职务犯罪工作计划、规定；（2）组织、协调和指导预防职务犯罪工作，总结、推广预防职务犯罪经验、方法；（3）分析研究典型职务犯罪产生的原因，向发案单位提出改进、防范建议；（4）分析职务犯罪的特点、规律，提出预防职务犯罪的研究报告和对策建议；（5）开展预防咨询和警示宣传教育；（6）发现和处置职务犯罪线索；（7）管理行贿犯罪档案查询系统，受理社会查询；（8）制作年度职务犯罪发生情况、发展趋势和预防对策综合报告；（9）承办其他预防职务犯罪工作事项。

职务犯罪预防工作实行立项审批制和主办责任制。

第一节　犯罪分析

一、犯罪分析目的和项目申报

职务犯罪预防部门应当定期对职务犯罪发案情况和典型案例进行分析。查明个案原因、症结，把握类案特点、规律，研究区域、行业职务犯罪状况，了解变化趋势，探索建立职务犯罪趋势预测预警系统。

犯罪分析由项目主办人填写《犯罪分析立项审批表》，报部门负责人批准后实施。联合开展的犯罪分析，由职务犯罪预防部门报请分管检察长批准后组织实施。

二、犯罪分析方法

开展犯罪分析，应当查阅有关案件卷宗、档案，向有关单位、人员了解情况，旁听案件的法庭审理，必要时，可以邀请有关专家和专业人员参与。

根据需要，也可以采用下列方法：（1）走访有关办案人；（2）讯问被告人和服刑罪犯，或要求其写相关剖析材料；（3）向有关单位、人员调取相关资料；（4）统计和分析相关数据。

犯罪分析一般在立项后的 1 个月内完成，经分管检察长批准，可以适当延期。

三、犯罪分析结果

职务犯罪预防部门应当就犯罪分析结果提出书面报告并向侦查部门通报。报告应当立论有据、分析有理、观点明确、对策实用。报告内容包括：分析对象的基本情况概述，犯罪的主客观原因和犯罪特点、规律剖析，预防对策措施等。

对犯罪分析中发现的重大问题，应当及时向检察长报告并提出工作建议。

负有查办案件职责的业务部门独立开展的犯罪分析，应当在犯罪分析材料形成后的 10 日内抄送本院职务犯罪预防部门备案。

第二节　预防调查

一、预防调查对象及内容

职务犯罪预防部门应当围绕可能引发职务犯罪的隐患、非规范职务行为，以及职务犯罪衍化的宏观和微观因素开展预防调查。

预防调查的主要内容是：（1）职务犯罪案件发生的原因、特点、规律和变化趋势；（2）职务犯罪发生单位在机制、制度和管理方面存在的缺陷和漏洞；（3）行业性、区域性职务犯罪多发、易发的因素和共性特点；（4）有关重大改革措施、政策的制定和实施对职务犯罪的影响；（5）可能诱发职务犯罪的倾向性、苗头性问题。

二、预防调查主体及项目申报

预防调查由职务犯罪预防部门组织实施。必要时，经主管检察长批准，职务犯罪预防部门可以与本院相关业务部门或者有关行业、单位联合开展调查活动。

预防调查由项目主办人填写《预防调查立项审批表》，报部门负责人批准后实施。联合开展的预防调查，由职务犯罪预防部门报请分管检察长批准后组织实施。

三、预防调查方法

开展预防调查应当制定预防调查具体实施方案。

根据需要，预防调查可以采用下列方法：（1）查阅案卷材料，走访办案人；（2）讯问犯罪嫌疑人、被告人和服刑罪犯，或要求其写相关剖析材料；（3）问卷调查；（4）向有关单位、人员了解情况，调取有关资料；（5）统计和分析相关数据；（6）邀请有关专家论证；（7）其他措施。

预防调查一般在立项后的 2 个月内完成，特殊情况可以适当延期。

四、预防调查报告

预防调查完成后应当提交《预防调查报告》。报告内容应当包括立项情况、预防调查开展情况、调查中发现的问题、处理意见或者建议等。《预防调查报告》应当经部门负责人审核，报分管检察长审批。

职务犯罪预防部门在预防调查中，应当注意发现并依照规定作好职务犯罪线索移送等工作。

第三节　预防建议

一、提出检察建议的情形

人民检察院应当结合办案和预防活动，针对以下情形，向职务犯罪发案单位、存在职务犯罪隐患的单位和易发多发的行业和领域的有关主管部门提出检察建议：（1）已经发生职务犯罪，需要在制度、机制和管理方面改进完善，防止职务犯罪重发、继发的；（2）已经发生职务违法，可能引发犯罪，应予以制止、纠正的；（3）存在引发职务犯罪隐患，需要防范、消除的；（4）职务犯罪具有行业性、区域性特点，需要有关部门进行综合防治的；（5）其他需要提出建议的情形。

二、提出预防职务犯罪建议的主体

预防职务犯罪建议区分下列不同情形，分别由相关业务部门负责提出：

1. 对于经初查未予立案的案件，发现被初查单位存在诱发职务犯罪的因素和隐患，有必要采取预防措施的，负责初查的业务部门应当及时向其提出预防建议。

2. 对于立案侦查的案件，发现发案单位存在诱发职务犯罪的因素和隐患，有必要采取预防措施的，侦查部门应当及时向其提出预防建议。

3. 对于审查逮捕、审查起诉的案件，发现发案单位存在诱发职务犯罪的因素和隐患，有必要采取预防措施，而侦查环节没有向其提出预防建议的，侦查监督、公诉部门应当及时向其提出预防建议。

4. 在诉讼监督活动中，发现发案部门存在诱发职务犯罪的因素和隐患，有必要采取预防措施的，由发现问题的业务部门向其提出预防建议。

5. 在开展预防调查、咨询、宣教等活动中，发现有关行业、部门和单位存在诱发职务犯罪的因素和隐患，有必要采取预防措施的，由职务犯罪预防部门向有关单位或其主管（监管）部门提出预防建议。

6. 检察长、检察委员会决定立项的重大预防职务犯罪建议，由职务犯罪预防部门承办，有关业务部门协助。

三、预防职务犯罪检察建议的内容、项目审批和格式要求

预防职务犯罪检察建议应当包括以下内容：（1）职务犯罪发生的原因、特点；（2）应当消除的隐患和违法现象；（3）治理防范的意见。

预防职务犯罪建议由项目主办人填写《预防职务犯罪建议立项审批表》，经部门负责人审核，报请分管检察长批准后实施。

预防职务犯罪检察建议应当采用最高人民检察院规定的检察建议文书格式。《检察建议书》由承办部门的主办人拟制，部门负责人核稿，经办公室审核、编号后，报请检察长审核签发。承办部门应当在向有关单位发出《检察建议书》后的 10 日内，将该文书副本移送本院职务犯罪预防部门。

职务犯罪预防部门应当在发出或收到本院业务部门《检察建议书》后的 10 日内，向上一级人民检察院职务犯罪预防部门报送该文书副本备案。

四、跟踪监督落实情况

职务犯罪预防部门应当在预防职务犯罪建议送达后 15 日内，主动了解落实情况，并做好记录；在收到有关部门、单位反馈情况后 15 日内，进行实效评估，并向其上级单位或者主管部门通报情况。

对于被建议单位在规定期限内不反馈落实情况，或者无正当理由拒不采纳建议的，职务犯罪预防部门应当向其主管（监管）机关通报情况，督促落实。

第四节　预防咨询

职务犯罪预防部门应当为部门、单位或者公职人员提供预防咨询。可以应要求为有关部门、单位所制定的规范性文件提出意见。

一、预防咨询形式和内容

预防咨询，可以采取日常咨询、定期咨询、来人（信）咨询、临场咨询、随行咨询等形式。

预防咨询的主要内容：（1）职务犯罪的构成要件及罪与非罪的法律政策界限；（2）查办职务犯罪的法律程序和工作措施；（3）职务犯罪发生的原因、特点和趋势分析；（4）职务犯罪多发易发的区域、行业、环节、部位分析；（5）预防职务犯罪的工作措施。

二、预防咨询准备工作和管理

开展预防咨询应当做好以下准备：（1）明确涉及咨询事项的法律、法规和政策规定；（2）了解咨询对象的主要工作职责；（3）了解咨询对象制定、实施的内部管理制度和业务流程；（4）了解咨询对象面临的职务犯罪风险和隐患。

预防咨询活动实行登记管理、统一备案制度。职务犯罪预防部门应当确定专人办理相关事宜，并填写《预防咨询审批表》。对一般咨询的回复，由部门负责人审核；对有关单位、部门的重大咨询的回复，应当报请分管检察长审批。

各业务部门单独负责的预防咨询活动，由承办部门在活动结束后及时填写《预防咨询情况登记表》，并送本院职务犯罪预防部门备案；各相关业务部门共同负责的预防咨询活动，由职务犯罪预防部门及时填写《预防咨询情况登记表》。

第五节　预防宣传和警示教育

职务犯罪预防部门应当运用预防调查和犯罪分析的成果，适时在一定区域、行业、单位开展预防宣传和警示教育。

一、预防宣传和警示教育内容

预防宣传和警示教育的主要内容是：

1. 在已发生职务犯罪的部门、单位，开展以案释法、举案说法、罪犯现身说法等警示教育活动，揭露职务犯罪的危害，剖析犯罪发生的原因，促进部门、单位强化预防措施，震慑职务犯罪易感人群的犯罪冲动；

2. 在权力相对集中、具有行政审批职权或者对公共资金使用、项目实施具有监管职责的部门、单位，开展知法遵法宣教和利益冲突规则宣讲，提高国家公职人员的自律能力和免疫力；

3. 在职务犯罪多发、易发的行业、系统或者区域、群体，配合有关方面开展行业性、区域性、规模性的预防宣教，综合剖析犯罪状况和规律、特点，宣传预防措施、对策，推动和帮助有关部门、单位进行防控治理；

4. 向社会公众宣讲职务犯罪的危害，惩治和预防职务犯罪的法律、政策、措施和成效，增强人民群众识别、防范和揭发职务犯罪的意识、勇气和能力，为预防职务犯罪营造良好的舆论氛围。

二、预防宣传和警示教育的组织和管理

警示教育可以组织专人专题讲解预防职务犯罪的危害、惩治和预防职务犯罪的法律、政策、措施和成效，增强公职人员抵御职务犯罪的意识、能力，提高公众同职务犯罪做斗争的积极性。预防宣传可以运用新闻媒体、文化载体和网络媒体等形式开展。

预防宣传和警示教育活动由职务犯罪预防部门负责组织协调，并确定专人办理相关事宜。承办人应当填写《预防宣传和警示教

育审批表》，经部门负责人审核后实施。对于需要由其他相关业务部门共同组织或派员的，应当报请主管检察长批准后实施。

预防宣传和警示教育活动实行登记管理制度。活动结束后，承办人应当及时填写《预防宣传和警示教育活动情况登记表》，并向主管检察长报告活动开展情况。

第六节　行贿犯罪档案查询

一、一般规定

职务犯罪预防部门应当依照规定，管理行贿犯罪档案查询系统，受理查询并运用系统信息，定期分析贿赂犯罪状况，提出书面报告。

收集、整理、存储经人民检察院立案侦查并由人民法院生效判决、裁定认定的行贿罪、单位行贿罪、对单位行贿罪、介绍贿赂罪等犯罪信息，建立行贿犯罪档案库。

自人民法院判决、裁定生效之日起30日内将行贿犯罪等信息录入行贿犯罪档案库。行贿犯罪等信息一经录入不得修改、删除。但是，下列情形除外：（1）人民法院对贿赂犯罪案件改判的；（2）录入信息内容存在错误、遗漏的。

二、受理

单位和个人既可以根据需要直接到人民检察院申请查询行贿犯罪档案，也可以通过电话或者网络预约查询。

申请查询应当提交查询申请和身份证明。单位申请查询的，应当提交查询申请（加盖单位公章），经办人有效身份证明及复印件，以及相关证明材料。申明查询事由，详细提供被查询单位名称和组织机构代码，被查询个人的姓名和身份证号码。公司、企业申请查询的，还应当提交企业营业执照（副本）原件以及复印件。个人申请查询的，应当提交查询申请，本人有效身份证明以及复印件。受委托进行查询的，还应当提交委托方的委托证明、受委托方的相关证明、经办人的有效身份证明以及复印件。

对符合条件、事由正当的查询申请应当受理；对不符合条件、无正当事由的查询申请，不予受理，并应当说明理由。

对国家机关主管部门、有关单位提出的以下针对其他单位或者个人的行贿犯罪档案查询，应当受理：（1）为招标进行资格审查需要的；（2）为采购进行供应商资格审查需要的；（3）为行业管理、市场管理、业务监管等进行资质、资格审查需要的；（4）为信用管理需要的；（5）为招聘、录用、选任人员等人事管理需要的；（6）纪检监察、司法机关为办案需要的；（7）金融机构为贷款进行资信审查需要的；（8）其他应当受理的情形。

对公司、企业、个人提出的以下针对本公司、企业、本人的行贿犯罪档案查询，应当受理：（1）公司、企业根据有关部门或者单位招标要求，为投标需要的；（2）公司、企业、个人为信贷需要的；（3）公司、企业、个人为从事商贸合作或者谈判需要的；（4）个人为求职、应聘需要的；（5）公司、企业、个人应国（境）外公司、企业或者组织要求，为在国（境）外投标、融资、信贷、商贸合作或者谈判等需要的；（6）其他应当受理的情形。

对国际组织、有关国家或者中国香港、澳门、台湾等地区的单位为在中国境内招标、投资、信贷、商贸合作或者谈判而提出的针对其他单位、个人的行贿犯罪档案查询，应当受理。对国（境）外公司、企业、个人为在中国境内投标、融资、信贷、商贸合作或者谈判而提出的针对本公司、企业、本人在中国境内实施的行贿犯罪档案查询，应当受理。

三、查询与告知

人民检察院应当根据查询申请进行查询，在受理查询之日起 3 个工作日内将查询结果告知查询单位和个人。对于涉外查询，在受理查询之日起 5 个工作日内将查询结果告知查询单位和个人。

查询结果以查询结果告知函的形式告知查询单位和个人，加盖人民检察院行贿犯罪档案查询专用章。行贿犯罪档案查询结果告知函自出具之日起 2 个月内有效，复印件无效。

查询结果告知的内容包括：（1）有无行贿犯罪记录；（2）有行贿犯罪记录的，应当列明作出判决、裁定的人民法院，判决时间和结果，行贿犯罪的实施时间和犯罪数额；（3）有多次行贿犯罪的，依人民法院判决、裁定的时间顺序，列明所有行贿犯罪记录；（4）对有行贿犯罪记录但已经进行整改并采取预防措施的单位，可以附加告知有关整改和预防的信息；（5）其他相关内容。

行贿犯罪信息的查询期限为 10 年。单位犯罪自人民法院判决、裁定生效之日起，个人犯罪自刑罚执行完毕之日起，超过 10 年的，行贿犯罪信息不向社会提供查询。但是，纪检监察、司法机关为办案需要提出的查询，以及有关部门和单位依据法律法规、管理规定提出具体期限的查询除外。多次行贿犯罪的，自人民法院最后一次判决、裁定生效之日起计算行贿犯罪信息的查询期限。

四、应用与反馈

有关单位根据相关法律法规、管理规定的要求，对经查询有行贿犯罪记录的单位和个人进行处置的，应当将处置结果在 30 日内反馈提供查询结果告知函的人民检察院。人民检察院应当对处置结果进行登记备案，并跟踪、了解相关情况。

人民检察院应当与国家机关主管部门、纪检监察、司法机关以及有关单位加强联系与协作，建立合作机制，实现信息交流与共享，推动行贿犯罪档案查询结果的合理应用。

查询单位和个人、被查询单位和个人，以及其他利益相关单位和个人，可以针对下列情形，向人民检察院提出书面异议：（1）查询结果告知函存在瑕疵，需要核查予以确认或者重新出具的；（2）查询结果与事实不符，需要更正的；（3）录入信息内容存在错误、遗漏，需要更正或者补充的；（4）其他情形。提出异议时，应当提交必要的证据材料。

人民检察院应当对受理的异议进行复核，在受理异议后 5 个工作日内回复异议申请人。对于情况复杂的异议，可以适当延长复核时间，但是复核时间最长不得超过 20 个工作日。

第七节　重点工程专项预防

职务犯罪预防部门与建设、交通、财政等行政主管部门沟通，掌握本辖区内重点工程项目，根据重点建设项目标准，选择有影响的工程项目开展同步专项预防。

一、工程项目预防的提请和审批

承办人提出开展工程项目预防意见，填写《工程项目预防立项审批表》交部门负责人审核。部门负责人在 2 日内提出审核意见，报分管检察长审批。分管检察长在 3 日内作出决定。

主管检察长批准立项的，承办人开展准备工作，并填写《建设项目专项预防职务犯罪工作立项报告书》。与项目建设、施工、监理单位、地方政府主管部门联系沟通，达成共识，草拟共同预防工作文件，报部门负责人审核。部门负责人在 2 日内提出审核意见，报分管检察长审批。分管检察长在 3 日内作出决定。承办人将共同预防工作文件提交双方领导签发。

二、工程项目预防的内容及结果

承办人根据共同预防工作文件的要求，针对重大（重点）建设项目招投标、施工、设备和材料的采购、资金管理使用、工程验收等关键领域、关键环节、关键岗位开展以下预防工作：（1）及时提出预防职务犯罪和检察建议，协助健全规章制度，完善监督制约规则；（2）开展法律咨询、进行专题调研、法制宣传教育和预防警示教育；（3）在施工现场等有关场所设置举报箱，公布举报电话，以便及时发现揭露职务犯罪。

完成预防工作后，承办人根据预防工作情况，总结预防工作的开展情况以及预防效果的实现情况；填写《工程项目预防终结报告》，经部门负责人审核，呈报主管检察长审批。

专项预防工作结束后，承办人将项目预防过程中形成的相关材料由内勤整理，立卷归档。

第八节　服务非公有制企业

职务犯罪预防部门主动了解所服务企业的性质、员工人数、产品类型、工业产值、利润及税收等基本情况，了解企业在生产经营活动中遇到的困难和问题，了解企业对法制保障的需求以及对检察机关的要求和意见。

一、职务方式

为企业提供全面、周到的法律咨询与法律服务，认真解答企业和员工的法律难题。以宣传栏、宣传册、图片展、检务公开等形式开展法制宣传教育，提高企业管理者、员工的法律素质。定期举办警示教育讲座，讲解与职工和企业发展紧密相关的法律常识，提高管理者、员工的法制观念和维权意识。

二、服务内容

宣传检察机关查办职务犯罪案件、受理控告、申诉、举报的职权范围以及申请抗诉的条件和程序。帮助企业建章立制，堵塞在机制、制度管理等方面存在的漏洞和薄弱环节，引导企业完善财务制度和监督制度，建立防范机制，预防犯罪的发生。指导企业中容易发生犯罪重点岗位的工作人员和较大经营项目的有关人员签订廉政责任书，明确具体约束条款，明确责任和处罚决定。对非公有制企业中的采购、销售等重大项目和重大工程建设，可协助企业进行跟踪检查，参加其招标、投标、评标等重要环节工作，现场监督，预防犯罪。积极向党委政府和有关职能部门反映企业提出的问题或建议，联系职能部门解决民营企业的困难和问题，为企业创造良好的生产经营环境。开通"行贿犯罪档案查询"绿色通道，缩短办理时长，减免审批手续，做到当日办理。

职务犯罪预防工作流程图

职务犯罪预防工作汇总图

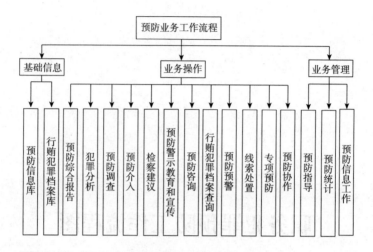

犯罪分析流程图

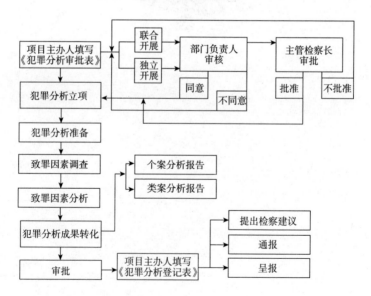

预防调查流程图

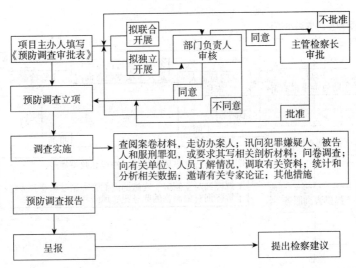

预防建议流程图

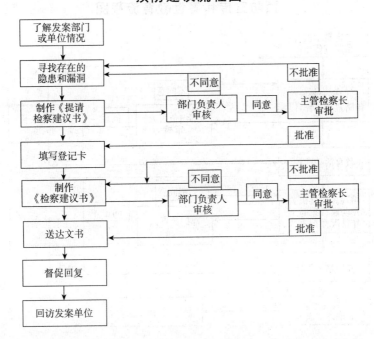

预防咨询流程图

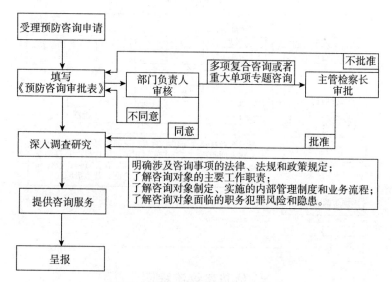

预防宣传和警世教育流程图

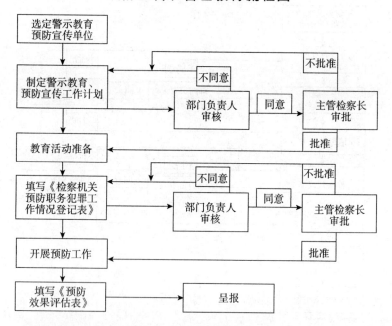

行贿犯罪查询流程图

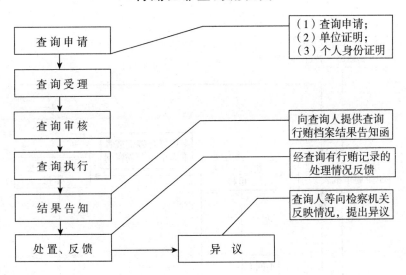

重点工程项目专项预防流程图

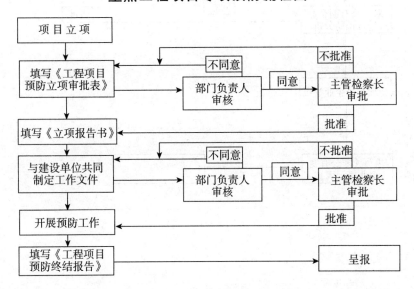

服务非公有制企业流程图

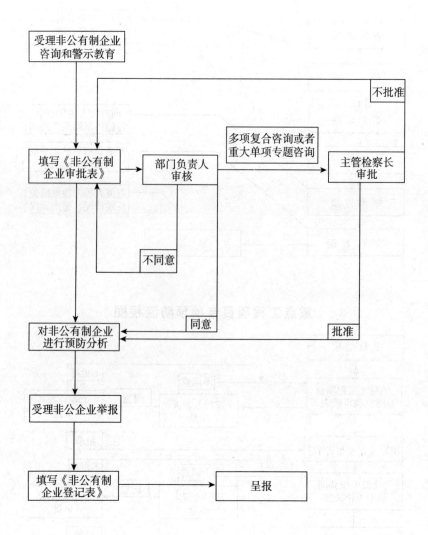

第十一章 检察技术工作操作规程及流程图

第一节 检察技术工作

检察技术部门受理负责办理检察长、上级人民检察院检察技术部门交办和本院各业务部门委托的现场勘验、技术取证、检验鉴定、文证审查和以下其他技术协助工作:

1. 承担人民检察院直接立案侦查案件的现场勘验,收集、提取、固定证据,对案件涉及的人身、尸体、痕迹、物品、物质、文件、财务会计资料和视听资料等进行检验鉴定;

2. 承担人民检察院侦查监督、公诉、刑事执行检察、民事行政检察、控告申诉检察等各类案件中技术性证据的文证审查,必要时进行补充鉴定或重新鉴定;

3. 承担人民检察院讯问职务犯罪嫌疑人全程同步录音、录像;

4. 配合人民检察院侦查监督、公诉、刑事执行检察、民事行政检察、控告申诉检察等部门做好技术性证据的调查、核实工作,协助做好立案监督工作;配合侦查监督、公诉部门适时介入公安机关侦查的重大刑事案件的侦查活动,配合刑事执行检察部门适时介入监管场所刑事案件的侦查活动,协助做好侦查监督工作;

5. 为人民检察院其他法律监督工作提供技术协助和技术保障;

6. 组织或参与其他司法机关组织的相关检验鉴定;

7. 受理其他同级司法机关委托的检验鉴定案件;

8. 完成本院检察长交办的其他检察技术办案任务。

检察技术人员应当遵守法律法规、行业标准和操作规范,应当遵循客观、公正、科学、独立、保密等基本原则。《刑事诉讼法》关于回避的规定，适用于检察技术人员。

一、受理

（一）委托鉴定的形式

凡需人民检察院检察技术鉴定的，一律采用书面形式委托。情况紧急采取口头委托方式的，应当在委托后 1 周内补齐书面委托手续。

（二）接到委托后的准备工作

检察技术人员接到技术办案委托后，应当做好以下工作：（1）查收技术办案委托书、问明案件性质及送检时的案件诉讼情况；（2）听取送检人介绍有关案情、说明检验鉴定或其他技术办案要求；（3）了解送检材料的情况，确定材料是否具备检验鉴定或其他技术办案条件。送检材料不足时，应当要求委托单位（部门）补充。必要时，人民检察院检察技术人员可以协助委托单位（部门）收集检验材料。

检察技术部门受理案件或参与其他司法机关的会检案件，由检察长批准。

（三）应当受理的情形

符合以下条件的技术办案委托，检察技术部门应当受理：（1）送检案件符合法律规定和办案程序，且属于检察技术部门受理范围；（2）属于案件中的专门性技术问题，并有明确的检验鉴定或其他技术办案的要求和目的；（3）送检的检验材料或样本材料具备检验鉴定或其他技术办案的条件；（4）具备解决委托要求的技术能力；（5）完成检验鉴定或其他技术办案工作所需时间符合办案期限规定。

（四）不予受理的情形

委托检验鉴定或其他技术办案遇有下列情形之一的，应当报请检察长批准不同意受理，并向委托单位（部门）说明理由：（1）送检案件不符合法律规定和办案程序的；（2）检材或样本不具备检验鉴定或其他技术办案条件的；（3）送检材料来源不可靠或虚假的；（4）要求检验鉴定或其他技术办案的内容不属于专门性技术问题的；（5）现有技术条件难以实现委托目的的；（6）解决委托问题所需的时间超过办案期限的；（7）法律明确规定不应由检察技术部门受理的；（8）具有不宜由检察技术部门受理的其他情形的。

（五）委托鉴定的管理和中止或终结办理

委托检验鉴定或其他技术办案应当统一登记编号，并填写《受理检验鉴定登记表》或其他相关登记表，由检察长或检察长授权的检察技术部门负责人签署意见，并指定具有资格的技术人员办理。必要时，可以聘请其他具有专门知识的人员办理或共同办理。

委托检验鉴定或其他技术办案受理后，有下列情形之一的，经检察长批准，可中止或终结办理：（1）委托单位（部门）提供不可靠或虚假的鉴定材料以致鉴定活动无法进行的；（2）委托单位（部门）不配合检验鉴定或其他技术办案工作的；（3）被鉴定人不配合检查或伤情尚未稳定，无法对预后进行评估的；（4）其他情形导致技术办案无法进行的。人民检察院检察技术部门中止或终结技术办案的，应当采用书面形式，并向委托单位（部门）说明理由。

二、检察技术文书

检察技术文书分为鉴定书、分析意见书、文证审查意见书、现场勘验笔录和检验报告。内容一般包括：（1）技术性文书的名称、文号；（2）委托单位（部门）、委托时间、委托人、委托要求；（3）简要案情；（4）检验（勘验）所见；（5）论证或分析意见；（6）结论；（7）鉴定（勘验）人签名及时间。

由检察技术人员拟稿的检察技术文书，应当按年度、技术类别、文书种类编号，由检察长或由检察长授权的检察技术部门负责人核稿签发，并打印成文，制作正本一份、副本若干份。鉴定书、分析意见书、笔录、报告加盖检察技术鉴定专用章并由鉴定人签名，文证审查意见书等加盖检察技术部门行政公章并由案件承办人签名。

检察技术文书正本交委托单位（部门），装订要求包括案卷封面、卷内目录、技术性文书、检验照片和其他附件材料、卷底。同时，应当将副本一份送上级人民检察院检察技术部门备案。

检察技术文书应当制卷存档。卷宗装订要求包括：案卷封面、卷内目录、委托书或聘请书、受案登记表、技术文书副本、文书签发稿、检验记录表、照片或比对表以及其他附件材料、备考表、卷底。

检察技术文书发出时，收件人和鉴定人应同时在受案登记表上签名，对所留检材的去向在受理登记表中说明，并按规定收取鉴定费。

检察技术文书档案一案一卷，装卷要求和档案管理按照《人民检察院检察技术档案立卷归档管理办法》执行。

三、鉴定人出庭

人民法院通知检察技术鉴定人出庭的，鉴定人应当出庭。确因特殊情况无法出庭的，应当及时向法庭书面说明理由。

鉴定人出庭前应当做好如下准备：（1）熟悉鉴定意见和相关情况；（2）向公诉人或者其他出庭检察员了解该案的进展情况及对鉴定意见的异议；（3）针对出庭可能遇到的问题，拟定解答提纲。

鉴定人出庭应当准备如下材料：（1）委托书或者聘请书、受理检验鉴定登记表、送检材料照片或者复印件、检验记录、鉴定文书；（2）与该鉴定意见有关的学术著作和技术资料；（3）鉴定机构及鉴定人资格证明，能够反映鉴定人专门知识水平与能力的有关材料；（4）其他与鉴定及出庭有关的材料。

鉴定人出庭时，应当回答审判人员、检察人员、当事人和辩护人、诉讼代理人依照法定程序提出的有关检验鉴定的问题；对与检验鉴定无关的问题，可以拒绝回答。

鉴定人、审查人因在诉讼中作证，本人或者其近亲属的人身安全面临危险的，可以请求法律保护。

第二节　文件检验工作

一、工作范围

文件检验工作范围包括：（1）接受检察机关办案部门和其他机关或者单位委托，就案件中涉及的笔迹、印刷文件、污损变造文件、文件制成材料等文件物证进行检验鉴定；（2）对检察机关办理案件中有关文件检验技术性证据材料进行审查；（3）为检察机关侦查工作中的现场勘验、搜查、调取书证提供技术协助，收集、固定证据；（4）根据办案需要，参与法庭审理活动。

二、委托

检察机关案件承办部门在办理案件时，需要进行文件检验鉴定、技术性证据审查的，应当填写委托书，向检察技术部门提出委托要求。

委托文件检验鉴定时，应当提供文件物证的原件，样本材料应当符合检验要求并经过委托单位确认。委托文件检验技术性证据审查时，应当提供需要审查的鉴定文书及附件，必要时提供历次鉴定文书及附件。委托单位应当客观介绍案件的有关情况。

三、受理

受理文件检验鉴定时，应当做好以下工作：（1）查验委托书；（2）了解案情，明确鉴定要求；（3）查验送检材料是否具备鉴定条件，核对材料的名称、数量、性状；（4）查验样本的来源和收集方法，确定是否满足鉴定要求；（5）根据查验结果，确定是否接受委托或者要求补充样本材料。对需要补充样本材料的，应当给予必要的技术指导或者协助案件承办人提取。

受理文件检验技术性证据审查时，应当做好以下工作：（1）查验委托书；（2）了解案情，明确审查要求；（3）核对鉴定文书及附件是否齐全；（4）核对鉴定的检材、样本等材料是否齐全。

接受委托时，应当填写受理登记表，经检察技术部门负责人审批，指派具有文件检验鉴定资格的人员进行鉴定和审查。

四、鉴定

受理后应当及时进行检验鉴定，一般案件应当在受理后 15 个工作日以内完成检验鉴定工作；疑难复杂的案件，征得委托单位同意，可以适当延长时间。

文件检验鉴定的同一认定，按照预备检验、分别检验、比较检验、综合评断的程序进行，每个程序都应当制作检验记录、具体程序如下所示：（1）预备检验。应当根据委托要求设计检验鉴定方案，确定检验鉴定方法，做好仪器设备、耗材等相关准备工作；（2）分别检验。对送检检材、样本分别进行观察研究，进一步明确检材和样本的性质、状态，认识特征的价值、作用及变化规律，制作特征比对表；（3）比较检验。对送检检材和样本之间相应特征进行比较，全面反映它们之间的异同和内在联系；（4）综合评断。对比较检验的情况进行分析，综合评断特征的质量和数量，准确解释符合和差异形成的原因，作出鉴定意见。

文件检验鉴定应当依照先无损、后有损检验的原则，对文件物证进行客观全面系统检验。主要包括：（1）笔迹是否为书写形成，印章印文是否为盖印形成；（2）文件物证有无消褪、添加、挖补、拼接、污染等异常痕迹；（3）纸张表面有无异常压痕；（4）文件物证的整体布局有无明显异常；（5）文件物证的形成过程与当事人描述是否有明显差异；（6）其他应当进行检验的内容。

对送检材料要妥善保管，防止丢失和损坏。需对送检材料进行有损检验时，应当征得委托单位同意，并在实施有损检验前采用照相或者扫描等方式对原件进行复制。

五、技术性证据审查

文件检验技术性证据审查的主要内容：（1）鉴定人是否存在应当回避而未回避的情形；（2）鉴定机构和鉴定人员是否具有合法的资质；（3）鉴定条件是否充分；（4）采用的鉴定方法是否科学、适用；（5）鉴定的程序、操作过程是否符合本专业的检验鉴定规程和技术方法要求；（6）检验是否全面、客观，分析论证是否科学、严谨，鉴定意见依据是否充分；（7）鉴定文书的专业术语是否准确，相关标识是否规范；（8）鉴定项目是否有明显遗漏，是否需要补充鉴定；（9）鉴定意见是否明确；（10）鉴定意见是否依法及时告知相关人员，当事人对鉴定意见是否有异议；（11）其他应当审查的内容。

文件检验技术性证据审查应当在受理后 5 个工作日以内完成；特殊情况下，征得委托单位同意，可以适当延长时间。

六、文书制作

文件检验鉴定结束后应当出具鉴定书，鉴定书应当包括：（1）绪论部分：包括委托单位，委托要求，送检人，送检时间，简要案情，送检检材和样本的名称、数量以及鉴定要求；（2）检验部分：简要说明检验的方法，描述检验中所见的现象，列举检测结果或者比较中发现的异同；（3）论证部分：简要论述对检验情况的综合评断，阐明据以作出鉴定意见的依据，可以附图加以说明；（4）结尾部分：针对鉴定要求，简要明确地表述鉴定意见；（5）附件部分：包括所有检材的复制件，所有样本或者部分重要样本的复制件。检验中发现的对鉴定意见有重要意义的现象，应当以图表形式展示。

鉴定书应当由鉴定人签名，并加盖"司法鉴定专用章"，同时附上鉴定机构和鉴定人的资质证明。

文件检验技术性证据审查，应当出具技术性证据审查意见书，提出审查意见，并说明理由。技术性证据审查意见书应当由审查人签名，并加盖"技术性证据审查专用章"。

文件检验工作结束后，应当制作技术卷宗。按照人民检察院档案管理的相关规定进行归档。

鉴定书或者审查意见书应当与回执单一并发出。案件承办部门在案件终结后，应当将文件检验工作所起到的作用填写在回执单上，反馈检察技术部门。对于重大、特殊、疑难案件，鉴定人可以适时回访。

鉴定结束后，应当将送检材料与鉴定书一并发还送检单位。对送检材料拟留用的，应当征得送检单位同意，并商定留用时限和保留、销毁的责任。

第三节　法医检验鉴定工作

一、工作范围

法医检验鉴定工作范围包括：（1）接受检察机关办案部门和其他机关或者单位委托，就案件中涉及人身伤亡的现场进行勘验、检查，对尸体、活体及法医物证进行检验鉴定；（2）对检察机关办案部门移送的法医学鉴定文书和相关证据材料进行审查；（3）为检察机关办案部门提供涉及法医学问题的技术协助或者技术咨询，根据办案需要参与法庭审理活动；（4）开展法医培训和学术交流，组织以应用为主的法医学科研工作；（5）其他与法医相关的工作。

二、工作程序

法医接到委托后，应当听取送检人介绍案件情况，明确委托事项和要求，接收并核对送检材料。符合受理条件的，应当受理；不符合受理条件的，予以退回，并说明理由。

法医学鉴定应当在受理后 15 个工作日以内完成。疑难复杂的案件，征得委托单位同意，可以适当延长时间。需要进行毒物分析、组织病理学检验和其他特殊检验以及补充材料的时间，不计入鉴定时限。技术性证据审查应当在受理后5个工作日内完成。

　　法医学文书包括尸体检验记录、法医学鉴定书、法医学检验报告、技术性证据审查意见书、法医学技术协助工作说明等。制作法医学文书应当语言规范、内容完整、描述准确、论证严谨、意见客观。

　　法医学文书应当由承办人签名。法医学鉴定书和法医学检验报告应当加盖"司法鉴定专用章"，同时附上鉴定机构和鉴定人的资质证明。技术性证据审查意见书应当加盖"技术性证据审查专用章"。剩余的检材原则上应当退回送检单位。送检单位放弃剩余检材的，应当办理相关手续。

　　法医工作结束后，应当将案件有关材料、病历资料以及检验鉴定记录、图片或者照片等，按照人民检察院档案管理的相关规定制卷归档。

　　法医学文书应当与回执单一并发出。案件承办部门在案件终结后，应当将法医工作所起到的作用填写在回执单上，反馈检察技术部门。

　　对于重大、特殊、疑难案件，鉴定人可以适时回访，总结经验。

三、工作内容

（一）勘验、检查

1. 法医在检察机关案件承办人员的主持下参加勘验、检查。

2. 法医参加勘验、检查的主要任务是：进行尸体检验、活体检查，发现和收集痕迹、物证，为诉讼活动提供线索和证据。

3 法医勘验、检查应当如实反映现场情况，配合其他技术人员对尸体的原始状况及周围的痕迹、物品进行照相、录像、制图固定。

4. 复验、复查时应当制定预案，并尽可能在与原始现场相同条件下进行重新勘验检查或者侦查实验。

必要时，可以协助检察机关案件承办人员参加公安机关复验、复查或者侦查实验。

（二）尸体检验

1. 尸体检验的目的，是确定死亡原因、死亡方式，推断死亡时间、损伤时间及致伤物。

2. 尸体检验的范围包括：（1）检察机关渎职侵权检察、刑事执行检察等部门办理案件中涉及非正常死亡的；（2）检察机关认为有必要进行补充鉴定或者重新鉴定的；（3）按照相关规定接受其他司法机关委托，对案件中涉及的尸体进行检验的。

3. 尸体检验应当由 2 名以上法医进行。

4. 尸体检验原则上应当在解剖室内进行。现场解剖的，应当设置防护隔离设施。尸体检验禁止有伤风化的行为。涉及少数民族尸体检验的，应当尊重其民族风俗。

5. 尸体检验包括尸表检验和解剖检验。尸体检验要全面、系统，应当按相关技术规范提取有关脏器和组织进行组织病理学检验，提取胃内容物、脏器、组织、血液、尿液等进行毒物分析或者其他检验。上述检材应当留取一定数量，以备复验或者重新鉴定。

6. 尸体检验应当进行照相、录音、录像。照相和录音、录像应当由专业技术人员进行。未经办案部门批准，禁止其他人员照相和录音、录像。

7. 尸体检验应当形成全面客观的记录，尸体照相应当完整，阳性发现和重要的阴性表现均应当完整反映，细目照相应当有比例尺。

（三）活体检查

1. 活体检查主要是对被检人的个人特征、损伤情况、生理状态、病理状态、精神状态和各器官、系统功能状态等进行检验、鉴定。包括：（1）查明个人特征，包括性别、年龄、血型及生理、病理特征，提取用于 DNA 检测的生物检材等；（2）检查人身损伤情况，判断损伤程度，推断损伤性质、损伤时间、致伤工具、伤残程度等；（3）检查有无性侵害、妊娠、分娩以及性功能状态，协助查明有无性侵害犯罪方面的问题；（4）查明人体有无中毒症状和体征，检查体内是否有某种毒物，并测定其含量及判断人体途径等；（5）检查有关人的精神状态，必要时配合精神病学专家判断是否存在明显的精神异常表现。

2. 活体检查一般在法医活体检验室进行。根据办案需要，可以在医院、住处或者监管场所等地进行。活体检查应当由2名以上法医进行。检查未成年人身体时，应当有其监护人在场；检查妇女身体时，应当由女性工作人员进行。

3. 活体检查时，案件承办人应当将被检人的临床资料及有关材料送交法医鉴定人。涉及临床医学专科问题，可聘请医学专家共同检查。

（四）法医物证检验

1. 法医物证是指与案件有关的人体组织器官的一部分或者其分泌物、排泄物等。

2. 法医物证检验主要内容：（1）血痕检验包括检验检材上是否有血及其种属，判断性别、血型、DNA基因分型和出血部位等；（2）毛发检验包括种属认定，确定其生长部位，脱落、损伤的原因，有无附着物，判断性别、血型和DNA基因分型等；（3）精斑检验包括认定是否为精斑，判断血型和DNA基因分型等；（4）骨骼检验包括认定是否为人骨，是一人骨还是多人骨，推断性别、年龄、身高和其他特征，判断骨骼损伤是生前还是死后形成以及致伤工具等；（5）对其他人体生物检材的检验。

3. 法医物证检验的步骤一般包括：肉眼检查、预备实验、确证实验、种属实验、个体识别和亲缘鉴定等。

4. 法医物证的提取、包装、送检和保管应当区别不同种类的检材，严格遵照有关规定进行。

（五）技术性证据审查

1. 有下列情形之一的，应当进行技术性证据审查：（1）对案件定罪、量刑起关键作用的法医学证据与其他证据之间存在明显矛盾且不能排除的；（2）同一案件对同一法医学专门性问题有两个或者两个以上不同鉴定意见的，或者对鉴定意见理解不一致的；（3）犯罪嫌疑人、被告人及其辩护人，被害人及其诉讼代理人提出异议，案件承办人认为应当审查的；（4）死亡原因鉴定中涉及伤病关系分析的；（5）损伤检验鉴定意见与鉴定标准的适用条款明显不相符的；（6）对被鉴定人法定能力的司法精神病鉴定意见存在疑问的；（7）案件承办人认为有必要进行技术性证据审查的。

2. 技术性证据审查的内容包括：（1）检验鉴定材料是否全面完整，委托受理是否符合法定程序，鉴定人是否具有专门知识和鉴定资格，鉴定机构是否在其执业范围内开展鉴定工作，鉴定人是否存在应当回避而未回避的情形；（2）法医学检验鉴定检材、样本的收集、固定、保管等是否符合有关技术标准和规范，检材、样本是否充足、可靠；（3）检验鉴定的程序、方法、步骤、分析过程是否符合本专业的检验检定规程和技术方法要求，仪器选用是否科学规范，检验是否全面细致；（4）鉴定意见的依据是否科学客观，引用鉴定标准及条款是否恰当，是否符合委托要求，有无遗漏或者需要补充鉴定；（5）审查保外就医罪犯所患疾病是否达到规定的医学条件；（6）审查勘验检查笔录中涉及法医学的内容是否客观，有无遗漏勘验检查项目和内容，与检验鉴定是否一致；（7）鉴定意见的形式要件是否完备，鉴定意见是否明确；（8）鉴定意见与案件待证事实有无关联；（9）鉴定意见是否依法及时告知相关人员，当事人对鉴定意见是否有异议；（10）其他需要审查的内容。

3. 审查完成后，应当制作技术性证据审查意见书，提出审查意见，并说明理由。

第四节　司法会计工作

一、工作范围

司法会计工作的主要业务范围包括以下内容：（1）对检察机

关各业务部门承办案件中与犯罪事实有关的凭证、账簿、报表、财产清单等会计资料以及其他有关资料进行检验和鉴定；（2）配合侦查部门查阅、审核有关财产、账目及其他会计资料，为办案部门的立案、定性、确定侦查范围提供分析意见；协助做好案情分析研究工作；（3）受理检察机关各业务部门办理案件中的会计鉴定、查账报告、审计结论等证据资料的文证审查；（4）对检察机关各业务部门办理案件中涉及的会计专业技术问题进行分析、解释，提供技术咨询、服务。

二、委托与受理

检察机关承办各类案件需进行司法会计检验鉴定的，案件主管部门应填写《委托检验鉴定书》送检察技术部门，及时提交鉴定。

检察技术部门接到委托书后，应当了解案情和检验鉴定要求，核对送检材料的名称、数量，确定送检材料是否符合检验鉴定要求。

检察技术部门根据查验结果，决定是否受理或要求补充材料或提出修改委托要求的意见：（1）决定受理的案件，应填写《受理检验鉴定登记表》；（2）需补充材料的应向送检部门提出明确要求，必要时给予指导或协助调取；（3）修改检验鉴定要求应同送检人协商，征得同意；（4）对于不具备检验鉴定条件无法受理的案件，应向送检人说明不予受理的原因。

受理委托后，经主管检察长签字同意后，由司法会计进行检验鉴定。

三、检验鉴定

受理委托后，鉴定人应根据案件的不同情况拟定检验鉴定方案，确定不同的检验鉴定方法、步骤和重点。

根据检验鉴定的需要，鉴定人可以调取、核查与发案单位有经济业务联系的其他单位或部门的账目及财产情况。必要时可要求送检部门协助。

检验鉴定结束后，应制作司法会计鉴定书或检验报告，包括文字和附件两部分。

1. 文字部分的内容包括绪言、检验、论证和结论 4 个部分，具体内容为：绪言部分应包括委托单位、委托时间、送检人、送检材料、鉴定要求。检验部分应写明发案单位所属行业、执行的会计制度、采用的记账方法；得出鉴定结论所需的会计资料，包括会计凭证、账簿、报表、银行对账单、从银行调取的传票、发案单位证明材料等。论证部分应写明依据会计原理、国家有关法律规定，对检验所见的财务事实进行鉴别和分析，说明其资金的运动变化过程及所产生的必然结果（此项只适合司法会计鉴定书）。结论部分内容应写明根据检验结果、通过科学论证得出的有关财务事实的结论。司法会计检验鉴定意见只解决财务事实专门性问题，不回答法律问题。

鉴定书或检验报告的书写应当做到客观性、科学性、逻辑性、可读性、合法性。

2. 附件部分是将鉴定书或检验报告检验部分述及的所有原始资料作为客观依据附在鉴定书或检验报告文字部分后面。排列顺序应与检验所见一致。

拟稿后，经主管检察长签字同意，打印成正式文稿，并由鉴定人签名盖章，有技术职称的注明职称，最后加盖检察技术鉴定专用章。

检验鉴定完成后，应当及时将鉴定书或检验报告正本连同全部送检材料退回委托单位，并由送检材经手人、验收检材经手人分别在《受理检验鉴定登记表》中签字。《司法会计鉴定书》或《司法会计检验报告》、《委托检验鉴定书》、《受理检验鉴定登记表》和附件等有关材料要一并装订成册，送档案室存档备查。

遇有重大疑难技术问题可聘请有关专家进行"会鉴"。

对检察机关各业务部门办理案件中的会计鉴定、查账报告、审计结论等证据资料的文证审查，必要时进行重新检验鉴定。司法会计重新鉴定和补充鉴定的工作程序，按照上述规定办理。

四、工作原则

司法会计检验鉴定人员根据查账结果或检验鉴定意见，可以针对发案单位的财务管理状况，配合办案部门，会同主管部门提出检察建议。

司法会计鉴定人员必须坚持实事求是的科学态度。检验鉴定中的所有依据必须是客观存在的财务事实，不得主观臆断，违背客观规律，更不准弄虚作假。

司法会计鉴定人员依法独立行使检验鉴定权。检验鉴定意见应对事实负责，客观公正，不受任何外界因素的干扰。

司法会计严格遵守检验鉴定纪律，妥善保管提交检验鉴定的所有资料，不得遗失或损坏。

司法会计严格保守案件机密，不得随意向与本案无关的人员泄露。

第五节　讯问全程同步录音录像工作

一、受理

人民检察院立案侦查职务犯罪案件，在每次讯问犯罪嫌疑人的时候，应当对讯问过程实行全程同步录音、录像。录音、录像应当由检察技术人员负责，特殊情况下，经检察长批准也可以由讯问人员以外的其他检察人员负责。

讯问犯罪嫌疑人需要由检察技术人员录音、录像的，办案部门检察人员应当填写《录音录像通知单》，写明讯问开始的时间、地点等情况送达检察技术部门。检察技术部门接到《录音录像通知单》后，应当指派技术人员实施，制作《讯问全程同步录音录像受理登记表》。

二、录制

技术人员在接受录制任务后，应当做好录制准备工作，对讯问场所及设备进行检查和调试。因特殊原因无法录制的，应当及时告知办案部门。

录制的起止时间，以被讯问人员进入讯问场所开始，以被讯问人核对讯问笔录、签字、捺指印结束后停止。

在固定场所进行全程同步录音、录像的，应当以画中画方式显示，主画面反映被讯问人正面中景，全程反映被讯问人的体态、表情，并显示同步录像时间；辅画面反映讯问场所全景。在临时场所进行全程同步录音、录像，使用不具备画中画功能的录制设备时，录制画面主要反映被讯问人，同时兼顾讯问场所全景，并显示同步时间。

对参与讯问人员和讯问室温度、湿度，应当在讯问人员宣布讯问开始时以主画面反映。对讯问过程中使用证据、被讯问人辨认书证、物证、核对笔录、签字和捺指印的过程应当以主画面反映。

录制人员应当监控录音、录像系统设备的运行，因更换存储介质需要暂停录制时，应当提前告知讯问人员。因技术故障等客观原因需要停止录制时，应当立即告知讯问人员。排除故障继续录制时，应当在录音、录像中反映讯问人员对中断录制的语言补正。

三、资料处置

（一）制作《讯问全程同步录音录像工作说明》

录制人员应当及时制作《讯问全程同步录音录像工作说明》，并经讯问人员和犯罪嫌疑人签字确认。

说明应当反映讯问的具体起止时间和地点，参与讯问的侦查人员、翻译人员及录制人员等人员的姓名、职务、职称，犯罪嫌疑人的姓名及案由等。

讯问在押犯罪嫌疑人的，讯问人员应当注明提押和还押时间，由监管人员和犯罪嫌疑人签字确认。犯罪嫌疑人拒绝签字的，应当注明。

（二）确认和保存

录制结束后，录制人员应当立即将录音、录像资料副本交给讯问人员，并经讯问人员、犯罪嫌疑人确认，当场将录制资料的正本装入讯问全程同步录音、录像资料密封袋，由录制人员、讯问人员、犯罪嫌疑人三方封签，由犯罪嫌疑人在封口处骑缝捺指印。

检察技术部门应当将全程同步录音、录像录制资料正本存放于专门的录制资料档案柜内，长期保存，并做到防尘、防潮、避免高温和挤压，以磁介质存储的资料要存放在防磁柜内。录制资料副本应当在收到《讯问全程同步录音录像工作说明》时移交委托录制的办案部门签收。

（三）后期处理和复制

需要技术处理的，经检察长批准，检察技术人员应当按照办案部门提交的《讯问全程同步录音录像资料技术处理（复制）单》，以录制资料副本作为信号源，在案件承办人的主持下进行技术处理。

因特殊原因需要制作录制资料复制件的，经检察长批准，检察技术人员应当按照办案部门提交的《讯问全程同步录音录像资料技术处理（复制）单》，以录制资料副本作为信号源，在案件承办人的主持下进行复制。

案件侦查终结后，检察技术部门应当将本案《讯问全程同步录音录像受理登记表》、《讯问全程同步录音录像工作说明》等文书材料制作全程同步录音、录像技术协作卷宗予以保存。

（四）启封、核实签收和归档

法庭审理过程中，需要对录制资料正本当庭启封质证的，检察技术部门在收到《讯问全程同步录音录像资料档案调用单》后，将录制资料正本移交公诉部门签收。公诉部门返还录制资料正本，检察技术部门应当核实签收。

案件办理完毕，检察技术部门应当将全程同步录音、录像技术协作卷宗及录制资料正本移交档案管理部门归档。

一案多人多次讯问的，在卷宗编号后加编被讯问人号和讯问次数，作为录制编号。每次讯问加编一个录制编号，每次讯问涉及的全部文书材料及录制资料均对应此编号。

（五）其他需要同步录音录像的情形

侦查监督、公诉、刑事执行检察、民事行政检察等部门办理人民检察院直接受理侦查案件过程中，讯问犯罪嫌疑人的全程同步录音、录像，按照本节规定执行。

询问证人需要进行全程同步录音、录像的，应当事先征得证人同意，参照本节规定执行。

检察技术工作流程图

检验鉴定、技术性证据审查流程图

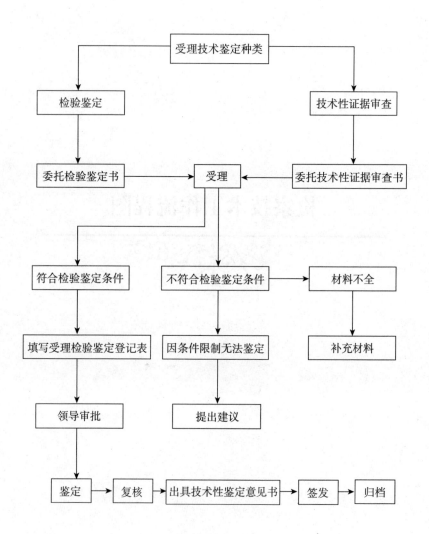

讯问同步录音、录像流程图

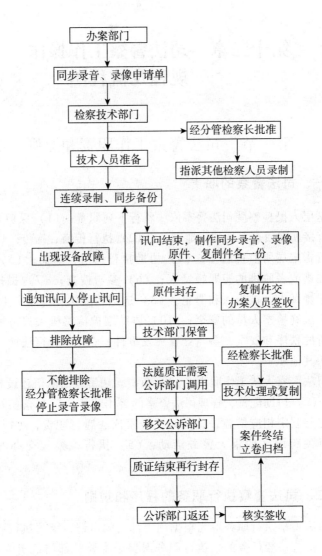

第十二章　司法警察工作操作规程及流程图

第一节　司法警察工作职责和原则

一、司法警察的职责

基层人民检察院司法警察依法履行下列职责：（1）保护人民检察院直接立案侦查案件的犯罪现场；（2）执行传唤、拘传；（3）协助执行指定居所监视居住；（4）协助执行拘留、逮捕；（5）协助追捕在逃或者脱逃的犯罪嫌疑人；（6）参与搜查；（7）提押、看管犯罪嫌疑人、被告人和罪犯；（8）送达相关法律文书；（9）保护出席法庭检察人员的安全；（10）协助维护检察机关接待群众来访场所的秩序和安全，参与处置突发事件；（11）履行法律、法规规定的其他职责。

司法警察大队工作职责：（1）负责司法警察的队伍建设和业务培训；（2）协助配置、管理司法警察的警用装备；（3）落实司法警察规定并制定相应措施，确保司法警察依法履行职责；（4）协助检察机关跨地区的重大警务活动；（5）执行检察长交办的其他任务。

二、司法警察执行职务的程序和规则

司法警察执行职务应当根据用警部门的申请，填写执行职务派警令。执行一般任务的，执行职务派警令由警务部门负责人签发；执行重大警务活动或者执行任务需携带武器的，《执行职务派警令》由分管检察长签发；遇有紧急情况，经分管检察长同意可先

派警，任务执行完毕后，及时补办相关手续。

司法警察在执行职务前，应当了解任务的性质、目的、要求及完成时限等情况，拟制相应的措施和方案，确保任务顺利完成。司法警察在检察官的指挥下，依法履行职责。司法警察在执行职务过程中，遇有可能影响其公正履行职责的情形，应当按照规定回避。司法警察执行职务时应当按照规定着装，佩戴警察标志，保持警容严整，举止文明，用语规范，应当出示警官证，应当严格依照有关规定使用警械和武器。

司法警察执行职务应当根据案件性质、涉案人数、危险程度、任务等情况配备警力。执行重大案件警务保单或者处置涉检群体性突发事件警力不足的，以及跨区域执行任务需要警力协助的，可以申请上一级人民检察院调用司法警察。

司法警察在执行职务过程中违反规则，情节轻微的，应当给予批评教育；情节严重的，应当给予纪律处分；构成犯罪的，依法追究刑事责任。

第二节 司法警察工作具体内容

一、保护人民检察院直接立案侦查案件的犯罪现场

司法警察在执行保护人民检察院直接立案侦查案件的犯罪现场任务时，应当做到以下几点：（1）对犯罪现场进行警戒，维护现场秩序，制止无关人员和车辆进入现场；（2）发现可疑人员或可疑情况应及时向现场指挥人员报告，服从侦查人员指挥，及时采取相应措施，防止可疑人员逃离现场、转移物品、隐匿或者销毁证据；（3）对以暴力、威胁等方法妨碍现场侦查活动的人员，可以予以控制，依法采取强行带离现场或者法律法规规定的其他措施，保护现场侦查人员和群众的安全。

二、执行传唤

司法警察执行传唤任务，应当做到以下几点：

1. 执行传唤前，了解被传唤人的姓名、性别、年龄、工作单位、住址及传唤内容等基本情况。

2. 传唤犯罪嫌疑人时，应当向被传唤人出示传唤证，并责令其在传唤证上签名、捺指印。

3. 传唤犯罪嫌疑人时，其家属在场的，当场将传唤的原因和处所告知其家属。其家属不在场的，及时将传唤通知书送达其家属，并由其家属在传唤通知书副本上签名或者盖章；其家属拒绝签名或者盖章的，在传唤通知书副本上注明；无法通知的，及时通知案件承办人。

4. 传唤被取保候审、监视居住的犯罪嫌疑人、被告人，须先行与采取强制措施的执行机关联系，到被传唤人所属派出所登记后方可执行。

5. 犯罪嫌疑人无正当理由拒不接受传唤或者逃避传唤的，及时通知案件承办人。

6. 传唤任务完成后，及时将相关法律文书交案件承办人。

三、执行拘传

司法警察执行拘传任务，应当做到以下几点：

1. 执行拘传前，了解被拘传人的姓名、性别、年龄、工作单位、住址及身份证号码等基本情况。

2. 拘传犯罪嫌疑人时，应当向被拘传人出示拘传证，犯罪嫌疑人到案后，责令其在拘传证上填写到案时间、签名、捺指印或者盖章；犯罪嫌疑人拒绝填写的，应当在拘传证上注明。

3. 对抗拒拘传的，可以使用警械具，强制到案。

4. 拘传后，应当对犯罪嫌疑人的人身、随身携带的物品进行安全检查，发现与案件相关的证据或者可疑物品以及可能危害人身安全的物品，应当及时向案件承办人报告。

5. 拘传任务完成后，及时将相关法律文书交案件承办人。

四、协助执行指定居所监视居住

司法警察协助执行指定居所监视居住任务，应当做到以下几点：

1. 协助执行指定居所监视居住前，了解被监视居住对象的基本情况、监视居住的处所内部设施及周围环境，制定安全防范应急预案；对指定居所不符合安全条件的，及时向分管检察长报告，并提出整改建议。

2. 犯罪嫌疑人进入监视居住处所时，应当对犯罪嫌疑人的人身、随身携带的物品进行安全检查，发现与案件相关的证据或者可疑物品以及可能危害人身安全的物品，应当及时向案件承办人报告。

3. 协助执行指定居所监视居住时，应当加强与公安机关执行民警的协调，严格落实24小时值班制度，认真做好值班记录；交接班时，交班人员要向接班人员说明监管情况，并做好交接记录。

4. 协助执行指定居所监视居住时，必须坚守岗位，加强监管，重点做好犯罪嫌疑人就餐、如厕、就寝和就医等日常生活起居关键环节的监管工作，注意观察犯罪嫌疑人身体状况和情绪变化，对出现突发疾病、情绪波动等情况的，及时报告和处置，防止意外事件发生。

5. 协助执行指定居所监视居住时，不得体罚、虐待或者变相体罚、虐待犯罪嫌疑人；发现案件承办人有违法违规行为时，应当制止，制止无效的，及时向分管检察长报告。

6. 辩护律师需会见法律规定经许可会见的犯罪嫌疑人时，应当要求其提供许可会见犯罪嫌疑人决定书，并做好安全防范工作。

五、协助执行拘留、逮捕

司法警察协助执行拘留、逮捕任务，应当做到以下几点：

1. 凭拘留证、逮捕证以及公安机关委托书或者授权书协助执行。

2. 协助执行拘留、逮捕任务前，了解犯罪嫌疑人姓名、性别、年龄、工作单位、住址及身份证号码等基本情况；协助执行拘留、逮捕任务时，应当向犯罪嫌疑人出示拘留证、逮捕证；经执行机关授权，可以向被执行人员宣布纪律，告之权利，责令其在拘留证、逮捕证签名或者捺指印；犯罪嫌疑人拒绝签名或者捺指印的，应当在拘留证、逮捕证上注明。

3. 协助执行拘留、逮捕任务时，应当对犯罪嫌疑人的人身、随身携带的物品进行安全检查，发现与案件相关的证据或者可疑物品以及可能危害人身安全的物品，应当及时向案件承办人报告。

4. 对抗拒拘留、逮捕的犯罪嫌疑人，可以依法采取适当的措施，防止其脱逃、自杀、自残、行凶、被劫持等事故的发生，必要时可以使用武器。

5. 犯罪嫌疑人被拘留、逮捕，应当及时送看守所羁押，并将相关法律文书交案件承办人。

六、协助追捕在逃或者脱逃的犯罪嫌疑人

司法警察协助追捕在逃或者脱逃的犯罪嫌疑人，应当做到以下几点：

1. 详细了解在逃或者脱逃犯罪嫌疑人的基本情况、体貌特征、联系方式、可能藏匿的地点、有无凶器或者武器，以及相关联系人的单位、住址、电话等情况，拟制周密的追捕计划，准备相关的法律文书。

2. 追捕中要采取多种方式了解在逃或者脱逃犯罪嫌疑人行踪，注意隐蔽身份，严守保密纪律，防止走漏消息。

3. 捕获犯罪嫌疑人后，应当对其进行人身搜查，发现与案件相关的证据或者可疑物品以及可能危害人身安全的物品，应当及时向案件承办人报告。

4. 对拒捕的犯罪嫌疑人，可以依法采取约束性保护措施予以控制，防止犯罪嫌疑人再次脱逃或者行凶、自杀、自伤、被劫持等事故的发生；对携带枪支、爆炸、剧毒等危险物品拒捕的犯罪嫌疑

人，立即向上级报告，并与当地公安机关联系，共同抓捕犯罪嫌疑人。

5. 如果捕获的犯罪嫌疑人意外受伤或突发疾病时，应当及时送医院治疗，并立即向上级报告。

6. 捕获犯罪嫌疑人后，应当按照有关规定立即将其押解归案，并将相关法律文书移交案件承办人。

七、参与搜查

司法警察在执行参与搜查任务，应当做到以下几点：

1. 参与执行搜查任务前，了解被搜查对象的基本情况、搜查现场及周围环境，确定搜查的范围和重点，明确分工和责任。

2. 侦查人员对犯罪嫌疑人、被告人的人身、住所、办公地点和其他有关地方进行搜查时，应当做好安全保障工作。

3. 对被搜查人及其家属进行严密监控，防止其隐匿、毁弃、转移犯罪证据；对以暴力、威胁或者其他方法阻碍搜查的，应当予以制止或者将其带离现场。

4. 对女性犯罪嫌疑人、被告人进行人身搜查时，应该由女性司法警察执行。

5. 协助侦查人员执行扣押、查封任务时，应当做好现场警戒，保护侦查人员安全，防止意外事件的发生。

八、提押犯罪嫌疑人、被告人或者罪犯

司法警察执行提押犯罪嫌疑人、被告人、罪犯任务，应当做到以下几点：

1. 凭提讯、提解证执行。

2. 严格遵守看守所、监狱等羁押、监场所管的有关规定，核实被提押人身份，防止错提、错押。

3. 对被提押的犯罪嫌疑人、被告人和罪犯应当使用警械具，对怀孕的妇女、有肢体残疾的人和未成年人等不适宜使用警械具的，可视情况处置。

4. 提押女性犯罪嫌疑人、被告人或者罪犯应当有女性司法警察在场。

5. 提押犯罪嫌疑人、被告人或者罪犯应当向其宣布有关法律规定，并责令其遵守；严密看管，防止被提押人脱逃、自杀、自伤、行凶、滋事或者被劫持等；押解途中如果发生突发事件，应当保护被提押人的安全，迅速将其转移到安全地点看管，并及时向上级报告。

6. 提押犯罪嫌疑人、被告人或者罪犯时，应当使用囚车押解；在距离较近、交通不便或者车辆无法继续前进等特殊情况下，经分管检察长批准，可以执行徒步押解。

7. 对男性和女性、成年人和未成年人、同案犯以及其他需要分别押解的犯罪嫌疑人、被告人或者罪犯，应当实行分车押解；对重、特大案件的犯罪嫌疑人、被告人或者罪犯，应当实行一人一车押解。

8. 长距离、跨省区乘坐公共交通工具执行押解犯罪嫌疑人、被告人或者罪犯，应当提前与相关部门及司乘人员取得联系，将被提押人安置在远离车窗、舱门等便于控制的位置或者相对封闭的空间，必要时可以使用约束性警械对其进行限制，防止被提押人脱逃、自杀、自伤、行凶、滋事或者被劫持等事故发生。

9. 案件承办人讯问完毕后，应当及时将犯罪嫌疑人、被告人和罪犯还押，并向看守人员反馈被提押人的动态，提讯、提解证由看守人员签字盖章后带回，交案件承办人。

九、看管犯罪嫌疑人、被告人或者罪犯

司法警察执行看管任务，应当做到以下几点：

1. 对看管场的设施及周围环境进行检查，消除安全隐患；

2. 依照规定与案件承办人做好交接手续，对犯罪嫌疑人、被告人或者罪犯的基本情况、进出看管场所的时间、有无疾病和异常情绪等逐一登记，准确填写看管记录；

3. 对犯罪嫌疑人、被告人或者罪犯的人身、随身携带的物品

进行安全检查，发现与案件相关的证据或者可疑物品以及可能危害人身安全的物品，应当及时向案件承办人报告；

4. 依法告知犯罪嫌疑人、被告人或者罪犯在被看管期间享有的权利和必须遵守的规定；

5. 严格遵守看管规定，保持高度警惕，严防被看管人脱逃、自杀、自伤、行凶、串供、传递涉案信息或者有关物品等，遇有紧急情况时，可以采取相应强制措施制止，必要时可以依照有关规定使用警械具；

6. 适时提醒案件承办人遵守办案时限，发现案件承办人对被看管人体罚、虐待或者变相体罚、虐待、刑讯逼供时，应当制止，制止无效的，及时向分管检察长报告；

7. 遇有犯罪嫌疑人、被告人或者罪犯突发疾病的，及时报告案件承办人，配合做好救治工作。

十、送达法律文书

司法警察执行送达有关法律文书任务，应当做到以下几点：

1. 送达必须按照法定程序进行。

2. 送达前要清点份数、册数，检查所需送达的文件是否符合法定时效，是否留有送达所需要的时间。

3. 准确、及时送达，未能按时送达的，及时报告并说明原因；送达时严守国家保密规定，不得将法律文书带到公共场所或者带回家中，不准将法律文书交给无关人员阅览和保管。

4. 送达时，应当要求受送达人在送达回证上签名、盖章；受送达人不在，可以交给与其同住的成年家属或者所在单位的负责人代收；受送达人或者代收人拒绝接收或者拒绝签名、盖章时，送达人可以邀请其邻居或者其他见证人到场，说明情况，把送达文书留在受送达人住所，在送达回证上记明情况。

十一、保护出席法庭检察人员安全

司法警察执行保护出席法庭检察人员安全的任务，应当做到以下几点：

1. 提前与公诉部门沟通，了解案件性质、涉案人数、出席法庭检察人数等情况，制定安全处置预案；

2. 依照有关规定携带警械具，重点保护好往返法庭、开庭期间检察人员的人身安全；

3. 对于重大、敏感等案件，执行职务前应当与法院、公安机关沟通协调，共同做好防范工作；

4. 遇有聚众围攻、殴打出庭公诉检察人员的，应当采取适当的保护措施，并及时与公安机关联系，保护检察人员的人身安全。

十二、协助维护检察机关接待群众来访场所的秩序和安全，处置突发事件

司法警察执行协助维护检察机关接待群众来访场所的秩序和安全，处置突发事件，应当做到以下几点：

1. 对来访人员及其他人员扰乱接访秩序，实施自杀、自伤等过激行为的，及时采取措施予以制止和协助救治；

2. 对以暴力手段胁迫、殴打接访人员的，依法采取强行带离现场或者法律规定的其他保护措施，保护接访场所检察人员的人身安全；

3. 对破坏、冲击接访场所和检察机关办公场所秩序的不法分子，应当采取制止、控制等处置措施，保存相关证据，及时联系公安机关依法处置。

司法警察工作流程图

司法警察工作汇总图

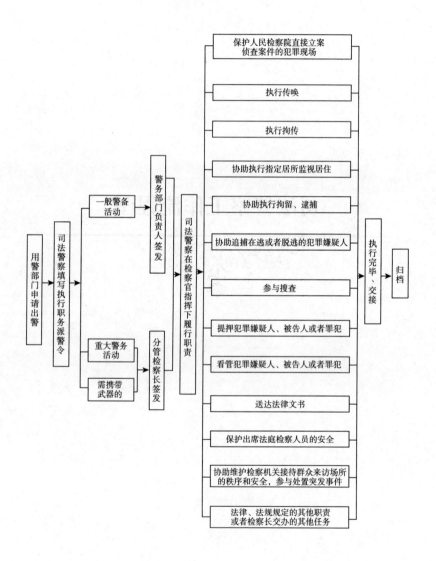

司法警察执行看管任务流程图

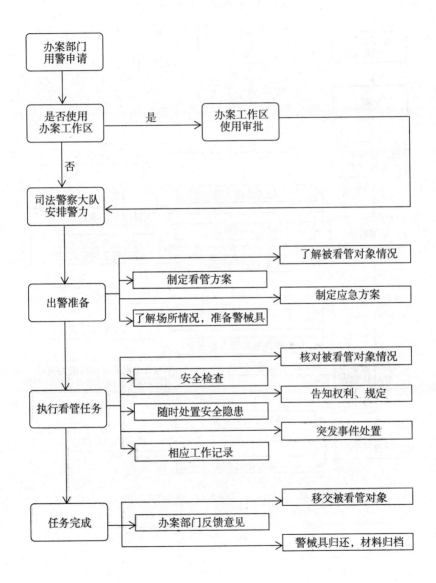

司法警察执行押解任务流程图

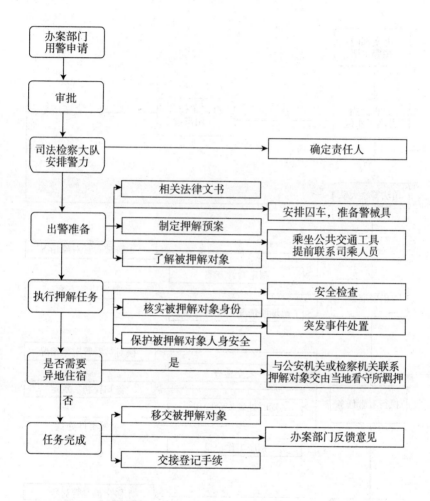

第十三章　纪检监察工作操作规程及流程图

基层人民检察院纪检监察部门履行下列职责：（1）检查本院及其所属内设机构在遵守和执行法律、法规和最高人民检察院、上级人民检察院的决定、规定中的问题；（2）具体负责本院的党风廉政建设及反腐败工作；（3）受理对本院及其所属内设机构、直属事业单位和检察人员违反纪律、法律行为的控告、检举；（4）调查处理本院及其所属内设机构和检察人员违反纪律、法律的行为；（5）受理检察人员不服纪律处分决定的申诉；（6）有关法规、文件规定由纪检监察部门履行的其他职责。

第一节　党风廉政建设工作

一、制作部门计划

纪检监察部门年初要学习贯彻上级纪检监察工作会议精神，安排部署年度纪检监察工作，每半年进行1次纪检监察工作总结。

二、加强领导干部廉洁自律

拟定学习计划，定期开展警示教育，组织党政纪条规学习和廉政谈话。对院党组成员及中层领导干部建立廉政档案，由纪检组加强管理、监督、使用。

每年不少于2次召开党组党风廉政建设专题民主生活会，必要时邀请上一级人民检察院、同级纪委有关领导参加。年初对党风廉政建设工作进行目标分解，检察长与党组成员、党组成员与各分管部门的负责人签订党风廉政建设责任状，分别做好诺廉、述廉、考廉、评廉工作。

三、加强机关行风效能监察，制定实施方案

建立健全机关行风效能监察制定各项规章制度。监管搞好学习动员，提高干警对机关行风效能监察工作重要性和必要性的认识。督查室适时组织干警开展自查自纠活动，发现问题及时整改。督查室对机关行风效能及时进行监督检查，监督检查采取定期与不定期相结合、明查与暗访相结合、电话询查与办事随访相结合、普遍检查与重点检查相结合等方式进行。对督查过程中发现的问题，要限期整改。

纪检组做好党风廉政建设总结，搞好档案的规范管理，迎接上一级人民检察院、同级纪委的考核。

第二节 查办违法违纪案件工作

一、受理

控告申诉检察部门统一受理对本院检察干警违法违纪案件的举报、控告，7日内移送纪检监察部门。

专职纪检监察员收到控告申诉检察部门移送的信访事项后，应当立即填写《群众来信来访登记表》，对属于本部门管辖的，当日报部门负责人阅批。需要进行初步审查的，应当经部门负责人同意，或者经分管检察长或者检察长同意。

二、初步审查

纪检监察部门对于有违反纪律、法律具体内容的线索，应当进行初步审查。初步审查期限为2个月，必要时经主管副检察长或者检察长批准可延长1个月。初步审查结束后，应当制作案件初步审查报告，层报部门负责人、分管检察长、检察长或者提交检察长办

公会审议。

认为举报失实或虽有违纪行为但情节轻微不需要进行处分的，建议不立案；对认为有违纪违法事实的行为，需要追究纪律责任的，建议立案。

三、决定

检察长或者检察长办公会收到案件初步审查报告后 5 日内作出决定。决定立案的，由督查室填写《立案呈批表》，报分管检察长或者检察长批准。决定不立案的，纪检监察部门负责回复举报、控告人。决定立案后，应当在 7 日以内填写检察人员违纪案件立案备案表，层报最高人民检察院监察局。

四、调查和审理

纪检监察部门负责人指定调查人员开展调查，自立案之日起 3 个月内结案，因特殊原因需要延长办案期限的，经分管检察长或检察长批准，可以适当延长 1 个月。

纪检监察部门负责人、调查人员向被调查人宣布立案决定和应当遵守的规定，听取被调查人的意见，制作《调查笔录》。

调查取证（物证、书证、证人证言、视听资料、鉴定结论、勘验检查笔录、询问被调查人等）由 2 名以上调查人员进行，必要时采取相关调查措施。调查终结后，调查人员应当制作案件调查报告，提出意见，报部门负责人审查。

纪检监察部门负责人另行指定非本案调查人员对调查终结的违纪违法案件进行审理。审理结束后，审理人员应当制作审理报告，提出审理意见，报部门负责人审查，必要时部门负责人可以提交部门会议讨论。纪检监察部门负责人依据认定的违法违纪事实与被调查人进行核对。纪检监察部门负责人提出处理意见，报请分管检察长或者检察长审查，或者提交检察长办公会审议。

五、处理

对纪检监察部门负责实施检察长审查或者检察长办公会审议的决定可进行以下处理：（1）确有违纪事实，需要给予纪律处分的，作出纪律处分决定，制作处分决定书；（2）确有违纪事实，但情节轻微的或具有减轻情节的，经批评教育后可以从轻或免予纪律处分，免予纪律处分的，制作免予处分决定书；（3）违纪违法事实不存在，或者不需要追究被调查人纪律责任的，予以撤销案件，应当制作撤销案件决定书；（4）违法犯罪事实存在，需要由其他机关或部门给予处理的，移送有关机关或部门处理，填写《案件移送处理登记表》。

违纪违法案件作出处理后，处分决定书应当抄送有关人事部门，处分决定书、免予处分决定书应当抄送受处分人员，应当按照有关规定办理立卷、归档、呈报、备案和答复等事项。

六、复查

对纪律处分不服的，自收到处分决定书之日起 30 日内提出申诉的，纪检监察部门负责人应当指定原承办人以外的 2 名以上人员承办，自收到申诉之日起 30 日内复查完毕。

经复查，认为原纪律处分决定或者纪律处分复查决定具备下列条件的，报经分管检察长或者检察长审定，由纪检监察部门决定维持原决定：（1）事实清楚，证据确实、充分；（2）运用法律、法规、政策正确，定性准确；（3）处理适当。

经复查认为原决定不适当的，可以建议本院对原决定予以变更或者撤销。

作出复查决定，应当制作复查决定书。复查决定书还应注明不服复查决定向上一级监察部门申请复核的期限。复查决定书或者复核决定书由监察部门送达申诉人。

第三节　执法办案内部监督工作

一、监督职责

纪检监察部门在执法办案内部监督中承担以下职责：（1）对执法办案内部监督工作进行归口管理，研究制定有关工作措施和规章制度，对本院执法办案部门执法办案内部监督工作进行指导、督促和检查；（2）对本院检察人员履行执法办案职责的情况进行监督；（3）受理、核查、处理在执法办案内部监督中发现的执法过错和违纪违法线索；（4）向本院领导和上级人民检察院监察部门报告执法办案内部监督工作的情况，对执法办案活动中存在的问题提出监察建议，并督促落实；（5）完成上级人民检察院交办的其他执法办案内部监督任务。

二、监督措施

纪检监察部门履行执法办案内部监督职责时，可以采取下列措施：（1）要求被监察的部门人员提供与监察事项有关的文件、资料、财务账目、案件材料及其他有关的材料，进行查阅或者予以复制；（2）要求被监察的部门和人员就监察事项涉及的问题作出解释和说明；（3）责令被监察的部门和人员停止违反法律、法规和纪律的行为。

经检察长授权后，也可以采取以下措施：（1）参加或者列席执法办案工作会议，审查和调阅有关文件、案件材料、办案安全防范预案、审讯同步录音录像资料及其他相关材料；（2）察看办案现场，旁听开庭审理，或者通过局域网对执法办案活动进行网络监控；（3）听取有关机关、部门或者人民监督员的意见，向发案单位或者诉讼参与人了解情况；（4）组织检务督察和专项检查；（5）要求相关部门和人员就监督事项涉及的问题作出解释或者说明；（6）责令相关单位和人员停止违反法律、纪律或者规章制度的行为；（7）建议或者责令相关人员暂停执行职务，建议或者决定更换案件承办单位、案件承办人员；（8）符合有关规定、不影响办案工作正常进行的其他措施。

三、执法档案

案件承办人按办案环节个人填写执法档案，部门负责人、分管检察长逐级逐环节签字，每月 25 日前由业务部门内勤收集，向督查室报送执法档案。

四、申请监督通知书

案件承办人对于下列案件，在受理、立案或结案后 3 日内及时向督查室报送《申请监督通知书》，纪检监察部门负责人于当日决定是否派员监督：

1. 初查后决定不立案的具有较大影响的职务犯罪案件；

2. 对犯罪嫌疑人、被告人变更强制措施的职务犯罪案件；

3. 侦查机关或者侦查部门持有异议的不予逮捕或者不予起诉的刑事案件；

4. 犯罪嫌疑人、被告人被逮捕后撤销案件、不起诉或者撤回起诉的刑事案件；

5. 人民法院作出无罪判决，或者被人民法院改变犯罪性质、改变罪名后明显影响量刑的刑事案件；

6. 当事人长期申诉、上访，经备案审查、复查、复核后改变原处理决定的刑事案件及民事、行政申诉案件，或者决定给予国家赔偿的刑事案件及民事、行政申诉案件；

7. 人民监督员提出不同意见，或者在人民检察院内部存在重大意见分歧的职务犯罪案件；

8. 社会普遍关注，或者人民群众反映强烈的刑事案件、民事、行政申诉案件；

9. 上级人民检察院要求重点监督的刑事案件、民事、行政申诉案件。

五、办案纪律和办案程序自评卡

案件承办人在案件办结后应及时填写办案纪律和办案程序情况自评卡，并入副卷，督查室不定期督导落实。

六、执法监督卡

督查室根据各部门报送的执法档案，确定目标案件，向案件当事人、单位、亲属或委托代理人发放执法监督卡；收回后根据监督卡提供的违法违纪线索和问题对被反映的干警进行调查，结果层报纪检监察部门负责人、分管检察长或者检察长。

七、汇总通报

督查室对各部门和干警的执法档案、申请监督通知书、执法执纪监督卡、办案纪律和办案程序自评卡入副卷情况、禁令落实情况汇总，层报纪检监察部门负责人、分管检察长或者检察长，每月5日前公开发布。

八、规范执法行为

督查室采取定期不定期检查和明察暗访的形式，对执法活动进行检查监督，并配合院党组建立和完善监督制约机制。

充分发挥执法执纪监督员的作用，定期召开执法执纪监督员座谈会，听取监督员的意见和建议，督查室统一汇总后层报纪检监察部门负责人、分管检察长或者检察长，并制定整改措施。

纪检监察工作流程图

纪检监察工作审批程序流程图

纪检监察员 → 纪检监察部门负责人 → 分管检察长 → 检察长 → 检察长办公会

党风廉政建设工作流程图

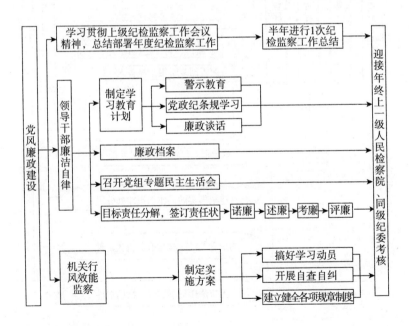

查办违法违纪案件工作流程图

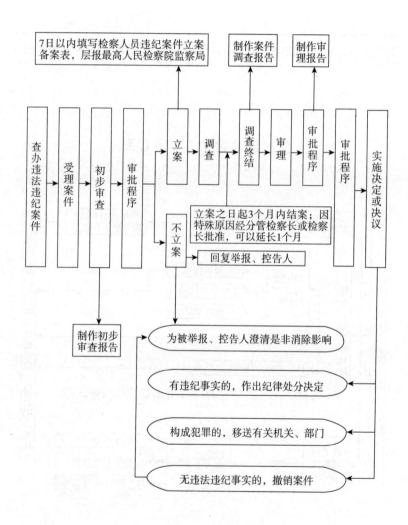

执法办案内部监督工作流程图

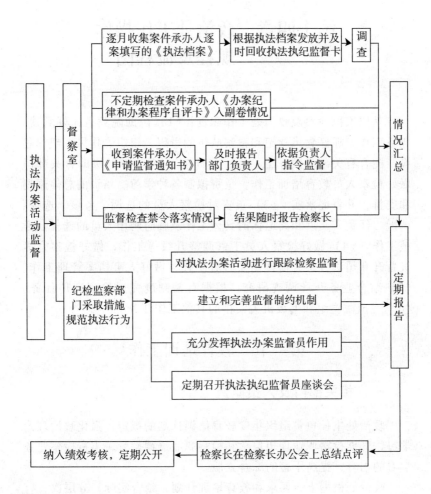

第十四章 政治处工作操作规程及流程图

基层人民检察院政治处工作职责：（1）协助院党组抓好党建、党务工作，抓好党风党纪和检察队伍的思想、组织、作风、纪律建设，配合有关部门做好工、青、妇日常工作。（2）协助有关部门做好检察人员教育培训工作，负责拟制各种学习、培训的总体规划和安排，并督促落实。（3）负责对检察人员的选调、考核、选拔、调配、任免、奖惩和离退休的具体工作及临时聘用人员的选任、考核工作。（4）做好检察人员工资调整升级等工作，做好检察官等级晋升和司法警察警衔授衔及晋升工作，做好人事档案管理工作。（5）结合业务开展调查研究，根据有关制度完成检察宣传任务。（6）完成院党组和上级机关安排的其他工作任务。

第一节 教育培训工作

一、相关部门及人员职责

政治处主任负责组织年度教育培训计划的拟定，强化政治理论学习，开展检察职业理想信念和检察职业道德教育，丰富检察业务学习的内容，提高干警的综合素质。

政治处根据上级要求和教育培训计划，结合实际，分层次、有步骤地组织开展业务培训、岗位练兵、理论研讨、办案竞赛等活动，促进全院干警业务水平的提高。

政治处动员和鼓励干警参加法律硕士、博士研究生学习，进一步提高干警的法律素养，优化干警队伍的文化结构。

二、工作流程

政治处开展教育培训工作具体流程如下所示：（1）政治处拟定年度的教育培训计划。（2）政治处负责人将教育培训计划报请分管检察长、检察长审批。（3）政治处按计划及时联系有关人员授课。（4）政治处按照授课时间通知全院干警参加听课，同时做好考勤工作。听课干警认真做好学习记录。（5）全部培训结束后，政治处负责组织考试，并将考试结果记入干警培训档案。

第二节　检察官等级评定工作

一、相关部门及人员职责

政治处负责评定（晋升）检察官等级管理工作，以检察官所任职务、德才表现、业务水平、检察工作实绩和工作年限为依据，评定（晋升）检察官等级。按照上级有关评定（晋升）检察官等级规定，在检察人员中确定符合评定（晋升）检察官等级的人员。

政治处在评定过程中按照上级有关评定（晋升）检察官等级规定，及时向上级人民检察院请示、办理相关评定（晋升）检察官等级手续。

政治处负责将办理完毕的评定（晋升）检察官等级审批表、请示等一并送上级人民检察院审批。

二、工作流程

具体评定工作流程如下所示：

1. 评定（晋升）检察官等级由政治处相关责任人每年与上级检察院联系，按照申报要求审核干警档案，列出调整人员名单。

2. 政治处按不同等级填写《评定检察官等级审批表》或《检察官等级变动审批表》，并送分管检察长审核。

3. 政治处将《评定检察官等级审批表》或《检察官等级变动

审批表》提交检察长审批。

4. 填写好的《评定检察官等级审批表》或《检察官等级变动审批表》及时上报上级检察院批准。

5.《评定检察官等级审批表》或《检察官等级变动审批表》批准后，及时取回归于干部个人档案。

第三节　法律职务任免工作

一、相关部门及人员职责

政治处负责全院干警的法律职务任免管理工作，按照法律法规的规定，办理对书记员、助理检察员、检察员、检察委员会委员、副检察长拟任免的相关法律手续。

根据《检察官法》的规定，书记员、助理检察员职务由本院检察长任免。

二、工作流程

具体任免工作流程如下所示：

1. 政治处负责摸清应拟任免法律职务干部名单，为领导当好参谋。

2. 政治处根据院党组、检察长要求或工作需要负责起草拟任免法律职务干部议案，对拟任法律职务干部进行考察。

3. 政治处将写好的议案提交分管检察长审核。

4. 政治处将分管检察长审核意见报检察长审核。

5. 检察长审核后，提交党组会讨论通过。

6. 政治处负责将拟任免法律职务人员相关材料报送同级人大常委会。

7. 政治处负责人与同级人大常委会配合对拟任法律职务干部进行考核考试。

8. 同级人大常委会批准后，将任免审批表存入干部本人档案。

第四节　集体和个人奖励工作

一、相关部门及人员职责

政治处负责检察工作人员的表彰奖励工作，本院各部门予以配合。同时，政治处负责本院各部门和检察工作人员的表彰奖励，依照《检察官法》和《国家公务员法》的有关条件，按奖励种类，分别呈报上级院审批。

二、工作流程

（一）报送党委、上级院审批的表彰事项

1. 根据党委和上级院规定的争创种类和有关通知精神，上级指定表彰对象的，由被指定对象填写申报材料，政治处负责审核，征求部门及主管检察长意见，报检察长或院党组批准后，将有关材料上报。

2. 根据党委和上级院规定的争创种类和有关通知精神，上级未指定表彰对象的，由全体干警民主推荐表彰对象，政治处负责审核，征求部门及主管检察长意见，报检察长或院党组批准后，将有关材料上报。

（二）本院直接奖励表彰工作人员程序

1. 政治处拟定表彰奖励方案。

2. 政治处将表彰奖励方案提交分管检察长审核。

3. 政治处将分管检察长审核后的方案报送检察长审批。

4. 政治处组织召开各部门负责人参加的评先工作会议进行部署。

5. 各部门召开评先会议，按照评先方案推举受表彰部门、人员，并将名单报送政治处。

6. 政治处根据各部门评选结果和年度考核结果，按表彰奖励方案要求确定被表彰奖励部门、人员名单，并报送院党组审批。

7. 院党组召开会议确定被表彰奖励部门、人员名单。

8. 召开全院大会进行表彰。

第五节 检察宣传工作

一、相关部门及人员职责

政治处宣教科负责检察宣传工作的组织管理工作；全院干警负有撰写宣传稿件的义务；兼职宣传员负责本部门宣传稿件的登记、报送工作；宣传稿件由政治处主任审核；宣传稿件由分管检察长或检察长签发。

二、工作流程

宣传工作具体流程如下所示：

1. 干警或兼职宣传员确定宣传题材，撰写宣传稿件。其中重大事项宣传应拟定宣传计划或方案，经政治处主任审核后报主管检察长审批。涉及记者采访的，根据有关宣传纪律规定逐级请示办理。

2. 撰写宣传稿件，一般性正面宣传题材交相关业务部门领导及主管检察长审查同意后，可对外直接发表。

3. 重大敏感性案件和负面宣传报道要报政治处主任审核。其中，涉及业务工作或办案情况的，要交相关业务部门领导及主管检察长审查同意后，再报政治处主任审核。

4. 政治处主任在1日内提出审核意见，报主管检察长审核或审批。

5. 分管检察长及时审批、签发；对重大检察新闻报道可提出审核意见，报检察长审批、签发。

6. 检察长对重大检察新闻报道及时审批、签发，但按规定需报市检察院或有关主管部门批准的，提出审批意见，交政治处办理报批手续。

7. 宣传稿件经签发或经上一级人民检察院、有关主管部门批准后，发送给有关宣传媒体。

8. 各部门兼职宣传员及时将撰写的稿件题目及数量报送政治处。采用的稿件将一份原件、三份复印件报政治处备案。

9. 政治处做好有关宣传资料的管理、归档工作。

第六节　工资管理工作

一、相关部门和人员的职责

政治处负责检察工作人员职级工资、警衔工资的调整、落实工作。按照上级有关工资政策规定，政治处应及时到同级党委组织部报送、核定、办理相关工资手续。政治处负责将办理完毕的工资审批表、清单送院财务室，由财务室统一发放。

二、工作流程

工资管理工作流程如下所示：

1. 政治处根据有关人员情况及有关通知精神做好工资调整工作。

2. 政治处对照审查相关人员工资档案。

3. 政治处按照政策规定填报干警工资审批表，并报分管检察长审核。

4. 政治处向全院公布工资调整情况。

5. 政治处到同级党委组织部办理工资调整相关审批手续。

6. 政治处将"工资审批表"归入干部人事档案一份，送院财务室一份，由财务室落实发放。

7. 政治处负责落实人事代理人员及劳务派遣人员的工资及福利待遇的决定，并送财务室执行。

政治处工作流程图

教育培训工作流程图

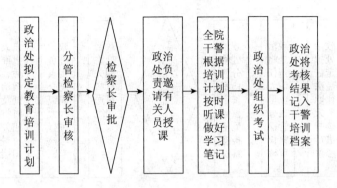

政治处拟定教育培训计划 → 分管检察长审核 → 检察长审批 → 政治处负责邀请有关人员授课 → 全院干警根据培训计划按时听课做好学习笔记 → 政治处组织考试 → 政治处将考核结果记入干警培训档案

检察官等级评定流程图

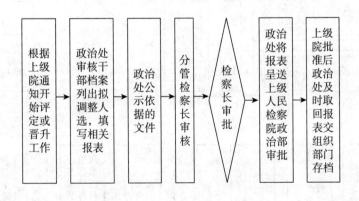

根据上级院通知开始评定或晋升工作 → 政治处审核干部档案列出拟调整人选，填写相关报表 → 政治处公示依据的文件 → 分管检察长审核 → 检察长审批 → 政治处将报表呈送上级人民检察院政治部审批 → 上级院批准后政治处及时取回报表交组织部门存档

检察人员法律任免工作流程图

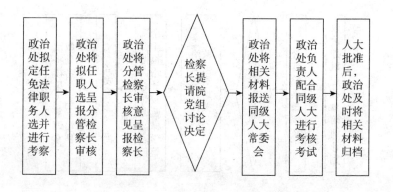

集体和个人奖励工作流程图

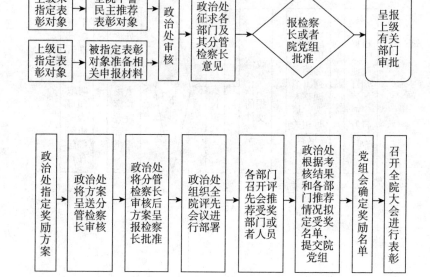

检察宣传工作流程图

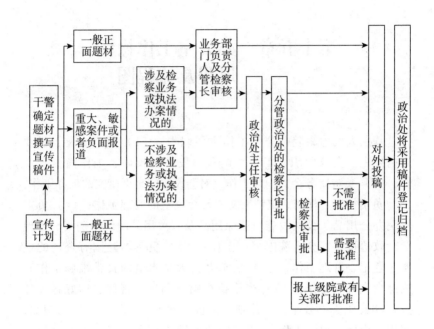

工资管理工作流程图

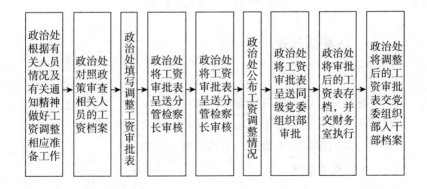

第十五章　办公室工作操作规程及流程图

基层人民检察院办公室工作主要职责：（1）负责文秘、机要文电处理、会议组织、工作协调和编发情况反映、工作简报等工作；（2）负责院务会的记录工作及对会议决定事项落实的催办工作；（3）负责档案、保密、统计、文印及会议室的管理工作；（4）负责本院办公用品、公共设施、劳保用品及有关用品的统一购买、管理和行政值班、安全，院内综治工作；（5）负责本院国有资产的核实、登记、管理工作；（6）负责办公大楼水电的日常维修工作和内部食堂管理工作；（7）严格执行财务制度，管好、用好各项经费；（8）负责办公车辆的计划、上报、购置、配发及车辆的调配、使用、维修、保障工作；（9）完成好院党组和上级机关交办的其他工作任务。

第一节　机要工作

一、机要室管理

（一）室内管理

机要室的设施、设备应保持性能良好，文件、物品摆放整齐有序且方便工作使用，密件、印章、密码卡等必须放在防磁保密柜内并锁好，室内保持卫生清洁，不得放置其他物品。

（二）机要收发

凡属于工作需要的文件、资料、卷宗、信函等属于机要收发范围，由机要室工作人员应按规定进行编号、登记，所收文件明确签收人的直接送达签收人签收，未明确签收人的，由办公室主任签批，机要室工作人员按签批内容进行分发、传阅。

二、机要通道、传真机使用

凡各类文件、材料、信息、通知、通报等属于保密范围的一律通过机要通道收发。需要通过机要通道发送文件的部门应经检察长或主管副检察长签批后，将所发文件电子版通过内网邮箱发送到机要室，由机要室工作人员进行发送。

非保密范围的文件、材料、信息等可通过传真发送，发送传真应填写"传真电报"专用纸，并经主管副检察长签批后方可发送。

通过机要通道不能送达的属于保密范围的文件、材料、信息等，可由承办人或保密员直接送达，或通过邮局机要部门送达。

第二节　保密工作

一、保密规定

（一）在职保密规定

在职保密规定如下：

1. 不该说的秘密不说，不该问的秘密不问，不该看的秘密不看，不该带的秘密不带。

2. 不在私人通信、文章、著作中涉及国家秘密和工作秘密。

3. 不在非保密场所阅办、谈论国家秘密和工作秘密；不在非保密本上记录国家秘密和工作秘密；不用普通邮电传递国家秘密和工作秘密。

4. 不私自复制、保存和销毁涉密信息，妥善保管、处理各类涉密材料。

5. 不带涉密载体游览或者探亲访友。

6. 不委托私营企业、外国企业、外资企业和个体企业制作涉密文件材料和物品。

7. 自觉遵守涉密会议保密规定，不引带无关人员进入会议场所，不向无关人员透露会议内容，保管好会议材料。

8. 不将涉密计算机连接互联网，不在互联网上存储、处理涉密信息。

9. 不在涉密计算机上安装使用无线键盘、无线网卡等无线设备。

10. 不在涉密计算机上下载、存储、安装运行电影、游戏或来历不明的软件和程序，不随意复制他人文件。

11. 不擅自将涉密计算机和涉密移动存储介质让他人使用、保管或办理寄运。

12. 未经专业销密，不将涉密计算机和涉密移动存储介质作淘汰处理。

13. 不在涉密场所中连接互联网的计算机上安装、配备和使用摄像头等视频输入设备。

14. 不在涉密计算机和非涉密计算机之间交叉使用移动存储介质。涉密移动存储介质不得在私人计算机或其他非涉密设备上连接、使用。非涉密移动存储介质（包括私人 MP3、MP4、录音笔、手机、计算机等其他电子设备）不得在涉密网络或涉密计算机上连接、使用。

15. 不使用普通传真机、多功能一体机（集传真、扫描、打印、复印于一体的办公设备）传输、处理涉密信息。

16. 不通过手机和其他移动通信工具谈论涉密信息、发送涉密信息。

17. 在对外交往与合作中谨慎言行，严格遵守有关涉外保密规定。

（二）离职保密规定

离职时，主动上交由本人保管的所有涉密文件材料和其他涉密载体；离职后，自觉遵守保密规定，严格履行保守国家秘密和工作秘密的义务。

（三）泄密后的处置

发生失泄密事件时，立即采取补救措施并及时向所在部门领导和保密部门报告，不隐瞒违反保密纪律和法规的行为，不隐瞒失泄密事件。

二、机关工作人员保密须知

（一）保密工作基本要求

国家秘密是指关系国家的安全和利益，依照法定程序确定，在一定时间内只限一定范围的人员知悉的事项。

机关工作人员必须遵守宪法和法律，严格履行保守国家秘密的义务。

基层检察院设保密委员会，主管办公室的副检察长任主任，政治处主任、纪检组组长及办公室主任为副主任，委员为各科室科长、主任等。保密委员会下设办公室，主任由办公室主任担任，副主任由办公室副主任、技术科副科长担任，成员为办公室及技术科所有成员。落实保密工作责任制，单位主要领导承担主要责任，分管领导承担直接责任。

单位产生的国家秘密事项，必须依照保密范围及时准确确定密级和保密期限，并在各种载体上作出标志；国家秘密必须限定知悉范围。

（二）文件保密工作

阅办秘密文件、资料必须履行登记手续，用完后及时清退，不得自行横传，不得擅自复制、摘抄、提供、销毁或私自留存秘密文件、资料。不在非保密笔记本上记录秘密事项。

绝密级文件资料和密码电报不允许复印；复印机密、秘密级文件资料须经院领导批准，复印件视同原件管理。

秘密文件资料必须在内部印制或者在经保密局批准的定点单位印制。

汇编涉密文件资料须经发文机关同意，按密级最高的文件标密，按发放范围限制最严的文件发放和管理。

销毁秘密文件资料必须经领导批准，严格予以登记；保密废纸必须交由市保密局集中统一处理。

取送绝密文件和密码电报必须专人专车，严禁携带秘密文件进入公共场所。

寄发秘密文件资料必须通过机要部门传递，严禁在普通邮局寄发秘密文件资料。

（三）通信、计算机信息系统保密工作

严禁在普通有线电话和移动电话中谈论国家秘密。

使用密码电报或加密传真，必须坚持密来密复，严禁密电明复，明密混用。

涉密信息不得进入国际互联网传输或存储；处理涉密信息的计算机信息系统也不得接入国际互联网，必须采取与国际互联网完全隔离的保密技术措施。

涉密通信、办公自动化和计算机信息系统，必须采取保密防范措施，须经保密局审查合格后才能投入使用。

（四）其他保密工作及泄密的处置

不得在档案室、机要室等要害部位接待来访。涉密信息处理场所未经单位领导批准，无关人员不得进入。涉密事项、涉密单位的宣传报道或论文投稿须经单位领导或保密局进行保密审查。

涉密通信、办公自动化和计算机信息系统工程建设，要立足于国内单位承担，使用国内保密技术、设备及软件。

涉密会议必须限定出席对象，禁止使用无线话筒，相关的宣传报道必须报经保密局审批，会议文件要严格管理。

领导干部要带头严格保守党和国家秘密，不在家属、亲友、熟人和其他无关人员面前谈论党和国家秘密；不在涉外活动及公开发表的文章、著作中涉及党和国家秘密。

发生或发现泄密事件或泄密隐患要及时报告，果断采取补救措施，发现泄密事件隐匿不报的，要承担相应责任。

三、档案保密规定

严格执行《保密法》、《档案法》及党和国家的各项保密制度，确保档案的完整与安全。档案库房非经许可不得随意进入。严格档案借阅登记制度，外单位人员查阅档案，须持单位介绍信。档案借阅后不得擅自转借他人，不得擅自翻印、复印。借阅者对档案内容要严格保密，不得带档案材料回家或出入公共场所。档案管理人员下班或外出要关好门窗，随时加锁，以防档案丢失、被盗。档案管理人员要恪尽职守，严防失密、泄密和窃密事件的发生。

第三节　印章管理使用工作

一、普通印章的管理和使用

机要室专人负责保管和使用院章、检察长名章，印章使用应经检察长或副检察长审批，并在印章使用登记表中登记后方可用印。

文书、文件类加盖院章时，经检察长或副检察长审批后，将用印日期、用印部门、文件或文书编号、文件或文书名称、加盖份数、批准人等进行登记并由用印人签字后用印。

其他需盖院章的文件资料（如证明信、介绍信、表格）等，一律经办公室主任审核批准，空白类信函和需填充空格内容的证明信、介绍信等一般不予盖章。特殊情况，经检察长或主管副检察长批准，可先进行登记后盖章，但事后应由使用人及时到机要室进行补充登记，未使用的交机要室进行销毁。

检察长名章一般与院印共同使用，需要单独使用时应由检察长批准并签字，特殊情况经请示同意用印后需要补签。

印章除特殊需要一律不得拿出机要室使用，有特殊需要时须经分管检察长批准并指定专人负责保管。

凡刻有"专用"字样的印章，只限于专用事项，不准超出专用范围。

二、电子印章管理和使用

机要室专人负责业务系统电子印章管理，业务部门制作法律文书需要加盖院章或检察长名章时，必须按系统规定程序进行审批后，方可用印。文书出现错误等需要作废用印的，需经印章管理员审核后，方可重新用印。

第四节　档案管理工作

一、档案管理工作人员职责

档案管理工作人员职责有以下几项：

1. 认真学习贯彻执行《档案法》，坚持依法管理档案。

2. 督促指导本院各部门做好档案材料的收集、整理、归档工作并认真履行交接手续。

3. 严格按照规定的标准和要求认真做好归档文件、材料的分类、整理和登记，科学管理、安全保管本院各类档案。

4. 负责档案室、阅档室各种设施设备的安全检查和日常维护管理及卫生清洁工作。

5. 负责提请领导小组对本院档案进行鉴定、销毁、移交工作，认真做好档案的登记、统计工作。

6. 认真研究和探索科学管理档案的方法、措施，撰写有关学术论文，积极开发利用档案资料。

7. 指导本院各部门的档案工作，积极完成上级档案部门布置的各项任务，认真做好工作总结，及时纠正工作中存在的问题和不足。

8. 工作调动或退休时，须办理交接手续，否则不能离开工作岗位。

二、档案管理

档案管理工作具体包括以下方面：

1. 全院档案（除人事档案）统一由档案室集中管理。

2. 全院档案分为文书、会计、科技、声像、诉讼和专项工作档案共六类，每类档案的管理都要严格执行国家行业标准的技术规范和本系统本单位制定的管理要求。

3. 档案管理要坚持有利于工作、便于利用和安全保密的原则。

4. 及时收集和整理归档材料，确保档案的完整与安全，实现档案规范化管理。

5. 文书档案按保管期限、类别、年度、问题，一案一号方法管理。

6. 诉讼档案按保管期限、年度，同案侦、捕、诉、申卷案件，一案一号的方法管理。

7. 科技档案按保管期限、类别、年度，一事（案）一号管理。

8. 会计、声像档案按保管期限、类别、年度，以卷、盒（盘）编号管理。

9. 当年接受的各类档案，必须在年度前按规范要求编目，注录完毕。

10. 对库藏档案及"七防"设施，每半年进行 1 次检查，确保档案的安全。

三、档案归档

档案归档工作具体要求如下所示：

1. 院内各部门直接接收、制作、保管的档案材料，分别由所在部门负责组卷并向院档案室移交。

2. 应当归档的各类档案材料要严格按本院的有关规定和要求组卷，确保案卷质量。

3. 本年度形成的文书、会计、声像、科技档案必须在第 2 年的 6 月底前移交完毕。

4. 诉讼档案必须在结案年份或终审判决年份移交完毕。

5. 移交档案必须填写移交清单（一式两份），交接双方分别在清单上签字。

四、档案统计

档案统计工作具体包括以下几点：

1. 对档案的移进、移出要及时进行登记；

2. 建立借阅、利用档案登记簿，并做好记录，及时把利用效果搜集整理起来，装订成册；

3. 每年按照档案部门的要求，认真填写档案数量、案卷目录、登记等各类统计表；

4. 按时定时安全检查，温度、湿度检查，并做好检查登记。

五、档案利用

本院工作人员因工作需要均可利用本院的档案。借阅档案，须经分管检察长批准并填写借阅单，借用的档案要及时归还，最迟不超过 1 个月，借阅期间不得开拆、复制档案，确需复制的须经档案管理部门批准。对机密性较强的档案如党组会记录、纪要等需经检察长批准，否则不准借阅。

外单位利用本院档案一般不得借取，只能查阅，并须持其单位的介绍信，经本院有关领导批准方可查阅。

查阅档案一律在阅档室进行，除法律文书外，其他材料原则上不准摘抄、复制，确需复制的需经本院有关领导批准并由档案工作人员在本院内复制。档案利用人借取、查阅材料，不得抽取、涂改、勾画、污损卷内材料，违者根据《档案法》相关规定给予行政处分，追究经济、法律责任。

档案人员对档案的利用要及时登记，详细记录，以年度整理利用效果汇编。

六、档案鉴定、销毁、移交制度

档案鉴定工作由档案管理人员根据所保管档案的保管期限分批向档案领导小组提请进行鉴定，领导小组应当组织由分管检察长、档案管理人员和有关业务部门负责人参加的鉴定小组按档案管理规定进行鉴定。

鉴定小组对鉴定后的档案提出处理意见,对应销毁的失去保存价值的档案,进行造册登记,报主管领导批准后,由工作人员到指定地点监销,档案鉴定销毁材料一律入全宗卷。

经鉴定对应当移交辖区档案馆进行管理的档案,应按照档案局的要求进行整理,造册登记,报分管检察长批准后按规定进行移交,填写移交清单。

第五节 信息管理工作

一、信息工作范围

信息能够快速、准确、及时地反映各部门的业务工作进度、机关重要事项以及各项工作取得的成效,机关召开的各种会议、干警的先进事迹等均为信息工作的重要内容。

二、信息工作要求

信息报送应做到全面、及时、准确。一般性的工作动态信息应在工作开展 2 日内报送,重要会议及组织的重大活动应随时报送,力争做到"突发事件尽快报,潜在问题预先报,动态工作随时报,重点工作重点报"。

信息观点要鲜明、新颖,分析透彻,逻辑严谨,语言简练。

三、信息网络建设

办公室负责信息管理工作。报送的信息由分管办公室的检察长审定签发。办公室设 1 名信息管理员,专门负责各部门信息的收集、登记、传送、整理。

四、信息管理责任

各部门负责人为信息工作第一责任人,负责对本部门人员信息的撰写并进行指导、督促。

各部门撰写的信息，必须经分管检察长审核签批后方可送院办公室，由办公室内勤向有关部门报送。严禁擅自发送，造成泄密等不良影响的将追究有关人员的责任。

重要信息做到当日经分管检察长审核签发后及时上报。

五、信息工作的奖惩

信息工作每年实行一次性奖惩，具体方式按照《检察长督办令》要求及专项奖惩办法执行。每月 25 日干警撰写及采用信息的实际情况由办公室统计汇总后，发至督查室统一公布。

第六节　车辆管理工作

一、车辆的管理

车辆统一由办公室集中管理，统一调度，建立公车使用管理台账，明确用车人员、时间、地点、沿途路线、里程等内容，所有公务车辆经各部门分管检察长审批后，方可出车，如遇特殊情况需由检察长审批。

办公室定期组织驾驶员开展安全驾驶及驾驶员管理、车辆管理方面的学习，定期对驾驶员进行作风纪律整顿。

车辆因报废及其他原因需要更换时，由办公室提出意见，报请检察长批准或提交党组会集体研究决定。

二、车辆的使用

执行公务需要使用车辆的，由用车部门填写《派车申请单》（分为日常派车单和外地派车单），经部门负责人、分管检察长审核批准后，交办公室车辆管理人员统一安排。驾驶员根据办公室指派出车，回院后凭此派车单报销出车费用及出车补助。

严禁私自外借车辆，因特殊情况借用车辆的，由办公室主任呈报检察长批准。

车辆外出执行任务完成后应及时返回，回院后司机应向办公室车辆管理人员报告情况。进入院内的所有车辆必须按指定地点停放，警车一律停放在专用停车场，不准乱停乱放。

所有制式警车在行驶过程中，必须严格遵守《警用车辆使用管理规定》中关于警灯、警报的具体使用规定。

驾驶车辆时应当严格遵守交通法规，确保行车安全，如发生违章情况由驾驶员当月自行处理。

驾驶员每天下午下班前将车钥匙交回办公室，特殊情况不能按时交车的及时向办公室报告，并在回院时将车钥匙交予门卫暂时保管。

严禁公车私用，严禁用公车扫墓、走亲访友、游览娱乐、接送子女上学或参与婚丧嫁娶活动；严禁用公务车辆学习驾驶技术，严禁将公车停放在营业性休闲娱乐场所门口；严禁公车用于其他非公务性活动。严禁干警私自使用涉案车辆，干警个人私自使用涉案车辆发生交通事故等情况造成的损失，由干警个人赔偿，并给予相应的纪律处分。

第七节　会务接待工作

一、会前准备

收到会议通知，会议承办部门首先要明确会议服务要求，然后将具体安排转告会务工作人员，由会务工作人员准备会议前工作，了解与会人员的相关资料，并做好会务登记，保持良好的信息沟通，保障会议的顺利进行。

确定会议的出席人数，根据与会人员情况及会议规格适时调整会议场地，并通知相关部门对会场的各项设施进行认真检查。

负责草拟会议议程，经分管检察长批准后分发所有与会人员。会议议程是会议内容的概略安排，议程中应涵盖主题、时间、地点，参加人员及议题安排等具体事项，开会之前要将会议议程传达给与会人员。

二、会议接待及服务类型

会务接待一般分为重要会务和普通会务两类。重要会务原则上是指召开特定会议或由特定单位专用，其他单位需要使用需经有关部门批准的接待任务；普通会务是指由各楼层科室使用，原则上实行就近安排。

会议室服务类型：大会议室、贵宾接待室以及中层会议室、检委会会议室由办公室派物业专职服务人员负责茶水、卫生等服务，技术部门负责音响、摄像、照像等其他会议服务，其余会议室不供应茶水，只在会议前后由物业保洁人员负责做好卫生清理工作。

三、会议接待相关规定及流程

各会议室的会议会标、横幅由办公室统一制作、统一张贴、统一悬挂，任何其他部门不得擅自张贴、悬挂横幅。

会议室使用实行先申请后使用的原则，由使用单位或部门提前1～2天向办公室提出使用书面申请，经分管检察长核准同意后，由办公室对会议室进行统一安排。因故取消会议或改变会议日期、时间的要及时通知办公室，以便安排其他用途。

召开省级、市级等重要会议或区级机关召开大型会议的，实行全程会议服务：会议前做好会场视频系统、扩音系统、空调设备、灯光照明等设施的调试以及桌椅摆放、茶水供应、桌牌摆放等前期准备工作；会议期间要保证会议设施的正常运行和茶水的及时供应；会后及时清理会场。

办公室在会议召开之前对会场包括卫生、设备系统等进行检查，服务人员必须统一着装，形象整洁，工作时得体大方，耐心细致，以提供最优质的服务。

会议结束后，相关部门工作人员要对会议全程的相关资料、照片、影像等进行收集和整理。

第八节　固定资产管理工作

一、总则

固定资产是指使用期限超过 1 年，一般设备单价在 500 元以上，专用设备单价在 800 元以上，并在使用过程中基本保持原有物质形态的资产。单价虽未达到规定标准，但耐用时间 1 年以上的大批同类物资作为固定资产管理。

固定资产管理应坚持管理规范、责任明确、配置合理、效益优先的原则。固定资产管理的主要内容是：固定资产范围、分类和单价的确定；固定资产增加、使用、维护和处置；固定资产清查盘点；固定资产账务管理等。

固定资产管理的主要任务是：完善管理体制，健全规章制度；摸清财产状况，明晰产权关系；建立科学的运行机制；合理配置固定资产；保证固定资产安全。

二、固定资产管理体制

成立国有资产管理工作领导小组，对固定资产实行统一领导、归口管理、分级负责、责任到人的管理体制。

固定资产管理小组对全院固定资产实施统一监督管理，其主要职责如下：(1) 拟定固定资产管理实施办法及规章制度；(2) 参与院内大型、精密仪器设备和大宗物资购置、大型修缮及基本建设项目的论证、招标、采购和验收等工作；(3) 登记固定资产总分类明细账簿；(4) 审核办理固定资产增加、调济、处置及对外出租出借等手续；(5) 组织固定资产清查与统计工作；(6) 会同归口管理部门合理配置固定资产；(7) 监督、检查固定资产管理、维护和使用情况；(8) 对有关部门和个人提出奖惩建议。

固定资产实行各部门归口管理和具体业务管理相结合原则。固定资产使用部门负责对其占有、使用的固定资产实施日常管理。检察技术部门负责全院技术、网络设备的检查、指导、作用和维护。

三、固定资产的范围、分类

利用财政预算收入、政法转移支付资金装备款、其他收入购置、建设的固定资产，以及通过其他方式取得的固定资产均应纳入固定资产管理范围。

固定资产按实际情况分以下 7 类：（1）房屋、建筑物及附属设施；（2）交通工具；（3）办公家具；（4）办公设备；（5）专用设备；（6）餐饮设备；（7）公共设施；（8）图书；（9）其他。

固定资产按下列规定计价：（1）购入、调入的固定资产，按照实际支付的价款以及为使用固定资产达到预期工作状态所支付的包装费、运杂费、安装费及车辆购置税等计价；（2）自行建造的固定资产按照建造中的全部相关支出计价；（3）在原有固定资产基础上进行改建、扩建的固定资产，应按改建、扩建所发生的支出减去改建、扩建过程中变价收入后的净增加值，增计固定资产原价；（4）接受捐赠的固定资产，按照同类固定资产的市场价格或根据捐赠者所提供的有关凭据，以及接受固定资产时发生的相关费用计价；（5）交换取得的固定资产，按重置价值计价；（6）已经投入使用但尚未办理手续的固定资产，可先暂估价值计价，待核定实际价值后再进行调整。

四、固定资产增加

固定资产增加主要是指购置、建造、改良、受赠、调拨和划转等活动所引起的固定资产数量和价值量的增加。

根据检察事业发展的长远规划和本院经费预算，在院党组研究决定下，制定年度购建计划，避免盲目购建。

固定资产购建完成后，应当及时按照有关专业标准合同条款进行现场勘验、测试和清点。验收不合格不得办理结算手续，不得交付使用并按照合同条款及时向有关责任人提出退货或索赔。

五、固定资产使用与维护

办公室、检察技术科、司法警察等固定资产归口管理部门必须建立健全固定资产保管和养护制度做好防火、防盗、防爆、防潮、防尘、防锈、防蛀等工作。各使用单位或部门应落实安全防护措施。按照制度要求对固定资产进行养护、定期检测或修缮，确保完好和使用安全。

重要的固定资产或设施，归口管理部门应制定具体操作规程，指定专人进行操作。

固定资产一般不得对外出租出借，确需出租出借的，应由出借单位提出申请，归口管理部门报检察长审批，收回时进行勘验。出租出借固定资产取得的收入应及时足额上缴财务部门，按有关规定管理使用。

建立固定资产使用情况检查和考核制度，对长期闲置、利用率低的固定资产及时进行合理调配。

固定资产变更应符合如下规定：（1）机构调整时，由办公室会同归口管理部门组织有关单位进行财产清查，办理交接手续。（2）各部门人员变动时，应在归口管理部门负责人的监督下办理交接手续。（3）固定资产使用人员调离或者退休，须交清所有固定资产。

对固定资产原则上每年清查1次，确保账、卡、物相符。对盘盈、盘亏的固定资产应及时查明原因，分清责任，按规定作出处理。

六、固定资产处置

固定资产处置是指对各类固定资产进行产权转移或注销的行为。包括无偿调拨出售、投资、报废、报损等。

固定资产处置应按照公开、公正、合理原则，杜绝违规和流失现象，其程序应符合以下要求：（1）使用部门提出书面申请；（2）技术部门组织技术鉴定；（3）固定资产领导小组审批；（4）根据批复处置固定资产。

归口管理部门应建立完善固定资产赔偿制度，对造成固定资产损坏、丢失的直接责任人追究其经济责任。

处置固定资产的收入应及时、足额上缴院财务室，按有关规定统一上缴国库，不得截留挪用。

七、固定资产的管理

管理固定资产按以下要求设置固定资产账簿和卡片：（1）财务室设置登记固定资产总分类账，负责固定资产的审核、统计报表、统计分析、资产清查的布置、数据备份，系统管理；（2）归口管理部门对归口管理的固定资产账卡进行保管和定期核查；（3）使用部门按系统的要求，建立固定资产卡片，定期核实；（4）图书管理人员定期向国有资产管理办公室汇总报送图书数量及金额。

固定资产账户应按类设置汇总，反映各类固定资产数量及金额；固定资产卡片应登记名称、规格、型号和财产编号及所属部门等内容，一物一卡，由使用人员签字后承担保管责任，按使用人归集保存。

固定资产增加、处置和调剂，均由归口管理部门、使用部门、固定资产管理办公室、财务室有关人员签章，并分别登记备份存档。各部门管理人员应定期核对账、卡、物，保证相符。

第九节　财务管理工作

一、工资、津贴管理制度

纳入财政统发的个人工资、津贴、补贴等由工资管理部门按规定核定后报有关部门。人员增减、职务调整引起的工资、津贴等变动由工资管理部门按规定核定后报有关部门。

二、现金、票据管理制度

财务人员要严格遵守现金管理制度。所有现金收入必须当天存入指定银行，不准以白条顶替库存。实行"逐级审批、严格把关、重大开支检察长把关或集体研究"的财务管理原则，坚持厉行节约，合理开支，严格执行国家的法律、法规和财务制度。支出金额在 1000 元以下原则上可以使用现金结算，支出金额超出 1000 元的使用转账支票结算。

三、财务支出审批制度

严格财务开支审批手续，做好财务支出工作。各种经费支出，实行逐级审批制度。经费支出前由各部门填写《财务支出事先审批表》，由办公室主任、主管财务工作的副检察长、检察长审批。实际支出后，相关票据由经办人、办公室主任、纪检组长、主管财务工作的副检察长审批签字后，交由财务人员报销。

因公务需要借用公款的，必须填写《借款申请表》，列明用途、金额，经检察长签字同意后方可借支。实际支出后，将相关票据按照前述规定审核批准后，办理报账结算手续，严禁借用公款作私人用途。

第十节 卫生管理工作

一、实现办公室环境优美

要求办公设备统一摆放，保证办公室格局整齐划一。办公桌面物品要摆放整齐，案卷、报刊、文件等要随手整理。办公室绿色植物摆放适量，墙壁悬挂字画等装饰品适宜。办公室卫生要达到"六无"标准：屋内无蛛网，墙面无脏痕，地面无垃圾，桌面无杂物，窗明几净无灰尘，橱柜上面无杂物。

二、实现公共场所环境优美

爱护会议室、餐厅、活动室、浴室、网络中心、荣誉室、阅览室等公共场所物品，共同保持公共场所环境卫生。妥善保管和使用相关的资料和器材，做到勤俭节约。禁止在公共场所吸烟，不得随手乱仍烟头、果皮和纸屑，不得随地吐痰。

三、实现外部形象优美

做到悬挂的旗帜、徽标完整清洁，院内车辆按划定区域，摆放整齐有序。不随意丢弃杂物，爱护院内绿化植被、公共设施，保证办公楼外部环境整洁。

四、公共设施及卫生责任范围

地面、墙面、墙角、护栏、楼道、垃圾箱、消火栓及灭火器镜面、文化墙展板（廊道文化）、电梯、电梯口电视、大厅盆景、电子显示屏、荣誉室、阅览室、党员活动中心等所有设施。

五、责任要求

各部门对所分管的区域要随时进行检查，发现问题及时处理，部门无法处理的问题及时向办公室通报，对发现的问题未及时处理和通报的，追究该部门领导的责任。

院检务督察领导小组定期对全院的公共设施和卫生情况进行检查，并将检查情况进行通报。

办公室工作流程图

机要工作流程图

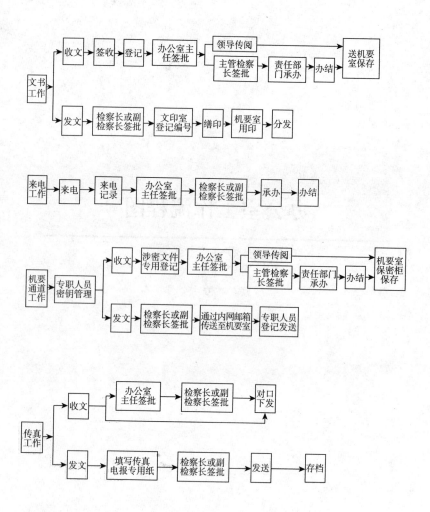

保密工作流程图

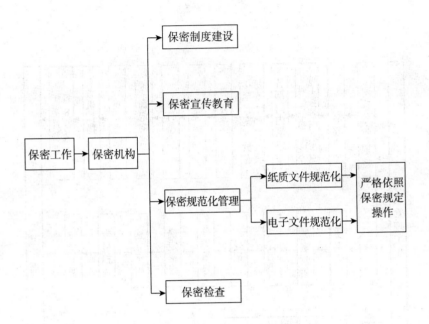

印章管理使用工作流程图

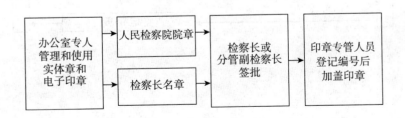

档案管理工作流程图

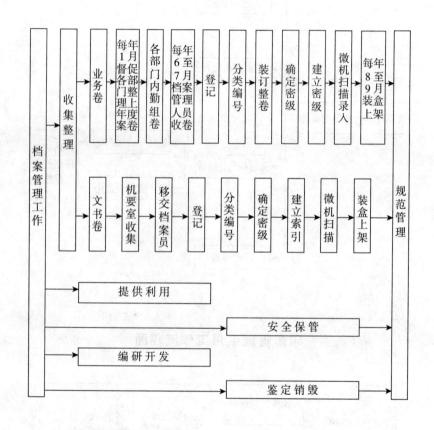

信息管理工作流程图

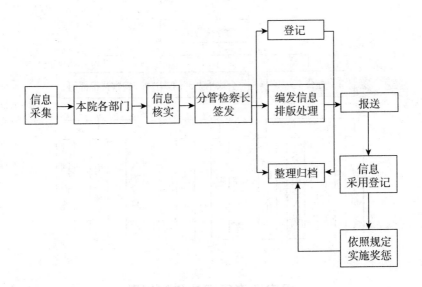

车辆管理工作流程图

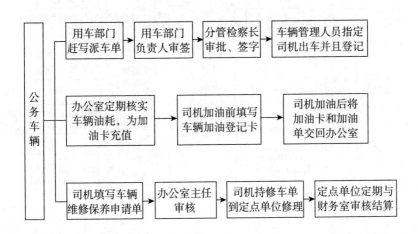

会务接待工作流程图

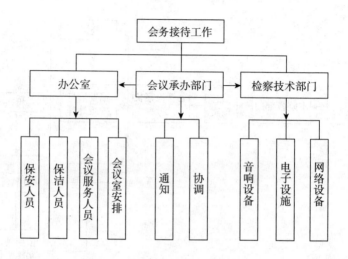

固定资产管理工作流程图

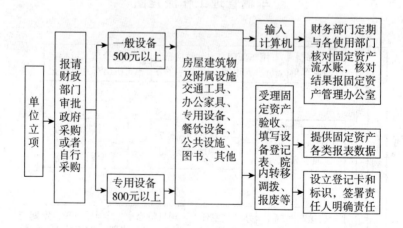

财务管理流程图

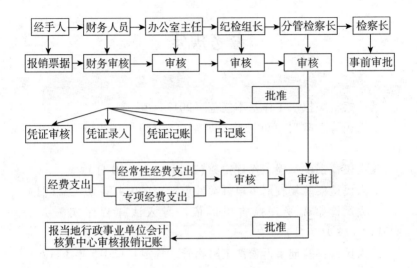

卫生管理工作流程图

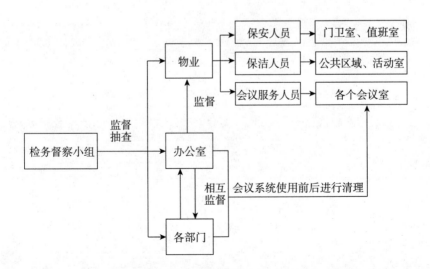

参考规定

《检察机关执法工作基本规范（2013 年版）》

《人民检察院民事诉讼监督规则（试行）》（2013 年 11 月 18 日）

《人民检察院举报工作规定》（2014 年 9 月 30 日）

《人民检察院复查刑事申诉案件规定》（2014 年 10 月 27 日）

《人民检察院受理控告申诉依法导入法律程序实施办法》（2014 年 11 月 7 日）

《人民检察院刑事诉讼涉案财物管理规定》（2015 年 3 月 6 日）

《深化人民监督员制度改革方案》（2015 年 3 月 7 日）

《人民检察院司法警察执行职务规则》（2015 年 6 月 18 日）

图书在版编目（CIP）数据

基层人民检察院检察权运行流程规范/魏宝成主编 . —北京：
中国检察出版社，2016. 11
ISBN 978 - 7 - 5102 - 1760 - 9

Ⅰ.①基… Ⅱ.①魏… Ⅲ.①检察机关 - 权力 - 研究 - 中国
Ⅳ.①D926. 3

中国版本图书馆 CIP 数据核字（2016）第 240743 号

基层人民检察院检察权运行流程规范

魏宝成　主编

出版发行：中国检察出版社
社　　址：北京市石景山区香山南路（100144）
网　　址：中国检察出版社（www. zgjccbs. com）
编辑电话：（010）68682164
发行电话：（010）88954291　88953175　68686531
　　　　　（010）68650015　68650016
经　　销：新华书店
印　　刷：河北省三河市燕山印刷有限公司
开　　本：A5
印　　张：13
字　　数：358 千字
版　　次：2016 年 11 月第一版　2016 年 11 月第一次印刷
书　　号：ISBN 978 - 7 - 5102 - 1760 - 9
定　　价：38. 00 元